KB088490

장르, 텍스트, 문법

장르, 텍스트, 문법

작문교육을 위한 테크놀로지로서의 문법

피터 냅 · 메건 왓킨스 지음

주세형 · 김은성 · 남가영 옮김

사회평론아카데미

추천의 글

　교육이라는 과업은 갈수록 점점 어려워지고 있다. 영미권의 신자유주의 사회에서 학교는 점점 더 역설적인 상황으로 내몰리는 듯싶다. 그 어느 때보다도 파편화되고 다변화되고 있는 이 시대에 여전히 학교만이 엄격하게 국가의 규제와 통제하에 놓여 있다. 경제는 이미 국가 규제의 울타리를 넘어선 지 오래며 우리 사회는 이미 시장 논리가 지배하고 있다. '시민 양성과 노동력 재생산'을 학교교육의 임무라 여겼던 그간의 입장은 더 이상 유지되기 힘든 세상이다. 학교, 학교교육, 제도교육은 이제 나름의 돌파구를 찾아 나서지 않을 수 없는 상황에 처해 있다.

　이러한 각종 변화의 움직임 속에서 의사소통상의 변화는 다른 그 무엇보다 두드러진다. 글쓰기의 형태는 20년 전과 비교해 볼 때 문법, 통사, 텍스트 형태 모든 면에 있어서 현격히 달라졌다. 이메일과 문서 작성이 격식성의 수준을 변화시키고 있고, 그 결과 쓰기의 방법(manner)은 지난 세기, 혹 그 이전 세기에 이루어진 어떤 변화보다도 더 빨리 변화하고 있다. 컴퓨터의 등장은 완전히 새로운 형태의 '쓰기'와 '읽기'의 등장으로 이어졌다. 이미지와 글은 주도권과 우위를 확보하기 위해 종이에서든 컴퓨터 화면상에서든 치열하게 각축을 벌이고 있다.

　교사들은 이러한 갑작스러운 긴장과 충돌 그리고 지속적으로 나타나는 새로운 요구에 정면으로 맞닥뜨리고 있다. 다른 전문가들과 마찬가지로 교사들은 자신의 의무를 다하기 위해서 이전보다 더 특별한 노력을 기울이는 것처럼 보인다. 런던에 있는 학교를 대상으로 실험한 결과—아마 오스트레일리아의 사정도 이와 다르지 않으리라 판단되는데—과학 수업이든 국어 수업이든 한 가지는 분명했다. 교사라면 누구나 어린 학생들에게 최상의 것을 제공하고 싶어 한다는 점이다. 그들은 어떻게 해서든지 학생들이 나중에 별 문제 없이 사회생활을 영위할 수 있도록 최선의 기반을 갖추어 주고자 노력한다.

과학 교사와 국어 교사 간에 큰 차이가 있다면 그것은 바로 '의사소통'의 문제에 대한 것이다. 모든 방면에서 온전하게 의사소통할 수 있는 능력은 사회·경제·문화적 삶에 참여하는 데 필수불가결한 요소이다. 온갖 종류의 화면들이 인쇄 매체를 밀어내는 시대에도 쓰기는 여전히 가장 중요한 수단이다. 물론 각종 이미지가 이미 공적 의사소통의 상당한 영역에서 쓰기를 대체하고 있는 것이 사실이지만, 정치·경제·사회·문화적 엘리트들은 쓰기 형식을 여전히 선호한다. 그리고 여전히 쓰기는 문자 문화가 축적해 놓은 방대한 지식 저장고에 접근할 수 있는 가장 중요한 수단이다. 그렇기 때문에 학생들은 쓰기라는 일종의 문화 테크놀로지(technology)를 온전하고 깊이 있게 그리고 제대로 익혀 사용할 수 있어야 한다. 문자 문화가 축적해 놓은 방대한 지식 저장고에 누구나 차별 없이 접근할 수 있어야 하고 전적으로 그것에 참여할 수 있어야 한다는 주장이 가능한 것도 바로 이 때문이다.

그러나 이러한 논리가 설득력을 얻기 위해서는, 무엇보다도 먼저 교사에게 대체 그 테크놀로지가 무엇인지, 어떻게 작동하는지, 또 어떻게 사용될 수 있는지 (그것을 필요로 하는 사람의 목적과 목표가 무엇이든) 보여 줄 수 있는 자원이 제공될 필요가 있다. 교사들 모두가 그러한 지식을 갖춘 채 학교에 오는 것도 아니고 설사 어느 정도 안다고 해도 그 정도는 모두 다르기 때문이다. 따라서 공정한 공급과 그에 따른 공정한 산출이라는 조건을 충족하기 위해서는 모든 이가 반드시 이 문화적 자원을 이용할 수 있어야 한다. 즉, 그것은 일말의 왜곡도 없이 모두에게 명확하고 개방적이며 명시적이어야 한다.

바로 이것이 이 책의 출발 지점이며, 이 책이 제공하고자 하는 바이다. 이 책의 저자들은 그에 합당한 풍부한 경험을 갖추고 있다. 우리는 연구 자료가 다루어지는 방식이나 다양하게 수록된 예시 자료를 통해 이 점을 속속들이 확인할 수 있다. 나는 저자들이 보여 준 추진력과 도전적인 태도에 존경을 표한다. 그들은 필요한 것을 이론화하는 이론가이자 실제적 이해의 필요성을 명확히 인지하는 실천가들이다. 이론과 실제는 명확하게 드러나 있으며, 그 방식은 매우 상세하고 정교하다.

두 저자 모두 이 방면에서 실질적 유용성이 높은 연구 성과로 그 명성이 자자하다. 이들의 명성은 비단 오스트레일리아뿐 아니라 영국, 북미, 남아프리카 등지에까지 뻗쳐 있다. 나는 그들의 지식과 경험이 온전히 담긴 이 책이 오랜 기간 읽힐 만한 가치 있는 성과물이며 위대한 성공작이 될 것임을 믿어 의심치 않는다. 이 책은 충분히 그럴 만한 가치가 있다.

군터 크레스(Gunther Kress)
런던대학교 교육연구소 영어과 교수

서문

　지난 10년간, 오스트레일리아뿐 아니라 전 세계적으로 언어 교육과정에 상당한 변화가 있었다. 1980년대 후반 오스트레일리아에서 시작된 장르 중심 쓰기 교수·학습은 이제 오스트레일리아, 뉴질랜드, 싱가포르, 말레이시아, 홍콩에서 영어 강의 계획서를 구성할 때 핵심적인 역할을 하고 있다. 장르 중심 접근법은, 총체적 언어 학습(Smith, 1975, 1983; Goodman, 1986; Cambourne, 1988)을 배태한 자연주의 언어 학습 모델(Barnes, Britton and Rosen 1971; Krashen, 1981, 1984)이라든지, 1970년대 후반 지배적이었고 1990년대까지도 그 영향력이 미치고 있는 과정 중심 쓰기 학습(Graves, 1975, 1978, 1983; Walshe, 1981a, 1981b)과는 큰 거리를 두고 있다. 피아제(Piaget)의 발달 심리학의 원리에 동조하는 이들 '진보주의적' 접근들은 언어 학습을 궁극적으로 개인적인 현상으로 보고, 바로 이런 이유에서 문법과 텍스트 형태를 형식적으로 가르치는 것에 반대한다. 그러나 장르 중심 교육과정은 문법과 텍스트를 명시적으로 가르쳐야 한다는 점을 강하게 강조한다. 최근 이들의 입장이 널리 채택되고 있다는 사실 자체가, 이러한 관점이 학습자의 문식성을 향상시키는 데 매우 효율적이라는 점을 방증한다. 그러나 이미 자연주의 언어 학습 모델에 익숙해져 있는 수많은 교사들에게 장르 중심 접근은, 특히 문법을 가르치는 데 주목한다는 점에서 채택하기가 참으로 망설여지는 관점이다. 이 책은 자연주의 모델을 익히느라 문법에 대해서 배울 기회를 '잃은' 교사들을 돕고, '장르-텍스트-문법' 프로그램을 구안하고 실행하고 평가하기 위한 효과적인 방법을 알고 싶어 하는 차세대 교사들에게 하나의 지침을 마련해 주기 위한 것이다.

　'장르-텍스트-문법' 접근을 발전시키기 위해 우리는 언어와 언어 학습에 대한 수많은 이론적 관점을 참고하였다. 대체로 쓰기에 대한 장르 중심 접근법은 '기능적 언어 모델'에 기반하고 있다. 기능적 언어 모델이란 언어가 사회적 구성물이라는 점을 강조하는 이론적 관점이다. 오스트레일리아에서 이러한 기능적 접근법이 태동할 수 있었던 것은 무엇보다도 마이클 할리데이(Michael A. K. Halliday, 1979, 1985)의 영향 때문이다. 할리데이는 응용 언어학의 기존 범위를 완전히 뛰어넘어 언어교육 분야에서 수많은 응용 연구를 촉발시킨 당사자이다. 이 책은, 비록 할리데이의 체계 기능 언어학의 성과를 그대로 따르지는 않지만, 문식성의 사회적 측면에 대한 그의 심오한 통찰에 많은 빚을 지고 있다. 또한 우리는, '사회적 과정으로서의 장르(genre as social process)'라는 개념을 최초로 주창한 군터 크레스(Gunther Kress, 1982, 1985, 1989)의 비판적 언어학과 사회 기호학에도 많은 영향을 받았다. 또한 장르 이론에 언어학적 접근을 시도한 제임스 마틴(James R. Martin, 1986, 1987, 1992)과 조앤 로더리(Joan Rothery, 1986)에게도 많은 빚을 졌다. 우리가 추구한 접근법이 이들의 연구와는 많은 부분이 다르다고는 생각하지만, 그럼에도 그들의 연구가 없었다면 장르의 '과정/결과(process/product)' 모델은 태동할 수 없었을 것이다. 이 책에서 제안하는 '장르-텍스트-문법' 모델은 우리의 이전 저작인 *Context-Text-Grammar*(1994)에서 구안된 것이다. 그때부터 우리는 언어학과 기호학의 성과물을 교사가 가르칠 수 있는 형태로 변환하기 위한 아이디어와 이론을 만드는 데 주력해 왔다. 이전 저작에서는 최신의 언어학, 기호학 이론의 정교함과 양립할 수 있는 모델을 구안하는 것보다는, 교사들과의 긴밀한 협조 관계를 유지하면서 현장의 수요와 요구를 분석하는 쪽에 좀 더 초점을 맞추었다. 그래서 그때에는 언어가 어떻게 작용하는지 이해하고자 할 때 교사와 학습자는 어떤 어려움에 직면하는지를 알고자 했으며, 그러한 어려움을 해결하기 위해 유용한 이론적 관점을 정립하고자 했다.

이 책에서 우리는 특히 '교육적 관점에 근거하여' 장르, 텍스트, 문법에 주목하고자 한다. 물론 초등 학령에 주안점이 놓여 있지만, 장르와 범교과 교육과정(cross-curriculum)에 대한 우리의 접근은 고등학생 혹은 그 이상을 대상으로 쓰기를 교육하는 경우에도 유용할 것이다. 1장에서는 이 책 전반을 관통하는 언어관에 대해 근본 원리와 간략한 이론적 개요를 제공할 것이다. 이 접근법에 따라 활용해야 하는 쓰기의 세 가지 테크놀로지인 '장르, 텍스트, 문법'을 각각 다루되, 이 세 가지에 대한 각기 다른 관점을 소개하고 쓰기 교수에서 이러한 범주를 설정하는 것이 유용한 이유에 대해 설명할 것이다. 2장에서는 필수 문법 용어 목록을 설명할 것이다. 우리가 제안하는 장르 중심 문법에서 사용되는 용어 개념을 쉽게 참고할 수 있도록 설명하였다. 3장의 초점은 장르, 텍스트, 문법을 가르치는 문제이다. 진보주의적 접근법에서 장르 중심 접근법으로의 이동 양상을 검토하는 방식으로, 쓰기 교수에 대한 이전의 접근법을 간략히 설명할 것이다. 그리고 나서 우리가 지향하는 쓰기 교수 접근법을 개관하게 될 것인데, 네 가지의 통합 요소, 즉 '내용/언어, 구조, 문법, 평가'와, 효과적인 교수적 실천의 틀을 짜는 주요 원리들을 강조하면서 우리의 접근법을 설명할 것이다. 4장에서 8장까지는 학교 현장에서 많이 다루어 온 다섯 가지 기초 장르, 즉, 묘사하기, 설명하기, 지시하기, 주장하기, 서사하기를 다룰 것이다. 우선, 각 장르는 별개의 문법과 텍스트 구조를 지니고 있음을 보여 줄 것이다. 각 장에서는 세부 항목을 통해서 장르의 문법적이고 구조적 특질을 어떻게 가르쳐야 하는지 예증해 보여 줄 것이다. 그리고 각 장의 마지막 부분에서는 장르, 텍스트, 문법을 평가하기 위한 진단적 접근법을 제공할 것이다. 우리는 각 장르에 특화되는 준거들이 어떻게 학생들의 글에서 강점과 약점을 밝혀내는지를 보여 주면서, 필요한 특정 영역을 다루기 위한 실제적 전략과 개입 방법을 제안할 것이다.

앞서 말했듯이, 이 책의 주된 목적은 학생들에게 쓰기 방법을 가르치기 어려워하는 교사를 돕기 위한 것이다. 비록 초점이 실제에 맞춰져 있긴 하지만, 효율적으로 글을 쓰고 텍스트 형식을 잘 운용하기 위한 일련의 생성적 지식과 기능(skills)을 학생들에게 갖추어 주고자, 이론과 실제를 교육적인 의도 안에서 한데 녹이려 노력하였다

감사의 글

이 책에서 장르와 문법에 대해 취한 접근법은 뉴사우스웨일스 서부 대도시권 문식성 및 학습 프로그램(New South Wales Metropolitan West Region Literacy and Learning Program)인 'Genre and Grammar Resource Materials'에서 처음 시작되었다. 학교 쓰기 교육의 여러 장르를 다룬 각 장은 냅과 왓킨스(Knapp and Watkins, 1994)에서 처음 논의되었던 것이나, 새로운 판에서는 각 장르의 특징, 텍스트와 문법에 대한 상세한 정보 평가에 대한 진단적 접근 등의 내용이 추가되었다. 5장 설명하기 장르의 교수·학습 아이디어는 왓킨스와 냅의 *Far Out*(1998)에서 차용한 것이다.

군터 크레스(런던 대학 교육연구소), 헬렌 니컬스 박사(Dr. Helen Nicholls, 뉴질랜드 교육부 감사), 그레그 노블(Greg Noble, 웨스턴시드니 대학 인문학부), 로빈 마모우니(Robyn Mamouney, 뉴사우스웨일스 교육훈련부)는 원고를 꼼꼼히 읽고 많은 의미 있는 조언을 아끼지 않았다. 뉴사우스웨일스 서부 대도시권 교육훈련부의 전(前) 문식성 학습 컨설턴트였던 앤드루 롤프(Andrew Rolfe)는 5장의 초안을 작성하는 데 많은 도움을 주었다. 헬렌 피어슨(Helen Pearson, 뉴사우스웨일스 대학 오스트레일리아 교육평가국)은 쓰기를 평가하는 전략을 개발하는 데 많은 도움을 주었다.

제니퍼 맥커운(Jennifer McKeown), 피오나 아르더스(Fiona Ardus), 제인 브린캣(Jane Brincat), 피터 브래드쇼(Peter Bradshaw), 트리시 헤인즈(Trish Haynes)와 타냐 로즈(Tanya Rose) 교사는 유아 및 초등학교 교실 수업에서 우리의 접근법을 적용하고 개선하기 위해 학생들과 여러 연구와 작업을 진행할 수 있게끔 귀중한 기회를 제공해 주었다.

또한 마리나와 알렉스 그랜트(Marina and Alex Grant), 수전과 케이티 그린(Susan and Katy Green), 찰리 냅(Chalie Knapp), 루이자 마모우니(Louisa Mamouney), 조너선 크레스(Jonathan Kress), 디와 미첼 호록스(Dee and Mitchell Horrocks), 데클런 노블(Declan Noble)에게도 그간의 지원에 진심으로 감사를 전한다. UNSW 출판부의 데비 리(Debbie Lee)의 노고에도 역시 감사한다.

차례

* 일러두기

1. 각주는 모두 한국 독자의 이해를 돕기 위해 역자가 달아 놓은 주석이다.

2. 2007년도 번역본에서는 'technology'와 'describe', 'skill'을 모두 '기술/기술하다'로 번역하였는데, 의미가 명료하게 전달되기 어려운 경우가 있었다. 이 책에서는 '기술'을 다음과 같이 구분하여 의미를 분명히 하였다.

   기술(技術)1: 문식성 도구로서의 '기술'은 'technology'를 번역했던 것으로, 이번 책에서는 '테크놀로지'라고 표기하였다.

   기술(技術)2: 공학 분야의 새로운 기술을 의미하거나 공학 기술 교과명을 가리킬 경우, 맥락에서 의미가 통한다고 보아 '기술'로 번역하고 원어를 병기하지 않았다.

   기술(技術)3: 원서에서의 'skill'을 '기술'로 번역하였으나, 이번 책에서는 '기능(skills)'으로 번역하고 원어를 병기하였다.

   기술(記述)1: 이 책에서는 기술언어학(descriptive linguistics) 또는 교육인류학 등에서 지향하고 있는 학문적 태도를 나타내고자 하는 맥락이 많이 나타난다. 즉, 현상 있는 그대로를 모두 보여주고자 하는 경향을 의미한 경우, '기술(하다)'로 번역하였다. 이 책의 핵심 의도에 의하면 '묘사'로 바꾸어야 하나, 그간 국어교육학에서 이미 굳어져 있는 용어들이기 때문에 이를 살려 번역한 것이다. 주로 서술어로 쓰인 맥락에서, 기술 문법적 태도로 언어 현상을 자세히 보여 줌을 의미할 경우, 이 의미에 해당한다. 드물게는 교육 현상을 그대로 보여 주고 있음을 나타내는 맥락에서도 '기술(하다)'로 번역하였다.

   기술(記述)2: '묘사하기' 장르에 해당되는 맥락에서 'describe/description'은 모두 '묘사(하다)'로 번역하였다.

3. 이 책에서 쓰인 '국어'는 크게 두 가지 의미를 지닌다. 교과로서의 '국어', 모어로서의 '국어'가 그것이다. 원어에서는 'English'이지만 그 의미가 모어 화자를 대상으로 한 '국어' 교과를 의미할 때는 '국어'로 번역하였다. 물론 영어권에서는 '국어' 시간에 '영어'가 '모어'가 아닌 학생들도 상당수 섞여 있지만 이 책에서는 이를 굳이 구분하지 않았으므로, '모어 화자를 대상으로 하는 글쓰기 수업'을 전제로 하고 있다고 판단하였다. 간혹 개별 언어로서의 'English'를 의미할 때도 있는데 이때에는 '영어'로 번역하였다.

4. 이 책에서는 'cohesion'은 '응결성'으로, 관련어 'coherence'는 '응집성'으로 옮기고자 한다. 이는 이 개념들에 대응하는 역어에 대한 합의가 아직 완전히 이루어지지 않은 상태에서의 임시적인 조치이다. 우리 세 역자는 다른 자리에서 이 문제를 두고 의견을 모은 바 있어, 그 일부의 내용을 여기에 옮겨 두는 것으로 자세한 설명을 대신한다.

   "'cohesion'과 'coherence'는 텍스트언어학 이론이 본격적으로 다루어지는 과정에서, 'cohesion'은 '결속 구조', '결속성', '응결성', '응집성', '구조적 결속성' 등으로, 'coherence'는 '결속성', '응집성', '일관성', '통일성', '내용적 결속성' 등으로 번역되어 왔다. 두 가지 개념의 구분에 이론(異論)

이 존재하여 이렇게 된 것이 아니라, 적격한 번역 용어에 대한 학문적 합의와 공준이 쉽사리 이루어지지 못한 때문이다. 이 상황에서 '교육'이라는 특수 맥락이 더해지는 국어과 교육과정과 교과서에서 이 두 가지 개념들을 다루게 됨으로써 번역 용어의 문제는 한층 더 복잡해졌다. 국어과 교육이라는 특수 맥락과 장면에서, 'cohesion'과 'coherence'는 각각 '응집성'과 '통일성'으로 번역되었고 이는 국가 수준 교육과정 문서상으로는 제7차 교육과정에서 처음으로 공식화되었다. 이후 지금까지 수차례의 개정을 거친 교육과정과 교과서 내용 역시 그대로 유지되고 있다. 그러나 이 용어들이 과연 적격한 번역어들이며, 교육과정 및 교과서의 개념어로서 갖추어야 할 적확성을 만족시키는지에 대한 논의가 이어지고 있는 상황이다. 교육과정 내의 '통일성'과 '일관성'의 개념 구분을 둘러싼 일련의 논의들이 그 단적인 예이다. 앞으로의 교육과정 개정 시에 이 문제가 전면적으로 다루어질 것으로 기대한다(민현식 외, 『국어 의미 교육론』, 태학사, 2019, 29쪽)."

5. 국어교육 관련 연구에서나 학교 현장에서는 '문단'과 '단락' 용어가 혼용되고 있다. 「작문 교육에서의 "paragraph"의 번역과 적용에 관한 연구」(이정찬, 『작문연구』 16, 한국작문학회, 2012)에서는 여러 문헌을 고증하면서 '문단'보다는 '단락' 개념이 더 적절하다고 하였다. 서양 수사학 전통에서 비롯된 'paragraph'의 번역이라는 점을 고려한다면 '단락' 개념이 의미의 연결성과 완결성을 더 잘 드러낼 수 있다는 것이다.

그러나 현 국어과 교육과정에서는 '문단'이라는 용어를 사용하고 있다. 관련 성취 기준은 주로 읽기와 쓰기 영역에서 활용되고 있다. 관련 교육 내용은 '중심 문장과 뒷받침 문장'의 틀로 교수·학습하도록 권장하고 있고, 그 구성은 두괄식 또는 미괄식 등의 논리 구조로 가르치거나 설명 방법을 적용하여 읽거나 쓰도록 한다. 또한 사실적 독해 차원에서는 문단 내용들 사이의 관계를 파악하도록 하고 있으며, 문단 수준에서 통일성을 고려하여 글을 쓰는 활동도 학습 요소에 포함되어 있다. 이 내용들을 종합해 보면 위에서 언급한 논문에서 논의한 대로 '단락'이 적절하다. 향후 학계의 용어 정리가 명쾌히 이루어지는 것이 필요할 것이다. 그럼에도 이 책에서는 국어과 교육과정 용어를 선택하는 것이 타당하다고 판단하여 용어를 '문단'으로 통일하였다.

1장

장르 기반 모델의 언어관

이 책에서 취하고 있는 언어관은 언어는 텍스트로 처리되고 이해된다는 관점에 바탕을 두고 있다. 텍스트는 의미를 산출하는 '사상(事象)'으로, 책·영화·광고·전화 대화 등 매우 다양한 형태로 존재할 수 있다. 텍스트는 두 가지 방식으로 다루어질 수 있는데, 하나는 기록되고 분석되고 토론할 수 있는 대상 그 자체로 보는 관점이고 다른 하나는 사회적으로 생성된 결과로서의 과정(a process that is the outcome of a socially produced occasion)으로 보는 관점이다. 대개 사람들은 산물로서의 텍스트에 대해 말하고 생각하는 것을 좋아한다. 문학 연구에서 텍스트 유형이라는 개념이 그토록 보편적인 이유가 바로 여기에 있다. 그러나 이 책에서는 텍스트를 사회적 과정으로서 간주하는 후자의 입장을 취하고자 한다. 그런 관점이 문식성의 핵심 기능(skills)을 학습자들에게 가르치는 데 좀 더 생산적이고(productive) 생성적인(generative)* 접근이라 생각하기 때문이다. 이 장에서는 텍스트에 대한 우리의 이러한 이론

....

* 이 책에서 제안하는 쓰기 교육 모델이 생성적인 특성을 갖는다고 주장하는 점에 주목할 필요가 있다. 형태나 문법 장치가 변화하며 그에 따라 산출되는 텍스트는 늘 역동적 산물로 고정되지 않는다는 관점을 드러내기 때문이다. 이에 대한 설명은 41쪽에서 자세히 언급되고 있다.

적 입장을 개괄하되, 이를 텍스트를 산물로 보는 기존의 몇몇 관점과 비교하고자 한다.

01 우리는 어떻게 언어를 배우는가

언어는 발생적이면서 동시에 문화적이며, 개인적이면서 동시에 사회적이다. 30년 넘는 기간 동안 언어에 대한 논쟁은, 언어를 발생적 영역으로 보느냐 아니면 사회적 영역으로 보느냐에 따라 극단적인 양극화의 길을 걸어왔다. 그러나 이런 방식으로 언어를 다루는 것은 비생산적인 일이다.

1970년대와 1980년대, 언어 및 문식성 교육 분야에서 지배적 관점이었던 진보주의는, 언어를 '전적으로 발생적이고 개인적인 현상'으로 간주하였으며, 언어 학습을 사적인 영역의 문제로 치부하였다. 그 결과 교사들은 온갖 종류의 난점에 봉착하게 되었다. 언어가 전적으로 사적인 영역에 속한다면, 도대체 언어는 어떻게 가르칠 수 있는가? 이때 교사가 할 수 있는 최선이란 그저 개별 학생들로부터 언어의 발현을 촉진하는 것이다. 이렇게 되면 가르침이란 행위는, 학생들로부터 적절한 언어를 끌어낼 수 있을 것이라는 기대 하에 특정 '학습 경험'을 제공해 주는, 일종의 관리 운영이나 촉진 조장 행위와 유사해진다. 그러나 이러한 과정은 극히 제한된 범위 내에서만 최대의 효과를 낸다. 대다수 학생들은 이러한 방식으로는 언어 능력이 신장되지 못하였다.

성인들의 관점에서 보면, 인간의 언어 능력은 분명 '발생적'이다. 언어 없는 일상은 상상할 수조차 없고, 언어와 문법에 대한 우리의 앎과 그 사용 양상은 암묵적인 차원에서 작동한다. 또한 언어는 가치중립적이고 확실한 것처럼 보인다. 즉, 언어에 대한 우리의 앎은 너무나 명료해서, 더 알아야 할 것도 없고 만약 더 알아야 할 것이 있다면 그것은 손쉽게 '골라내면' 그뿐이라는 생각을 하게 된다.

또한 '말하는 법과 쓰는 법'은 그 배우는 과정이 동일하다는 견해도 있다 (Cambourne, 1988: 45). 이들 견해를 따르면 말하는 법을 배우는 것은 완전히 발생적인 과정이다. 즉, 어린아이는 그저 특정 환경에 '몰입'함으로써 말하기 능력을 획득한다는 것이다. 그러나 이는 부모 형제들이 수행한 엄청난 양의 교수 행위를 쉽게 간과한 것이다(Painter, 1991). 이런 관점은 쓰기 역시 몰입 이라는 유사한 과정을 거쳐 획득된다고 간주한다. 그러나 이러한 '몰입 관점' 은 실제 나타나는 현상에 대해 온전히 설명해 내고 있다고 받아들이기 힘들 다. 뿐만 아니라, 말하기와 쓰기는 구조, 문법, 기능, 목적 등의 측면에서 서로 완전히 달리 구성된다는 점에서 옳지 않다(Halliday, 1985). 학생에게 그저 매 일 한두 시간 단순히 쓰기에 몰입하게 하는 것은 적절치 않은 교수·학습 전 략이다. 쓰기를 배운다는 것은 학습의 매 단계에서 엄청난 양의 명시적인 교 수 방법론을 요구하는, 매우 복잡하고 어려운 일련의 과정이기 때문이다.

말하기와 쓰기는 모두 언어라는 매체를 사용하는 의사소통의 형태라 할 수 있지만, 이들은 아주 다르게 기능한다. 흔히들 말하기와 쓰기는 동일한 실 체의 '다른 차원/측면'으로 간주하는 경향이 있다. 그렇지만 쓰기는 음성을 전사한 것 이상의 의미를 가진다. 우선, 쓰기는 시각적 형태를 띠는 반면 말하 기는 음성으로 존재한다는 것에서 본질적인 차이가 있다. 말하기는 시간 속에 존재하지만, 쓰기는 별로 그런 것 같지 않다. 물론 어린 학생들의 쓰기는 보통 '말하기와 닮은 형태'를 띠고 있는 게 사실이지만, 쓰는 법을 배우게 되면 이 러한 경향은 점점 줄어들게 될 것이다. 그러므로 말하기와 쓰기의 근본적인 차이를 알아 둘 필요가 있다.

언어는 시간과 공간에서 동시에 작동한다. 말은 무엇보다도 시간에 의 존하는 매체라 할 수 있다. 대개의 말하기 형태는 특정 시간 속에서 진행되 는 사람들 간의 상호작용이다. 사람들은 서로 정보를 주고받거나 사건·행동 에 대한 진술을 이어 나간다. 이렇게 볼 때 말은 일시적이며 즉각적이고 연속적이라 할 수 있다. 그와 반대로 글은 기록이다. 글은 공간에 의존하는 매체이다. 글은 언어에 부과된 시간적 제약을 뛰어 넘으며, 언어를 위계화시키는 데 일조한다. 비격식적이고 일상적인 '말'에서는, 'so, then, and, but, when, because' 등과 같은 접속사로 절과 절이 연결된다. 마치 실이 여러 개의 구슬을 한 줄로 엮듯, 말에서는 억양이 발화들을 연달아 연결하는 수단이 된다 (Kress, 1982). 반면 글에서는 절이 하나의 문장으로 배열된다. 중심 생각은 주절이 되며, 보조적인 생각은 종속절이 된다(Hammond, 1991). 절과 절을 연결하는 논리로 종속의 논리가 들어서는 것이다. 또한 글을 쓸 때에는 되돌아보고 퇴고하고 편집할 수 있는 반면, 말을 할 때에는 'um', 'ah'와 같은 삽입어(fillers)를 동원하여 생각할 틈을 번다. 글은 또한 동사를 명사로 바꾸는 명사화 과정을 통해서, 혹은 동사를 은유적으로 사용함으로써, 언어가 추상적으로 쓰일 수 있는 여지를 높여 준다. 다음에 제시된 예문들을 비교해 보라.

We changed the tyre, and that made us late.
타이어를 교체했다. 그래서 늦었다.

The changing of the tyre made us late.
타이어 교체로 늦었다.

다음 예문들은 동사를 은유적으로 사용하여 변화를 준 예이다.

Students play sport every Friday.
학생들은 매주 금요일 운동한다.

Why do peacocks *sport* such outrageously resplendent plumage?
왜 공작새는 그렇게 눈부신 깃털을 뽐내는가?

She was *sporting* an awful new haircut.
그녀는 보기 흉한 새 헤어스타일을 뽐내고 있었다.

영어 쓰기 수업을 할 때, 교사와 학생 모두 영어가 글로서 어떻게 작동하고 기능하는지, 글쓰는 방식은 말하는 방식과 실질적으로 어떻게 다른지를 이해하는 것은 매우 중요하다. 처음 쓰기를 시작하는 학생들의 글은 그들의 말과 많이 닮았을 것이다. 그렇기 때문에 학습자들이 우선적으로 배워야 할 글쓰기 유형은, 형식적으로는 글보다 말에 더 가까운 사건 나열하기(recount)* 같은 유형의 텍스트이며, 이와 같은 텍스트를 어떻게 통제해야 하는지 그 방법을 배워야 한다. 학생들은 쓰기를 계속 배워 나가면서 학습자들은 점점 더 추상적이고 위계화된 형태(이것이야말로 쓰기의 전형이다)로 옮겨갈 수 있다.

언어는 전적으로 발생적이라는 진보주의자들의 견해가 문제적인 것처럼, 언어 산출 능력이 전적으로 사회적이라는 사회언어학적 견해 역시 문제적이다. 단순히 사회적인 측면에만 초점을 두어 쓰기 교수·학습을 바라보는 것은, 학생 개개인과 그들의 자율성을 손쉽게 배제해 버린다. 이들 관점은 너무 딱딱하고 건조하며 극도로 과학적인 입장을 취한다. 이렇게 되면 개별 필자에게 창의적 글쓰기를 위한 어떠한 여지도 남겨줄 수 없다. 예를 들면, 서사물(narrative) 같은 창의적 쓰기 유형도 구조나 공식구(formula) 등과 같은 몇몇 뼈대로 치환되고 분해되고 만다. 이러한 접근은 과학적 글쓰기에서는 효과적일 수 있다. 그렇지만 서사, 시 등과 같은 문학적 글쓰기를 다루기에는 절대적으로 부족하다.

여기서 제안하고자 하는 장르-텍스트-문법 모델에서는, 언어가 비록 개인에 의해 산출되는 것이지만 그 구조와 얼개는 사회적으로 결정되는 부분이 많다는 점을 받아들인다. 이 모델이 교사에게 주는 함의는 엄청나다. 지나치게 개별화된 창의적 관점은 교수 행위를 사장시키고, 지나치게 사회적인 구조적 관점은 개성을 사장시킨다. 그러나 '사회적 과정으로서의 언어'라는 관점을 택할 경우, 사회적 맥락에 놓여 특정한 사회적 요구에 부응하고자 하는

....

* 8장 '서사하기' 장르를 참고하라.

개인이 생성한 문법적 구조나 형식을 텍스트로 보고 그것을 설명하고 분석할 수 있게 된다.

이 견해에 따르면 아동이 배우는 언어 규약은 실질적으로 '이미 놓여 있고 존재하는 것'으로서, 그 아동이 장차 참여하게 될 사회에 의해 형성되어 있는 것이다. 그러나 아동은 계속해서 자신이 사용하는 언어를 새롭게 만들어 나간다. 'Shut the light'라고 말하는 어린아이가 있다면, 그 아이는 이미 언어를 변형시키고 있는(reshaping) 것이다. 모든 언어 사용자는 이러한 위치에 있다. 우리는 의미를 만들기 위해 기존의 체계를 사용하지만 그렇게 함으로써 체계를 다시 만들기도 한다. 언어는 그 사용자에 의해 끊임없이 다시 만들어진다. 그러나 일단 그것을 사용하려면 반드시 먼저 능력을 갖춰야 한다.

02 장르-텍스트-문법 모델이란 무엇인가

여기에서 제안하는 장르-텍스트-문법 모델은 우선적으로 '글을 쓸 때 무슨 일이 일어나는지'에 관심을 갖는다. 즉, 왜 특정 유형의 쓰기가 다른 유형보다 더 효력을 발휘하는가를 묻는다. 예를 들어, 전문적인 묘사(a technical description)*를 요구하는 맥락에서 서사하기 장르를 택하는 것은, 유용하지도 않으며 문화적으로 적절하지도 않은 선택이다. 우리는 전문적 묘사 유형이 다른 유형과 구별되는 일련의 자질들을 가지고 있다는 점을 우선 알아야 하고 그러한 자질들을 활용하는 것이 쓰기 과정을 더 효과적이고 효율적으로 만들어준다는 것을 이해해야만 한다. 또한 전문적인 묘사와 관련된 텍스트 규약은 독자에게도 전문적인 관점에서 글을 읽도록 하는 모종의 신호가 될 것이다.

....

* 4장 '묘사하기' 장르를 참고하라.

이때 이야기(story)의 텍스트 특질을 가미하여 글을 쓴다면 결과적으로 잘못된 신호를 제공하는 셈이 되어 독자들을 비효율적이고 잘못된 읽기 과정으로 이끌게 될 것이다.

그러므로 장르-텍스트-문법 접근의 목적은 학생들에게 쓰기의 규약—장르와 문법—을 효율적이고 효과적으로 사용할 수 있는 능력을 갖춰 주는 데 있다. 이런 규약이 없다면 쓰기 과정은 혼란스럽고 비생산적인 과정이 될 것이다. 쓰기 과제를 받아 놓고도 써 나가기는커녕 무슨 말로 시작해야 할지를 몰라 백지만 쳐다보고 있는 아이들을 우리는 얼마나 많이 보아 왔는가? 쓰기 교육의 일차적 목적은 '문어'를 효과적으로 사용할 수 있는 지식을 제공해 주는 것이다. 이는 단순히 '정확한' 언어에 대한 공식이나 규칙, 지침을 주자는 말이 아니다. 공식이나 규칙, 지침은 분명 중요하나, 이것만으로는 힘 있는 필자, 즉 능력 있고 자신만만하며 논리정연한 필자를 만들어 낼 수 없다.

03 언어에 관한 네 가지 관점

1) 맥락 Context

텍스트는 언제나 맥락 안에서 생산된다. 텍스트는 개인에 의해 생산되나, 개인들은 언제나 사회적 주체로서 사회적 환경 속에서 텍스트를 생산해 낸다. 즉, 텍스트는 절대로 온전히 창의적이거나 독창적일 수 없는 것이다. 텍스트는 언제나 사회적 환경 그리고 다른 텍스트와 관련된다.

1920년대 인류학자인 말리노프스키(Malinowski, 1967)는 언어를 둘러싼 문제를 온전히 그려 내기 위해서는 '맥락(context)'의 개념을 확장할 필요가 있음을 인식하였다. 그는 텍스트가 생산되는 바로 그 환경을 기술하기 위해

'상황 맥락(context of situation)'이라는 용어를 만들어 냈다. 그러나 그는 곧, 이 범주가 텍스트에 미치는 광범위한 영향 요인들을 제대로 설명해 주지 못한다는 것을 알아채고 참여자가 사회적으로 상호작용하는 가운데 개입하는 신념, 가치, 태도 등의 체계를 설명하기 위해 '문화 맥락(context of culture)'이라는 용어를 창안해 냈다.

기능적 언어 모델을 발전시키는 데 핵심적인 역할을 한 언어학자인 할리데이(Halliday, 1978, 1985)는 맥락과 텍스트의 관계를 정교하게 개념화했다. 그는 언어 사태를 둘러싸고 있는 맥락을 '가상의(virtual)' 것으로, 혹은 텍스트라는 형태로 사태를 '실현시키는(actualize)' 잠재태를 지닌 것으로 간주하였다. 할리데이는 맥락과 텍스트 간의 이런 관계를 기술하기 위해 일련의 전문 용어들을 창안해 냈다. 예를 들어, 특정 맥락에서 말해지거나 쓰인 내용은 텍스트상에서는 '관념적(ideational)' 혹은 '표상적(representational)' 의미로 실현된다. 특정 맥락에서 참여자 간의 사회적 관계는 '대인적(interpersonal)' 의미로서 텍스트에서 실현되고, 언어 사태의 양상이나 방법은 '텍스트적(textual)' 의미로서 실현된다.

다음 사례를 중심으로 이것들이 어떻게 적용되는지 살펴보자.

■ 거리에서 두 친구 간에 있었던 짧고 가벼운 만남

무엇을 (장場/관념적 의미)	공유된 경험 / 대수롭지 않은 화제
누가 (주체/대인적 의미)	대략 평등한 관계
어떻게 (양식/텍스트적 의미)	구어, 비격식체

■ 교사 채용 인터뷰

무엇을 (장場/관념적 의미)	교육적(전문적)인 내용 / 미리 계획된 질문
누가 (주체/대인적 의미)	불평등한 관계, 면접자가 더 많은 권력을 지님.
어떻게 (양식/텍스트적 의미)	구어, 격식체

텍스트와 맥락 간의 이러한 직접적 대응이 정말 빈틈없이 말끔하게 유지되는가에 대해서는 논쟁의 여지가 있다. 사실 이러한 직접적 대응관계가 언제나 유지되는 것은 아니다. 이 모델을 더 발전시킨 최근의 논의들, 그중에서도 마틴(Martin, 1986, 1992)의 '장르' 모델을 보면, 잠재태(가상)-현실태(실제)의 역동적 관계를 좀 더 결정론적인 것으로 바꿔 놓고 있음을 확인할 수 있다. 이에 대해서는 차후 좀 더 상세히 살펴볼 것이다.

할리데이는 이 세 가지 의미 유형을 '메타기능(metafunction)'이라고 불렀다. 이 때문에 그의 언어 모델은 기능적 언어 모델이라고 불린다. 이들 세 유형의 메타기능은 텍스트가 어떻게 사태나 사고를 표상하고 사회적 관계를 지시하고 텍스트 유형으로서 형식적으로 기능하는지 등을 이해하는 데 그럴듯하고 유용해 보일 수 있다. 반면, 비트겐슈타인(Wittgenstein, 1953)이니 오스틴(Austin, 1962)과 같은 언어 철학자들이 언어의 본질적이고 역동적인 측면이라 보았던 지점, 이를테면 '언어 게임(language game)'의 측면을 왜곡할 수도 있다는 점 역시 기억해 둘 필요가 있다. 그럼에도 이 책에서는 '교실이라는 상황', 특히 '쓰기라는 양식 또는 매개'에 한정하여 언어를 조작적으로 이해하고자 하기 때문에, 할리데이의 기능적 모델이 특정 개념들, 이를테면 요새 장르 이론을 설명하는 데 핵심적인 역할을 하고 있는 사용역(register)과 같은 개념을 어떻게 파악하고 사용하고 있는지 이해하는 것은 매우 중요하고 또 유용한 일이다.

할리데이에 의하면, 모든 텍스트는 그것이 맥락과 맺는 역동적 관계 때문에 다 특별하다. 이 견해에 의하면 고정된 수의 사용역이란 있을 수 없고 사용역은 계량화할 수 없는 범주이다. 그러므로 텍스트는 장르 일반적(generic)이라기보다는 개별적인(individual) 특성을 지닌다. 이는 할리데이가 장르를 상대적으로 안정적인 텍스트적 형태(relatively stable textual form)로 인식하지 않는다는 뜻이 아니다. 그는 장르를 '양식(mode)'의 맥락적 변인의 일부로서 간주한다. 그에 비해 마틴은, 지극히 단순화한 감이 없지 않으나 장르를 이데올로기나 목적에 의해 도출되는 지배적이고 결정적인 범주로 간주하였다. 결국 할리데이 모델의 매력은 맥락과 텍스트 간의 역동적 속성을 포착했다는 데 있다. 즉 텍스트는 그것이 생산되는 맥락에서 작용하는, 일련의 역동적 변인들이 실현된 것이다. 할리데이의 관점이 장르와 텍스트를 가르치는 교실 수업에 제공할 수 있는 주된 함의란 바로 이것이다[왓킨스(1999)가 자세히 설명하고 있으니 참고하라].

곧 확인하게 되겠지만, 장르에 관해 이 책에서 견지하는 이론적 접근은 기능 지향적이다. 그렇지만 할리데이나 마틴의 관점과는 결정적인 차이가 있다. 주된 차이점은 텍스트란 '언어적 가공물' 이상의 무엇이라는 점이다. 텍스트는 전략, 게임, 지침이며, 일반적으로는 무엇인가를 수행하도록 하는 방법이다. 예를 들어 보자. 할리데이는 맥락의 '장(field)'을, 문법의 특정 국면을 통해 '관념적 의미'가 실현된 것으로 보았다. 그러나 구조적인 것이라면 몰라도 상호작용적인 관계에 근거하여 텍스트를 의미의 계층(level)으로 성층화(成層化, stratify)하는 것은 문제가 될 수 있다. 다음 예를 보자.

1 Sir, would you please mind stepping aside.
  선생님, 좀 비켜 주실 수 있으신지요.

2 Get out of the way clown.
  저리 비켜 이 바보야.

1에서는 공손성을 실현하기 위해 모든 문법적 장치가 사용되고 있음을 알 수 있다. 존대어가 사용되고 있고, 쓰인 단어 중 절반이 공손성을 나타내기 위함이며, 오직 'stepping aside(비키다)'만이 상대방에게 요구하는 '내용'에 해당한다. 그러니까 대부분이 대인적 의미를 나타내는 것이고 표상적 의미를 나타내는 것은 극히 일부분이라고 말할 수 있을 것이다. 위의 예문 2에서 언어는 축자적이든 은유적이든 대부분이 표상적(representational)이다. 그러나 언어와 문법 안에 내포된 것은 상당히 강한 대인적 관계이다. 즉 2의 의미를 표상적 의미냐, 대인적 의미냐로 가르는 것은 매우 어려운 일이다. 예를 들어, 'clown'이라는 단어에 주목해 보자. 표상적이고 비유적인 의미 외에도 대인적 의미를 강하게 나타내고 있지 않은가. 이렇게 볼 때 문법적으로 의미를 정의하고 또 정의된 의미를 성층화하는 것은 참 어려운 문제임을 알 수 있다.

요컨대, 할리데이의 기능적 모델은 언어에 작동하는 사회적 힘을 설명하려 시도했으나, 그 방식이 사회적 상황의 잠재력을 언어적·문법적 구조의 틀 안으로 환원시키는 것이었다는 점에서 아쉬운 면이 있다. 덴마크 언어학자인 옐름슬레우(Hjelmslev, 1961)는 언어를 분류하고 가르는 데 관심을 가졌다. 그는 언어에는 많은 층이 있으며 각각의 층위에는 '내용 형태(form of content)'와 '표현 형태(form of expression)'라는 변수가 있고, 이 두 변수는 동시에 작동한다고 하였다. 이를 가지고 위 예문을 설명하자면, 'clown'은 축자적으로 혹은 비유적으로 사용된 내용 형태를 지니지만, 이 문장의 맥락에서 보면 분명 상대방을 모욕하고 깎아내리는 표현 형태를 지닌다. 정리하면, 맥락과 텍스트 간의 관계는 아주 복합적이고 복잡하다. 그러나 텍스트의 작동을 이해하기 위해서는 필수적인 것이다. 맥락과 텍스트 간의 관계를 공식화하는 것은 유용하기는 하나, 구조적·언어적 관점에서만 공식화한다면 필연적으로 환원주의(reductionism)로 귀결될 것이 분명하다. 그러므로 이 책에서는 옐름슬레우와 할리데이 모두를 따라 맥락에 대한 관점을 세우고자 한다. 맥락은 언어적 사건을 작동시키고 발생시키는 가상적 힘이다. 언어는 무슨 일이 일어나고 있는지를 알려 주는 표상적 기능을 가지지만, 다른 사람에게 영향을 주며 행위와 운동을 '촉발하는' 힘을 발휘한다는 점이 더 중요한 기능이다.

2) 장르 Genre

이 장의 초반에서 논의했듯, 장르에 대한 우리의 접근법은 일차적으로 언어를 가지고 무엇인가를 하는 언어 과정에 가 닿아 있다. 따라서 우리는 '묘사하기', '주장하기' 등과 같은 과정적인 용어로 장르에 대해 논하고자 한다. 그리고 다루는 장르가 달라질 때마다 각기 다른 문법적·구조적 자원들을 활용할 것이다.

'장르'라는 용어는 오랜 역사를 지닌다. 장르는 문학, 대중문화, 언어학, 교육학, 최근에는 언어/문식성 교육 등 다양한 분야에서 이론화되었다. 이천 년이 넘는 기간 동안 장르에 대한 학술 논문이 다양한 방식으로 출간되었다. 장르 또는 '장르 이론'은 기본적으로 두 종류의 서로 관련된, 그러나 근본적으로는 매우 다른 패러다임에 근거하여 발전하였다. 이를테면, 오스트레일리아 기호학자 앤 프레드먼(Anne Freadman, 1994)은 장르를 매우 넓은 의미로 정의함으로써 텍스트라는 경계선과 제약을 넘어설 것을 요구하고 있다. 그의 말을 들어 보자.

우선, 장르는 문화적 실천을 조직하는 개념이며, 둘째, 어떤 장르 영역이든지 다양한 척도에 따라 대비되는 망 형태를 구성하고 있으며, 셋째, 장르는 때와 장소이거나, 행위이거나 기능이거나 상호작용적 구조이다. 이를 일종의 '텍스트'로 보는 것은 전혀 유용하지 않다. 넷째, 문화적 능력이란 장르의 적절성 규칙을 알고 그 경계를 아는 것, 그것을 변환시킬 수 있고 변환하는 방법을 아는 것, 또한 그러한 변환에 얼마나 많은 변인이 개입하는지 아는 능력을 말한다.

불행하게도 프레드먼의 장르 개념은 문식성 교육에서는 거의 영향을 주지 못하였다. 이 분야의 주된 패러다임은 '시드니 학파'(Johns, 2002: 5)라고 불리는 체계 기능 언어학파에서 유래했다. 이러한 접근법과 관련된 사람들은 프랜시스 크리스티(Frances Christie), 짐 마틴(Jim Martin), 조앤 로더리(Joan Rothery) 등이다. 이 관점은 개인적·역동적·수행적인 언어의 제 측면보다는 언어와 텍스트가 구조와 체계를 통해 운용되는 집합임을 강조하는 관점이다. 이는 상대적으로 불안정한 파롤(parole, 역동적인 사회 활동)보다는 랑그

(langue, 언어 체계)를 체계적인 연구의 대상으로 선호하는 소쉬르(Saussure, 1974)의 언어 모델을 따르는 입장이다. 이들은 의미가 텍스트의 언어 체계와 구조에 의해 결정된다고 보았다. 즉 텍스트는 사회적 맥락 안에서 생산되며 또 사회적 맥락에 의해 결정되기 때문에, 개별 텍스트의 구조와 문법에서 사회적 요인을 식별하는 것이 가능하다는 것이다.

앞서 논의했듯이, 사용역은 맥락에 의해 결정되는 텍스트 개개의 특질을 정의하는 데 사용하는 용어이다. 시드니 학파에게 사용역은 상대적으로 안정성을 지닌 교실 글쓰기를 다루는 데 유용한 범주가 아니다. 하나의 텍스트 범주로서 장르는 실생활의 일상적 텍스트(사용역)를 분류하고 일반화하기 위해 이론화된 것이다. 하나의 이론으로서, 장르는 일상적 텍스트의 생산을 하나의 층위(그림 1-1에서 '사용역'으로 표현됨)에서 시각화할 것을 요구하는데, 이는 장르가 또 다른 층위에서 조망되어야 하기 때문이다. 장르는 사회적 목적에 따라 분류되어야 하고, 목적 달성을 위해 관통하는 단계에 따라 식별되어야 한다. 여기서 사회적 목적은 하나의 문화적 범주로서 이론화된다. 예를 들어 '물건 사기'는 범세계적인 목적이 될 수 있으나 그 목적을 달성하기 위해 취하는 각 '단계'는 문화적 맥락에 따라 달라질 수 있다는 것이다. 예를 들어 방콕에서의 물건 사기는 벤디고에서의 물건 사기와는 매우 다르다.

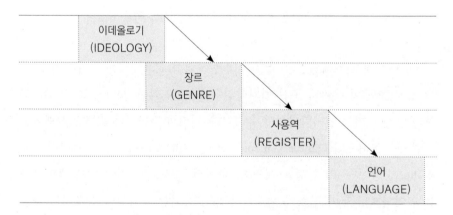

그림 1-1 마틴의 언어 모델(Martin, 1986: 227)

이러한 모델은 이 수준에서 끝나는 것이 아니다. 이 패러다임에 근거한 이론가들은 단순히 텍스트 유형의 분류틀을 제공하는 데에 그치지 않고 이를 넘어설 것을 주장하였다. 즉, 사회적 평등의 문제에 대해 말하고자 했던 것이다. 그래서 장르 위의 또 다른 층위(이데올로기)로 '문화를 구성하는 각종 정향들을 부호화하는 체계'를 제안하였다(Martin, 1992: 501).

이 모델에서 이데올로기는 텍스트가 사회적으로 경합되는 층위를 말한다. 이데올로기 수준은 혼종성(混種性)의 층위로서, 그 이하의 동종성(同種性) 층위와는 달리 일반적으로 사회적 약자나 소외자들의 손이 미치지 않는 곳이다. 이 층위는 누가 힘이 있는 장르에 접근할 수 있는지 결정하기 때문에, 사회적 계급에 따른 힘을 효율적으로 재분배하는 데 결정적인 역할을 한다.

그림 1-2에서 제안된 장르 모델도 쓰기 교육을 위한 것이다. 여기에서는 이데올로기 층위가 빠져 있는데, 이는 텍스트 유형의 분류와 그 구조에만 초점

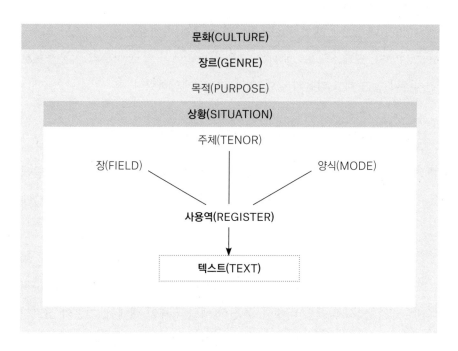

그림 1-2 더위앙카의 장르 모델(Derewianka, 1990: 19)

을 두고 있는 교육학적 입장에 의해 도출된 결과물이다. 그 결과 쓰기 교수·학습 실천에서 최종적인 이데올로기 층위를 제외시킴으로써 '장르'가 오히려 학습자의 문화적·인지적·언어적 발달을 저해한다는 비난과 비판이 널리 제기되었다(Luke, 1994; Threadgold, 1992, 1993, 1994; Lee, 1993; Poynton, 1993). 여기에서는 이러한 관점에 의거한 '장르 이론'이 텍스트 유형의 분류와 구조적 분석으로 환원되었으며, 사회를 동질적으로 바라보는 관점에 입각한 환원주의적 언어교수 이론으로 귀결되어, 결과적으로 교육적인 문제를 낳았다는 점에 주목할 필요가 있다. 이 점에 대해서는 3장에서 다시 자세히 살펴볼 것이다.

'사회적 과정으로서의 장르' 모델 The 'Genre as Social Process' Model

이 모델은 오스트레일리아 교실에서는 상대적으로 널리 알려지지 않은 '대안적 장르 모델'로, 1970년대 영국에서 유행했던 비판적 언어학의 성과에서 도출되었다(Fowler and Kress, 1979; Kress, 1979). 이후 크레스(Kress)는 1980년대 오스트레일리아로 돌아와 이를 지속적으로 발전시켰고(Kress, 1982, 1985), 크레스(1989)에서는 교육적 맥락에서 장르 이론이 기본적으로 견지해야 할 명제를 다음과 같이 요약적으로 제안하였다.

- 텍스트의 형태(장르)는 사회적 생산 과정의 결과물이다.

- 사회적 구조의 상대적 안정성이 확보된다면 특정한 사회 제도 안에서 생산되는 텍스트 형태는 안정성과 지속성을 어느 정도 확보하게 될 것이다.

- 결과적으로, 일반적 형태의 텍스트는 개개인이 나타내고자 하는 의미를 표현할 때마다 생산되기 시작하는 것이 아니다. 그보다는 사회적·역사적 제약 내에서, 특정한 맥락의 제약 내에서, 기존의 장르적 유형에 대한 지식을 가지고 행동하는 개별 사회적 주체의 행위 결과

라고 보는 것이 옳다.

- 장르의 사회적 출처라는 것이 존재한다면, 각각의 장르는 각기 다른 종류의 사회적 힘을 각기 다른 강도로 가지고 있고, 전달할 수 있다.

- 장르는 식별하고 인지할 수 있는 언어적 특질을 지니고 있다. 개별 언어 사용자가 이들 특질을 완전히 통제하거나 결정지을 수는 없다.

- 텍스트의 특질과 그 사회적 위상 및 힘에 대한 지식은, 특정 교과에 포함되는 형태든 아니면 범교과적으로 녹아 있는 형태든, 교육과정에 반드시 포함될 수 있고 포함되어야만 한다.

(Kress, 1989: 10)

체계 기능 언어학자이든, 사회적 과정으로서의 장르 모델을 주장하는 사람이든, 장르 이론가들이 위 명제에 동의하지 않기란 쉽지 않다. 장르에 대한 크레스의 접근은 체계 기능 학파와 상당히 다르다. 무엇보다도 그는 장르를 텍스트 유형이 아니라 '텍스트의 형태'라 지칭한다. 크레스가 장르를 사회적 목적에 의해 결정되는 것이 아니라 역동적인 사회적 과정에서 형성된다고 보았다는 점을 고려하면, 이는 매우 의도적이고도 계획적인 거리두기인 셈이다. 즉, 체계 기능 언어학이 언어 체계 또는 '랑그'에 초점을 두는 데 반해, 크레스는 일상 용법, 즉 '파롤'에 더 초점을 두었다. 두 접근 모두 장르를 사회적 과정으로 인정하지만, 크레스가 주로 묻는 것은 '이 텍스트에서는 무슨 일이 일어나고 있는가, 사회적 역동성이 여기서 어떤 역할을 하고 있는가'이다. 그에 반해 체계 기능 언어학자가 주로 묻는 것은 '사회적 목적을 달성하기 위해 이 텍스트는 어떤 단계(stage)를 거치고 있는가'이다.* 크레스는 사회적 상

....

* 즉, 체계 기능 언어학은 좀 더 '구조주의적 접근'을 취하고 있다. 그렇기 때문에 저자들은 작문 교육 맥락에서는 체계 기능 언어학을 '관점'으로서만 받아들이려고 하는 것이 유용하다고 주장하고 있는 것이다.

황의 복잡성과 역동성을 강조하면서 텍스트 그 자체를 변화 가능하고 복잡한 것으로 간주하지만, 체계 기능 언어학자는 사회적 요인을 사회적 상호작용의 영역으로 내몰고 텍스트를 단순히 분류적인 작용 영역으로 간주하고자 한다. 이 차이점은 상당히 중요하다. 특히 쓰기를 가르칠 때 적정 수준에서 교사의 개입을 허용하는 교수·학습 방법을 고민하는 맥락에서는 더더욱 그러하다 (Kress and Knapp, 1992).

교육 모델을 구축하고자 하는 이 책의 목적을 고려할 때, 쓰기 수업에서는 크레스가 던진 질문이 훨씬 더 유용하다. 그래서 우리는 텍스트 유형을 분류하는 구조보다는 텍스트를 형성하는 과정에 주목하는 접근법을 더 선호하게 되었다. 장르에 대한 우리 관심은 크레스의 '사회적 과정' 모델을 출발점으로 삼았지만, 앞서도 언급했듯이, 텍스트를 '언어 게임'으로 보는 비트겐슈타인의 발상에서도 지대한 영향을 받았다. 비트겐슈타인(1953)은 의미를 '행위 또는 수행'의 측면에서 설명하고자 했다. 언어와 의미는 언제나 규칙과 규약에 대한 공통된 이해라는 잣대 안에서 언어 사용자에 의해 수행되고 교환되는 것이다. 이를 그는 소위 '언어 게임'이라고 했다. 예를 들어 주문, 명령, 지시, 설명, 추천, 요구, 묘사, 서사 등은 모두 그 자질과 사용을 특화하는 규칙과 관련되어 정의된다. 텍스트의 역동적이고 수행적인 측면을 강조하는 이 모델은 고정적이고 구조적인 텍스트 유형 모델보다 교사들에게 훨씬 더 유용할 것으로 보인다.

프랑스 사회학자 부르디외(Bourdieu, 1990)의 '아비투스(habitus)'라는 개념은 장르에 대한 실천적인 작동 모델을 만들어 나가는 데 유용한 아이디어이다. 부르디외는 아비투스를 '개개인을 특정한 방식으로 행동하게 하는 일련의 경향 및 기질의 집합'으로 보았다. 이러한 기질들은 어린 시절부터 개인이 일상적으로 마주치는 사건들을 통하여 체화되는 것이다. 아비투스는 개인에게 행동하는 방법에 대한 감각을 제공해 주고 일상적인 삶에서 어떻게 반응할 것인지도 결정해 준다. 그것은 개별 행동을 엄격하게 결정짓기보다는 행동이나 경향을 '정향시킨다'. 다시 말해 '게임에 대한 감각', 즉 특정 상황에서 어떤 것이 적절한지 혹은 그렇지 않은지에 대한 일정한 감각을 제공해 준다는 것이다. 이것이 바로 우리가 장르를 인식하는 방식이다. 부르디외와 비트겐슈타인의 통찰을 참고하여 장르 개념을 좀 더 공식화해 보면 다음과 같다. 장르는 체계의 일부이자 특정한 방식으로 구조화된 것이되, 더 중요한 것은 장르가 사회적 상호작용 안에서 생성된다는 것이다. 이 아이디어는 구조와 과정으로 이분되는 것을 막아 주고 사회적 상호작용의 역동적인 성격에 주목하면서도 장르가 구조화된 것이라는 점을 견지할 수 있도록 해 준다.

이제 우리는 텍스트를 구조화된 대상물이 아닌, 언제든지 변이하고 변화할 가능성이 있는 상수(형태와 문법적 부호)의 배열로 보는, 좀 더 생성적인 접근법을 취할 수 있을 것이다. 이렇게 되면 장르를 쓰기 수업에서 제공할 수 있는 핵심적이고 비교적 불변적인 과정들의 묶음으로 볼 수 있는 기반이 마련될 수 있으며, 이 접근법을 교육적으로 실행하고자 할 때 도움을 받을 수 있을 것이다. 이 접근법에서 장르란 결과물이나 텍스트 유형이라기보다는 오히려 묘사하기, 설명하기, 지시하기, 주장하기, 서사하기 등과 같은 장르 일반적 과정의 핵심 집합으로 간주된다. 이 과정을 수행하는 것은 다양한 텍스트 유형을 단계화하여 배우기 위함이 아니라, 적절한 텍스트를 생산하기 위해 관련된 구조적, 문법적 지식을 활용하는 능력을 배우기 위함이다. 따라서 문법의 형식적이고도 기능적인 측면(언어로 할 수 있는 것이 무엇이며 그것이 어떻게 작동하는가)을 이해하는 것이 이 접근법의 핵심을 이룬다. 다음 그림 1-3은 학교 학습에서 필수적인 장르 과정 모델을 시각화한 것으로 이전의 모델을 발전시킨 것이다(Knapp, 1992).

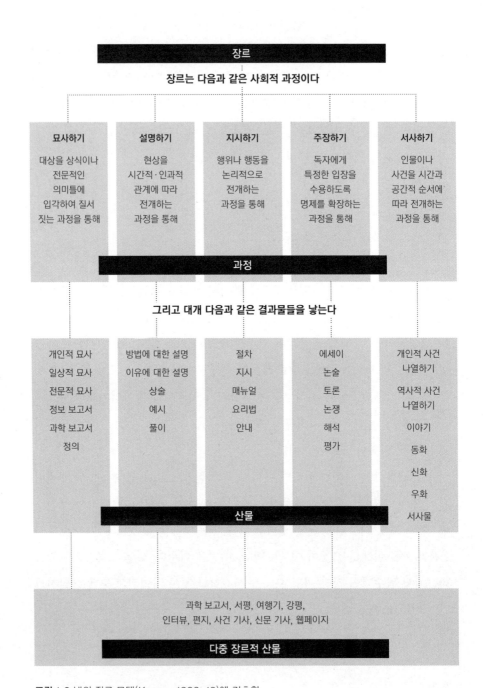

장르

장르는 다음과 같은 사회적 과정이다

묘사하기	설명하기	지시하기	주장하기	서사하기
대상을 상식이나 전문적인 의미틀에 입각하여 질서 짓는 과정을 통해	현상을 시간적·인과적 관계에 따라 전개하는 과정을 통해	행위나 행동을 논리적으로 전개하는 과정을 통해	독자에게 특정한 입장을 수용하도록 명제를 확장하는 과정을 통해	인물이나 사건을 시간과 공간적 순서에 따라 전개하는 과정을 통해

과정

그리고 대개 다음과 같은 결과물들을 낳는다

개인적 묘사	방법에 대한 설명	절차	에세이	개인적 사건 나열하기
일상적 묘사	이유에 대한 설명	지시	논술	역사적 사건 나열하기
전문적 묘사	상술	매뉴얼	토론	이야기
정보 보고서	예시	요리법	논쟁	동화
과학 보고서	풀이	안내	해석	신화
정의			평가	우화
				서사물

산물

과학 보고서, 서평, 여행기, 강평,
인터뷰, 편지, 사건 기사, 신문 기사, 웹페이지

다중 장르적 산물

그림 1-3 냅의 장르 모델(Knapp, 1992: 13)에 기초함

이 모델에서는 무엇보다 과정과 결과가 뚜렷하게 구별되고 있지 않다는 데 주목할 필요가 있다. 우리의 교육적 경험에 따르면, 이러한 점이 중요한 이유는 다음과 같다.

1 산물로서가 아니라 과정으로서 장르를 가르치는 것은 아주 어린 아동부터 고등학생에 이르는 모든 학생들이 써야 하는 모든 텍스트 유형에 적용될 수 있다. 즉, 예컨대 묘사하기 장르의 일반적 특질(구조와 문법)은 모든 필자에게, 다시 말해 저학년의 쓰기 학습자가 경험적 묘사를 할 때부터 고등학생이 전문적 묘사를 할 때까지도 지속적으로 유지된다. 이는 교수에 대한 발달적 접근을 가능하게 하여, 학생 각자가 이미 알고 있는 것에서부터 출발하여 점차 발전하는 것이 가능해진다.

2 구조와 문법 같은 장르의 양상을 가르치는 것을 통하여, 필자는 규칙 지배적인 패턴을 재생산하는 법을 배우기보다는 텍스트의 장르 일반적 목적이 무엇인지를 깨닫게 될 것이다. 이는 문법 교수가 저학년의 쓰기 학습자 단계에서부터 지속적으로 교수·학습 프로그램의 근간이 되어야 함을 의미한다. '결과로서의 장르'에서 '과정으로서의 장르'로의 변화는, 장르를 가르치는 것이 텍스트 쓰기를 단순히 패턴을 복제하는 것으로 환원시킨다는 비판에서 벗어날 수 있게 한다.

3 초등학교에서의 텍스트 유형이 상대적으로 간단하고 분명한 반면, 중등학교 학생들은 하나 이상의 장르를 포함하는 텍스트를 생산하도록 요구받는다. 예를 들어, 처음에는 무엇인가를 묘사하다가, 다음에는 그것이 어떻게 작동하는지 설명하고 마지막으로 그 사용법에 대해 논증하는 글을 우리는 무엇이라고 불러야 할 것인가? 장르를 과정으로 보는 접근법은 이러한 다중 장르적(multi-generic) 텍스트를

다루는 데 아무 문제가 없다. 이 접근법에서 그것을 무엇이라고 부르든지 상관없다. 그보다는 그 텍스트가 무엇을 하고 있는지를 알아야 한다. 덧붙여, 학생들이 전형적·다중적 텍스트를 생산하는 데 필요한 일반적·문법적 자원을 배우도록 배려해야 한다.

오늘날 우리 사회에서 장르의 유형은 계속 확장되고 변화하고 있다. 이는 부분적으로는 정보통신 기술의 확산 때문인 것으로 보인다. 그에 따라 점차 학생들에게 다중적인 텍스트를 읽어 내고 생산할 수 있는 능력이 요구되고 있다. 그러나 학교는 학생들에게 정보와 지식의 교환을 다루기 위해 개발된 기본적인 쓰기 장르를 가르치는 것에서부터 출발하여야 한다. 일단 기초적 단계에 도달하게 되면, 학생들은 문어의 한계를 넘어서서 유연성과 창의성을 발휘할 수 있는 토대를 마련하도록 할 수 있을 것이다.

3) 텍스트 Text

언어는 언제나 텍스트로 생산되고, 교환되고, 수용된다. 즉, 의사소통 체계로서의 언어는 우리가 텍스트라고 부르는 결속적인 단위로 조직된다. 하나의 텍스트는 거리에서 만난 친구와의 인사, 텔레비전 광고, 소설, 영화 등과 같이 하나의 완결된 의사소통 행위이다. 말하기와 마찬가지로 텍스트도 어엿한 의사소통 행위로서 설 수 있다.

다양한 유형의 텍스트는 그것이 각기 무엇을 하도록 만들어졌느냐에 따라 각기 독특한 특질을 가지고 있다. 예를 들어, 한 편의 시는 과학적인 묘사와는 즉각적으로 바로 구분된다. 이는 각각의 텍스트가 언어를 가지고 전혀 다른 일을 수행하고 있기 때문이다.

텍스트는 일상적, 격식적, 오락적, 정보적 텍스트 등 다양한 방식으로 분류되고 조직될 수 있다. 전통적으로 다양한 유형의 텍스트는 확립된 규약에 따라 식별되어 왔다. 이를테면 셰익스피어(Shakespeare)와 디킨스(Dickens) 작품은 '문학적' 텍스트이고, 과학적 절차나 컴퓨터 매뉴얼은 '사실적' 텍스트 이며, 〈심슨 가족〉*과 〈7.30 Report〉**는 '미디어' 텍스트다. 그렇다면 샐리 모건(Sally Morgan)의 자서전 『나의 장소(My Place)』는 어떻게 분류해야 할 것 인가? 우선, 사용된 언어가 독자에게 성찰적이고 감정적인 반응을 불러일으 킨다는 점에서 문학적이고, 또한 자신의 삶을 묘사하고 사회적 지각과 이해에 변화를 가져오고자 하는 그녀 자신의 강력한 논증이 제기되고 있다는 점에서 사실적이다. 또한 인쇄 매체를 통해 널리 읽혔고 영향력이 있었다는 점에서는 미디어 텍스트이기도 하다.

그러나 이러한 '모순적' 상황일수록 교사는 텍스트의 특질에 대해 좀 더 다양한 사고방식을 견지해야 할 필요가 있다. 그러므로 아래의 분류는 하나의 사고방식으로서 유용한 것일 뿐, 결코 절대적인 것이 아니다.

문학적 텍스트 Literary Text

국어과 교육 안에서 문학적 텍스트란 현실적이든 상상적이든, 개인적·사 회적 삶을 반영하고 해석하는 폭넓은 범위의 텍스트를 말한다. 문학적 텍스트 는 독자로 하여금 일상을 넘어서게 하는 방식으로 일상적 경험을 다룰 수 있 다. 문학적 텍스트는 구체적인 표상과 기능적 양식을 넘어서는 방식으로 언어 를 사용한다. 문학적 텍스트는 언어로서 독자의 마음속에 이미지를 만들어 내 고, 독자는 텍스트와 교섭함으로써 저자가 나타내고자 하는 의미와 자신만의 의미를 병합한다. 문학적 텍스트는 일상 언어에 비해 비유적 언어(은유, 리듬,

....

* 1989년부터 2019년까지 31시즌에 걸쳐 20세기 폭스 텔레비전 채널에서 방영되고 있는 애니메이 션 시리즈이다. 가상의 도시 '스프링필드'에서 살아가는 심슨가를 중심으로 미국 사회와 문화, 중산층 의 삶을 풍자적으로 묘사했다.
** 오스트레일리아에서 가장 저명하고 신망 받는 저널리스트 중 한 명인 케리 오브라이언(Kerry O'Brien)이 진행하던 ABC 방송의 시사 프로그램이다. 그날의 가장 주요한 국외, 국내 뉴스를 심층적 으로 다루었다.

반복)나 시적 언어(언어 그 자체를 추구하는 언어)를 더 많이 사용한다. 문학적 텍스트는 소설, 시, 서사시, 드라마, 영웅담을 포함한다.

사실적 텍스트 Factual Text

사실적 텍스트는 학교교육의 입장에서 보면 교육적으로 정의되고 분류되고 구성된 각종 지식을 소통하는 것을 일차적인 목적으로 하는 텍스트를 일컫는다. 사실적 텍스트는 모든 과목에서 지식의 교환, 즉 학습의 문제를 다룬다. 일상적 의미에서 사실적 텍스트란, 무언가를 하기 위해 매일 사용하는 모든 텍스트를 포함한다. 전문적 묘사, 설명, 절차와 같은 사실적 텍스트들은 목적 지향적이며, 그 전달에 있어 효율성과 효과성을 추구한다. 에세이나 리뷰, 논증과 같은 사실적 텍스트는 좀 더 수사적이며 독자를 설득하기 위해 좀 더 노력한다.

미디어 텍스트 Media Text

이 텍스트의 분류 문제는 사실 많은 이유에서 문제적인데, 무엇보다 지금 이 순간에도 양상들이 끊임없이 변화하고 발전한다는 점에서 그러하다. 예를 들어, 문자 메시지나 이메일의 철자와 문장에 많은 변화가 있었다. 이러한 논의는 이 책의 범위를 벗어나는 것이기는 하다. 그렇지만 이전 장에서 논의했듯이 텍스트의 개념을 결정하는 역동적 변인 중 하나가 바로 사용자가 그것을 나름대로 만들어 나갈 수 있다는 잠재력이기 때문에, 미디어 텍스트의 형태와 양상이 학생들의 문식성 경험에 많은 영향을 줄 것이라는 점을 인식하는 것은 매우 중요하다. 이 관점에서 보면 그것이 문학적이든 사실적이든 상관없이 출판, 방송, 케이블, 영화, 비디오라는 채널을 통해 사용되는 모든 텍스트를 미디어 텍스트라고 볼 필요가 있다.

이러한 텍스트는 미디어에 따라 문자, 음성, 그림, 소리 등 다양한 의사소통 방식을 사용할 수 있다. 미디어 텍스트의 형태는 특정 미디어가 채택하는 테크놀로지에 의해 어느 정도 결정된다. 그러므로 미디어 텍스트를 이해하는 것은 각각의 미디어의 생산 방식과 테크놀로지도 함께 이해하는 것임을 의미한다.

국어 과목을 배울 때 학생들은 위에 제시한 모든 범주의 텍스트에서 국어가 어떻게 작용하는지 이해할 수 있어야 한다. 예를 들어 시를 쓸 때 사용하는 언어의 유형은 지시문을 쓸 때 사용하는 것과 완전히 다를 것이다. 국어의 기능적인 양식은 다른 과목에서도 효과적으로 가르칠 수 있을는지 모른다. 그러나 국어의 문학적이고 비유적인 양식은 반드시 국어 과목에서 가르쳐야 한다. 학생에게 텍스트의 작동 방식을 전문적으로 이해시키려면, 교사는 해당 과제에 적합한 전문어를 사용할 수 있어야 한다. 그런 종류의 '언어에 대한 언어'* 없이는, 이런 지식은 습득하기 어렵다. 아니 거의 불가능하다고 보아야 한다.

4) 문법 Grammar

장르-텍스트-문법 접근의 초석 중 하나는 장르와 문법을 매개하는 관계라 할 수 있다. 체계 기능 문법이 맥락과 문법의 관계를 만들어 냈으나, 이미 살펴보았듯이 그 관계는 종종 문제적이다. 많은 측면에서 맥락과 문법의 간극은 지나치게 큰 경향이 있고, 그 결과 결정론적인 관계로 환원되기 쉽다. 이에 비해 장르와 문법에 근거한 접근법은, 장르가 결정적인 것이 아니라 사회적 목적과 그에 대응하는 문법적 자원 간의 관계에 따라 달라짐에 주목하기 때문에 더 타당하다.

'장르-문법'을 서로 적절한 관계로 정립하는 과정에서, 먼저 이에 대해 좀 더 자세히 짚고 넘어갈 필요가 있다. 일단 할리데이가 제안한 세 층위에 근거해서는 교육적 문법을 개발하기가 쉽지 않다. 언급했다시피 그러한 성층화

....

* 메타언어로서의 '문법 용어'를 말한다. 이에 대해서는 바로 다음 절에서 설명하고 있다.

로는 우리가 텍스트라 부르는 다양한 언어 사태를 일별하고 관찰하기가 적절치 않다. 언어는 가능성들의 '안정된 체계'이다. 맥락은 텍스트를 생산하는 가상적이고 잠재적인 틀이다. 그러므로 가상적인 맥락과 실제적인 텍스트 간의 관계를 규명할 필요가 있다. 이때 장르 개념은 가장 기본적인 토대가 된다. 장르가 없다면, 문법은 지나치게 추상적이어서 효과적으로 가르칠 수가 없고, 결국에는 문법이 단순히 정확성과 적절성을 위한 규칙의 집합으로만 남게 될 것이다. 이것이 진보주의자들이 문법을 거부한 핵심적인 이유 중 하나이다.

문법은 핵심적인 문식성 테크놀로지 중 하나이다. 문법 지식 없이도 글을 읽고 쓸 수 있게 된다는 생각은 아주 위험천만하다. 문법이란 무엇이며, 그것을 어떻게 가르칠 것인가에 대한 질문은 이 책에서 계속해서 초점을 두는 핵심 질문 중 하나이다. 진정, 장르와 문법에 대한 과정 중심 접근의 힘은 장르와 문법의 관계를 강조하는 데에서 나온다. 분법은 텍스트의 목적 그리고 기능과 연계될 때만이, 비로소 교육적으로 유의미해질 것이다.

04 문법이란 무엇인가

지금까지 다양한 문법들이 각기 다른 목적 아래 개발되었다. 전통적 유형의 문법들은 단어들이 문장에서 조합되는 방식을 기술하고 분석하기 위해서 고안되었다. 전통적 혹은 통사적 문법은 각기 고유한 용어들을 사용하는데, 이 용어들은 단어를 품사로 분류하는가(예 명사, 형용사, 부사 등) 아니면 기능으로 분류하는가(예 주어, 목적어, 술어 등)에 따라 달라진다.

여기에서는 특정 텍스트가 조합되는 양상을 기술하기 위하여 문법을 사용하는 방식에 초점을 둔다. 즉, 문장 안에서 무엇이 이루어지고 있는지 기술하는 것뿐만 아니라 언어가 텍스트와 장르의 차원에서 어떻게 사용되고 있는지에 관심을 둔다는 것이다. 이러한 관점에 입각할 때, 언어 체계의 사용자에게 문법은 텍스트를 생산하는 유용한 자원이 된다. 이렇게 되면 화자와 필자는 문법 지식을 이용하여 언어를 암묵적이고 무의식적으로 구사하던 데에서 벗어나, 의식적으로 언어를 조정하고 적절한 텍스트를 선택할 수 있게 된다.

따라서 장르 기반 문법은 쓰기에서 다양한 언어 과정이나 장르가 나름의 독특하고 인지 가능한 방식으로 부호화되는 양상에 대해 관심을 둔다.

장르 기반 문법은 다음 사항들을 주로 고려한다. 첫째, 하나의 텍스트가 목적, 청중, 메시지, 구조와 관련된 특정 장르의 특질에 의해 어떻게 구조화되고 조직되는가 하는 것이다. 둘째, 텍스트의 모든 부분—문장, 시제, 지시, 응결성 등—이 어떻게 구조화되고 조직되며 부호화되어 텍스트를 효과적인 문어 의사소통의 도구로 만드는가 그리고 특히 텍스트의 모든 부분이 언어 사용자의 목적에 어떻게 기여하고 있는가 하는 것이다. 마지막으로 장르 기반 문법은 문법의 통사적 측면, 즉 언어가 문장 안에서 조직되는 방식 역시 다루게 된다. 예를 들어 전치사, 복수, 관사, 일치 등이 이에 해당된다.

이러한 의미에서 문법 지식은 국어 문장 안에서 단어의 조직 및 사용과 관련하여 어떤 것이 가능하고 불가능한 것인지에 대한 규칙뿐만 아니라, 국어 문장이 세계에 대한 경험과 지식을 소통하기 위하여 기능하는 방식에도 관계한다. 게다가 서사하기 장르는 종종 문학적 효과를 위하여 문법과 문장 부호의 규칙을 의도적으로 정교하게 깨어 버리곤 한다.

그러므로 장르와 문법 모델을 기술하려면, 텍스트가 통상적으로 사용되는 사회적 맥락 안에서 언어가 어떤 형식을 취하는지에 대해 의식적으로 주목해야 한다. 이를 위해서는 그러한 형식들을 구성하는 구조와 문법적 특질들을 주목해야 하고, 언어가 언어 주체의 의도를 실현시키는 방식에 대해 집중해야 한다. 이러한 관점은 언어를 일종의 '사회적 실천'으로 보고, 언어 주체를 의미를 조직하고 교환하는 능동적 참여자로 세운다. 의미 구성을 위한 사회적 활동에 충분히 참여하려면, 매일 매일의 다양한 사회적 상황 안에서 언어를 구사하는 데 필요한 전문적 자원을 갖춰 놓을 필요가 있다. 그러므로 문법은 다음의 세 가지 관점에서 언어를 다룰 필요가 있다. 장르적 관점, 텍스트적 관점, 통사적 관점이 그것이다. 이것은 전통적인 관점보다 훨씬 더 확장된 관점이다. 전통 문법은 주로 통사와 관련되었다. 즉, 단어를 문장 안에서 정확하게 배열하는 것에 관심을 두었다. 반면 여기서는 특정 장르의 텍스트를 생산할 때 어떠한 문법적 선택이 요구되는지에 관심이 있다. 예를 들어 '우리가 묘사하는 글을 쓸 때에는 왜 지시하거나 주장하는 장르와는 확연하게 다른 특정 문장 유형과 시제, 구조를 이용하는가?'가 우리의 관심사이다.

전문적인 차원에서, 문법 용어는 두 개의 범주로 크게 나뉠 수 있다. 하나는 형식적 범주이고, 다른 하나는 기능적 범주이다. 형식적 범주는 문장과 텍스트를 구성하는 단위들을 분류하는 것과 관련된 범주이다. 한편 기능적 범주는 실제로 기능하는 단위들을 이해하는 것과 관련된 범주이다 예를 들어 '명사', '부사', '형용사' 등은 형식적 범주에 속한다. 사물의 이름을 나타내는 단어는 명사이고 동사 또는 형용사의 의미를 수식해 주는 단어는 부사라는 방식으로 단어의 유형을 형식적으로 분류해 주기 때문이다. 반면에 '주어', '목적어', '서술어'와 같은 용어는 명사, 부사, 형용사 등이 문장 안에서 어떻게 사용되고 있는가를 알려 준다. 언어를 전문적으로 유의미하게 기술하려면, 형태와 기능, 둘 다를 기술하는 용어가 필요하다.

1) 문법의 형식적 측면

문법의 형식적 측면에 대해 이해한다는 것은, 영어가 구성되는 방법에 대해 숙고한다는 것을 의미한다. 하나의 언어 체계로서, 영어에는 모든 사용자들이 따라야 하는 특정한 배열 방식과 형식이 존재한다. 영어 문장에서 주어, 동사, 목적어(SVO) 순의 배열은 모어 화자에게 '자연스럽고 당연한' 것처럼 보이지만, 다른 언어 사용자에게는 매우 부자연스럽게 보일 수도 있다. 왜냐하면 모든 언어가 SVO 형식으로 배열되지는 않기 때문이다. 한편 주술 일치와 시제 같은 것들도 영어의 형식적 특질과 관련이 있다. 영어 문법의 여타 형식적 양상들은 영어를 모어로 하지 않는 학습자에게 어려움을 줄 수 있다. 영어에서는 동사의 형태를 변화시키고 적절한 조동사를 사용함으로써 시제를 표시한다. 그러나 시제를 표시하기 위해 동사의 형태를 변화시키지 않는 언어도 있다. 영어에서는 동사로 진술을 시작할 수 없으나, 어떤 언어에서는 그렇게 하는 것이 정상적일지도 모른다.

일반적으로 문법의 형식적 범주는 BC 100년 경 트락스(Thrax)에 의해 규명된 말의 여덟 가지 부분을 일컫는다. 즉, 명사, 대명사, 동사, 부사, 형용사, 전치사, 접속사, 감탄사를 뜻한다(영어 문법에서 '관사'는 이후에 추가되었다). 이들 단어 분류는 고대 그리스어, 라틴어를 설명하기 위해 고안된 것이었지만, 14세기 무렵부터 영어가 그 영향을 받게 되었다. 이러한 문법적 범주는 단어의 유형화를 위해 매우 유용하고 확실한 분류 체계를 제공해 준다.

'전통 문법'이라고 자주 거론되는 언어의 이러한 형식적 양상은 약 20년 전까지 학교에서 영어 교육과정의 중요한 부분으로 자리 잡고 있었다. 그리고 최근에 이르러서야 영어 교육과정 문서에 다시 소개되고 있다. 텍스트 역시 형식적 특질들을 지니고 있다. 사건 나열하기나 설명문과 같은 텍스트에서는 정보의 연쇄가 기본 형식이다. 묘사문이나 보고서 같은 텍스트에서는 대상을 알리는 방식에 따라 대상을 배열하는 형식을 취한다.

2) 문법의 기능적 측면

문법의 기능적 측면은 언어가 행하는 것, 더 나은 표현을 찾자면 언어가 하게끔 의도된 것과 관계가 있다. 한 언어 체계의 사용자로서 그 체계 자체가 가지는 한계와 가능성에 대해 아는 것은 당연한 일이며, 무언가를 도모하기 위해 유용한 선택 수단을 인지하는 것 역시 매우 중요한 일이다. 문법의 규칙을 확고하게 고정된 것이라고 생각하려고 아무리 애써도, 언어는 실상 언어 사용자에 의한 지속적인 변화 요구에 섬세하게 반응하는 유연한 체계이다. 언어가 행하는 것을 알면 알수록 화자와 청자로서 언어를 잘 운용할 수 있는 더 큰 기회를 갖게 된다.

아래와 같은 설명 방식은 언어를 기술하는 일련의 용어들이 병렬적으로 병행된다는 점 때문에 혼란스러울 수도 있다. 그러나 단어의 부류들이 언어 사용자의 사용 방법에 따라 제각기 서로 다르게 기능할 수 있다는 점을 고려하면, 이는 어느 정도 불가피한 일이다. 예를 들어, 명사는 문장의 주어도 될 수 있고 목적어도 될 수 있다.

관사	명사	동사	관사	명사	형식적
The	boy	hit	the	ball.	
주어		서술어	목적어		기능적

기능적 용어들은 영어 문장에서 무엇이 가능하고 무엇이 가능하지 않은지를 알려 준다. 다음은 영어에서는 성립 불가능한 문장의 간단한 예이다.

The ball	the boy	hit.
목적어	주어	서술어

Hit	the ball	the boy.
서술어	목적어	주어

3) 문법의 비유적 측면

마지막으로 문법의 비유적 측면은 언어가 구체적인 표상적 수준을 넘어서 소통하는 방식과 관련된다.* 언어는 사물/행동/사건을 '구체적으로' 표상할 수 있다. 직전 문장을 다시 예로 들어 설명해 보면, 이 문장에는 한 소년이 있고 그 소년이 공을 던지고 있는 행위를 하고 있다는 사실이 표상되어 있다. 그러나 우리는 종종 언어를 동원하여 구체적인 수준 너머를 표상하곤 한다.

'비유적'이란, 구체적인 수준을 뛰어넘어 더 나아가는 언어를 일컫는다. 이는 곧, 부가적 의미를 전달하기 위하여 이미지를 창조해 내는 데 언어가 쓰일 수 있음을 나타낸다. 예컨대, 은유와 같은 비유적 언어는 다른 대상의 구체적인 표상을 활용하여 기존의 의미를 넘어서는 의미적 효과를 발생시킨다. 다음 예를 보자.

The boy smashed the ball over the bowler's head.
그 소년은 볼링 선수의 머리에 볼링공을 내리쳤다.

동사 '내리치다(smash)'는 여기서 비유적 의미로 사용되었다. 이 단어는 단순한 '치다(hit)'보다는 더 많은 의미를 전달한다. 이 단어는 쏘는(shot) 그림을 연상시킨다. 이 동사를 택함으로써 무슨 일이 일어나고 있는지를 말할 수 있을 뿐 아니라, 좀 더 생생한 이미지까지 창출할 수 있다. 동사 '치다(hit)'가 다소 일반화된 행동을 표상한다는 점에서 여러 다양한 상황에 쓰일 수 있

....

* 여기에서의 '구체적 수준'이란, 물리적으로 접할 수 있는 경험적 세계를 그대로 반영하는 차원을 의미한다. 흔히 '구체적 수준의 반대되는 수준'으로서 '추상적 수준'을 언급하곤 한다. 통상적으로 이것을 '구체적 수준을 표상할 수 있는 언어'로는 기술되기조차 어려운 '과학적 개념의 세계' 등만을 추상적 수준으로 언어화하는 것으로만 생각할 수 있다. 그러나 여기에서는 '경험적 세계'를 기술할 때에도 '언어 사용 방식'을 '비유적'으로 달리 사용할 수 있음을 언급함으로써, 이것이 '구체적 수준'을 넘어서는 언어 사용 방식임을 설명하고 있다.

는 다중적 단어라면, '내리치다(smash)'는 공을 치는 방식에 대한 이미지, 그리고 이를 전달하는 사람의 태도를 드러낸다. 비유적인 언어의 사용은 문학과 미디어 텍스트에서 매우 중요하다. 비유적 언어는 완전히 구체적인 언어에 의존했을 때보다 좀 더 강력하고 효과적으로 의미를 전달할 수 있게끔 이미지화할 수 있는 이점이 있다. 다음 두 문장을 비교해 보면, 금세 확인할 수 있다.

> At the end of the show the crowd quickly left the theatre, filling the surrounding streets.
> 쇼가 끝나자, 관중들은 빠르게 극장에서 빠져나와 주변 거리를 가득 메웠다.

> At the end of the show the crowd spilled into the street.
> 쇼가 끝나자, 관중들은 거리로 쏟아져 나왔다.

은유는 모든 언어 사용의 국면에서 지속적으로 나타난다. '도서관은 오전 9시에 문을 연다.'고 말할 때, 우리는 마치 도서관이 스스로의 의지에 의해 행동하는 것처럼 생각한다. '우유가 끓기 시작했다(The milk came to the boil).'고 말할 때도 우리는 은유적 형식을 사용하는 것이다. 이는 '아이가 문 앞에 이르렀다(The child came to the door).'와 비교해 보면 명확해진다. 그러므로 은유는 언어의 모든 층위에서 작동한다. 일상적인 것에서부터 문학적인 것에까지, 그 모든 곳에서.

05 장르-텍스트-문법 연결하기

이상에서 살펴본 바와 같이, 장르, 텍스트, 문법은 여기서 제안하고자 하는 언어 모델을 위한 세 가지 주요 범주들이다. 그러나 무엇보다 이 모델의 유용성은, 이들이 서로 명백하게 연결될 수 있다는 데에서 분명하게 드러난다.

- 장르: 텍스트가 생산되는 사회적 맥락과 관계.

- 텍스트: 생산물을 구성하기 위한 언어적 처리 과정.

- 문법: 텍스트에서 단어들을 구성할 때 언어 사용자들이 숙지해야 할 선택 사항과 제약 사항들.

4장부터 8장에서는 쓰기 교육을 위한 다섯 가지 장르를 각각 검토하되, 각 장르의 문법적 특징과 이러한 테크놀로지를 활용하여 생산한 다양한 텍스트 사례를 살펴볼 것이다. 그러나 그 전에 2장에서 문법 용어 목록을 소개하고 3장에서는 장르와 텍스트와 문법의 관계를 학습자에게 가르치기 위한 쓰기 교육의 접근법에 대해 다룰 것이다.

2장

장르 기반 문법

1장에서 논의했듯이, 문법은 매우 난처한 주제이다. 논쟁을 불러일으키기 십상이고, 때로는 비이성적이고 무지한 주장까지 대두되는 그러한 주제이다. 1990년대에 오스트레일리아의 뉴사우스웨일스주에서 쓰기 교육 상황 맥락에서 대두된 '기능 문법' 대 '전통 문법' 논쟁은 문법교육의 가치에 대한 지난 이백 년간 논쟁이 공허함을 예증해 준다. 이 장에서는 모든 문법이 필연적으로 형식적이면서도 기능적인 것과 같이, '신(新)문법과 구(舊)문법', '전통 문법과 기능 문법' 같은 논쟁이 얼마나 비생산적인지를 보여 주고자 한다. 이 같은 이분법은 학교 교육과정의 맥락에서 텍스트 생산에 관여하는 문법에 대한 접근법을 개발하는 데 하등의 도움이 되지 않는다.

대개 전통 문법의 문제는, 교실에서 방언과 [러시아 언어 이론가인 바흐친(Bakhtin, 1952)이 '액센트(accent)'라 칭한] 개인적인 언어 억양을 표준화시키는 등, '정확성'을 위한 지침서로 손쉽게 활용될 수 있다는 데 있었다.

문법에 대한 이러한 처방적 관점은 결과적으로 문법을 최근까지 교육의 주류에서 소외시킨 결정적 요인이라 볼 수 있다. 그 과정에서 문법은 교육적으로 활용되기보다는 비난 속에서 쇠락해 갔다. 이 장에서는 학생에게 쓰기 과정에 의식적으로 주목할 수 있도록 도움을 준다는 점에서, 문법이 그 자체로 생산성 있는 가능체이며 유용한 테크놀로지라는 점을 주장하고자 한다.

무엇보다 문법은 일단 가르쳐야 하고, 읽기와 쓰기의 맥락에서 활용되어야 한다. 탈맥락적으로 교수된 문법은 규칙과 표준화된 용례로 환원되기 십상이다. 그러나 앞서 논의한 바와 같이, 문법과 맥락의 관련성은 종종 맥락을 설명하기 위하여 문법을 내세우는 환원주의 모델로서 재현되곤 한다.

비교적 최근까지 문법은 주로 언어의 형식적이고 개념적인 특질을 기술하는 것에 관련되었다. 구조주의 언어학이 발전된 이래, 특히 촘스키(Chomsky, 1965) 이래 언어학자들은 언어의 형식적이고 기능적인 특질들을 기술하기 위해 문법 용어들의 수를 늘려 왔다. 특히 할리데이(Halliday)와 같은 기능주의 언어학자는 일상 상황 맥락에서의 말하기 방식을 기술하기 위한 문법을 주장하고, 이를 위하여 형식적인 '품사' 대신, '기능(function)', '사용(use)', '목적(purpose)'과 같은 요소들을 기술하기 위한 문법 범주에 주목하기를 촉구했다. 그러나 쓰기 교육의 관점에서 볼 때 현대 문법의 문제는, 그것들이 주로 '사용에서의 말하기'를 기술하기 위하여 개발되었기 때문에 학교 현장의 다양한 상황 안에서 글을 써야 하는 학생들을 가르치기 위한 테크놀로지로 직접 전환되기가 힘들다는 데 있다. 이 점은 기능 문법이 주로 '언어학자와 그 제자들을 위한 것이지 학교의 교사와 학생들을 위한 것은 아니'라고 주장한 마틴과 로더리(Martin and Rothery, 1993: 145)에서도 확인할 수 있다.

이 책에서는 언어학보다는 교육 맥락에서 문법을 다룬다. 첫 번째 전제는 쓰기에 대해 배울 무언가가 존재한다는 것이다. 아주 간단하게 말하면, 문법은 쓰기에 대해 이야기하기 위한 메타언어를 가진다는 관점에서 분명 다른 교과의 학습과 동등한 가치를 가진다. 어떤 문법도 전적으로 형식적이거나 전적으로 기능적일 수 없다. 그리고 그러한 대척적인 용어로 문법을 설명하는 것은 생산적이지 못하다. 우선 문법은 사람들이 언어를 가지고 할 수 있는 것을 분류하고 묘사하는 데 필요한 테크놀로지로 볼 수 있다(예를 들어, 말하기와 쓰기는 사람들이 언어를 가지고 할 수 있는 것인데, 이에 대한 분류와 묘사는 사람들이 그것을 어떻게 그리고 왜 하는지를 중심으로 이루어질 수 있다). 그리고 이러한 테크놀로지로서의 문법을 사람들이 쓰기 행위에서 스스로 이용할 수 있게끔 할 필요가 있다.

한편, 문법은 언어 안의 잠재적이고 생산적인 기능으로서 교수될 필요가 있다. 그렇게 함으로써 학생으로 하여금 그들이 이미 쓰기 과정에서 사용하고 있는 문법을 의식하게끔 도울 수 있다. 여기서 분명히 짚고 넘어갈 것은, 문법을 단순히 가르치고 배워야 할 대상으로 간주해선 안 된다는 점이다. 문법은 규칙과 개념으로 구성된 독립적 집합으로 간주되기보다는, 장르 안에 존재하는 '표현의 힘'으로 간주되어야 한다. 즉, 묘사하기 장르를 택했을 때 취하는 특정 언어 자료와 문법은 설명하기 장르를 택했을 때 취하는 것들과 여러 면에서 다르며, 이는 다시 주장하기 장르를 택했을 경우의 그것과도 다를 것이다.

한편, 문법은 우리가 공유할 수 있는 메타언어이다. 이런 메타언어를 가짐으로써 쓰기 교사와 학생은 특정한 목적을 위하여 언어가 어떻게 사용되고 있는지에 대해 체계적으로 기술하고 설명할 수 있게 된다. 예를 들어 특정 문장 안에 무슨 일이 일어나고 있는지에 대해 토의할 때 '부사(adverb)'와 '부사 어류(adverbial)' 간의 차이를 이해하는 것은 중요하다. 또한 우리는 학생에게 왜 한 문장이 다른 문장보다 더 나은지를 설명할 수 있어야 한다. 그러므로 문법은 언어에 대한 전문적 이해를 가능하게 하고, 학생에게 언어를 효과적이고 효율적으로 가르칠 수 있게끔 해 준다.

그러므로 이 책에서는 문법에 대하여 근본적으로 교육적인 접근을 취한다. 이어지는 장에서는 개별 장르를 체계적으로 소개하고 각각의 장르에 해당하는 문법을 기술하고 예시를 제공할 것이다. 또한 관련된 문법이 해당 장르의 맥락에서 교수·학습될 수 있는 방법을 기술하고, 종국에는 학습자들의 쓰기를 진단적으로 평가할 때 어떻게 장르적이고 문법적인 자질들에 대한 지식을 이용할 수 있는지, 문제가 있다면 이러한 문제를 어떻게 규명하고 학습자들의 쓰기를 향상시킬 수 있는지, 그 방법에 대해 논의하고자 한다.

그러므로 이 장은 이를 위한 자원을 제공하는 장이 될 터이다. 문법 용어들은 찾아보기 쉽도록 목록으로 제시될 것이다. 여기에서 제공하는 개념 정의와 사례들은 교육적 맥락에 기반한 것이라는 점에서 매우 가치 있다. 여기서는, 우리의 개념 정의가 이른바 '전통 문법'보다는 좀 더 기능적 강조점을 가지고 있을지라도 의도적으로 전통적인 용어를 사용하였다. 마지막으로 문장 부호에 대한 언급을 덧붙였다. 문법과 문장 부호가 자주 독립적인 이슈로 다루어지곤 하지만, 교육적 관점에서 효과적인 쓰기를 위해서는 이 둘의 관계가 중요하다고 판단했기 때문이다. 예를 들어 문장 구조 안에서 문장 부호의 기능은 매우 결정적이다. 이 책에서는 문장 경계를 규정짓기 위하여 문장 부호를 사용하였다. 학생에게 문장 구성과 통사의 구조적 측면을 가르칠 때 문장 부호의 기능에 대해 가르쳐야 하는 것은 필수적인 사항이다. 이러한 이유로 용어 목록에 문장 부호의 정의와 예시를 포함하였다.

01 형용사 Adjective

형용사는 묘사하는 단어로서 두 가지 방식으로 사용된다. 첫 번째는 수식어로서 명사 앞에 와서 한정해 주는 방식(선-한정사)이고, 두 번째는 주어나 목적어에 덧붙는 보어로서 동사 뒤에 와서 동사를 서술해 주는 방식(후-한정사)이다.

An unruly playground often means an *unhappy* school.	선-한정사
The playground appears *unruly*.	후-한정사(주어 서술)
Parents find the playground *unruly*.	후-한정사(목적어 서술)

만약 하나의 명사 앞에 한 개 이상의 형용사가 올 때에는 관습적 순서에 준한다. 즉, 일반적인 것에서 특수한 것의 순서대로 형용사가 나열된다.

the slow, green, river streamer (O)

the green, slow, river streamer (X)

02 형용사절 Adjectival clause

13번의 '절'을 보라.

03 형용사구 Adjectival phrase

형용사구는 명사에 대해 부가적 정보를 제공하는, 전치사에 후행되는 일련의 단어 집합이다.

The reason *for these strict playground rules* is to maintain order.

04 부사 Adverb

부사는 행동이 일어나는 시간, 장소, 행동이 수행되고 있는 방식을 명시함으로써, 동사의 의미를 한정하고 정보를 부가해 주는 단어이다. 부사는 종종 '-ly'로 끝난다.

The girl ran *quickly* across the road. He *studiously* read the required reading matter.

부사는 형용사와 다른 부사를 수식할 수 있다. 'very', 'really', 'almost', 'quite'와 같은 정도 부사를 예로 들 수 있다.

05 **부사어류** Adverbial

부사어류는 기능적 범주로서, 부사를 가리키기도 하지만 반드시 부사인 것도 아니다. 대개 문장에서 선택 요소로 존재한다. 이것은 행동(동사)이 수행되는 시간, 장소, 방식을 나타내는 단어 또는 단어군이다. 언제, 어디서, 어떻게, 어떤 방식으로 사건이 일어났는지를 물어보면, 부사어류를 확인할 수 있다. 문장 안에서 부사어류는 몇 번이라도 나올 수 있고, 그 위치 또한 고정적이지 않다.

On Saturdays	Pauline	often	jogs	briskly	around the park	for an hour.
부사어류(시간)	주어	부사	동사	부사	부사어류(장소)	부사어류(시간)

Often for an hour	on Saturdays	Pauline	jogs	briskly	around the park.
부사어류(시간)	부사어류(시간)	주어	동사	부사	부사어류(장소)

06 **부사절** Adverbial clause

13번의 '절'을 보라.

07 **부사구** Adverbial phrase

부사구는 전치사로 시작되는 단어군이다. 이것은 절에서 진행되는 것의 시간, 장소, 방식에 대한 부가적 정보를 제공한다.

The local park is mostly used *after school each day*.
In the mornings traffic is at its worst.

08 **일치** Agreement

동사는 주어에 따라 형태가 바뀐다. 동사가 하나 올 때에는 현재 시제와 3인칭 단수일 경우에만 's'가 붙는다.

I (또는 you, we 또는 they) often *cross* at the lights.
She (he 또는 it) often *crosses* at the lights.
The children (또는 they) often *cross* at the lights.

동사구의 경우 반드시 주어와 일치해야 하는 것은 첫 번째 오는 동사이다. 'be', 'have', 'do'처럼 첫 번째 오는 동사가 조동사일 때에는 3인칭 단수, 복수일 때뿐 아니라 1인칭 단수, 복수일 때에도 조동사의 형태가 바뀐다.

I *am* crossing the road.	1인칭 단수
We *are* crossing the road.	1인칭 복수
She *is* crossing the road.	3인칭 단수
They *are* crossing the road.	3인칭 복수

만약 동사구에 양태를 나타내는 조동사가 들어 있으면 그 조동사는 바뀌지 않는다. 다음 예문에서 확인할 수 있듯이, 조동사가 'have'라면, 양태 'may'는 바뀌지 않는다.

She **has** used the pedestrian crossing.	3인칭 단수
They *have* used the pedestrian crossing.	3인칭 복수
She *may* **have** used the pedestrian crossing.	3인칭 단수
They *may* have used the pedestrian crossing.	3인칭 복수

09 아포스트로피 Apostrophes

아포스트로피는 주로 다음과 같은 사항을 나타내기 위한 문장 부호이다.

1 소유 또는 속성

the *school's* playground equipment	소유
the *school's* location	속성

2 단어의 단축 또는 글자의 생략

We'll → We will

can't → can not

won't → will not

대부분의 단수 명사의 경우 소유의 규칙은 그 단위 뒤에 아포스트로피를 찍고 s를 붙이는 것이다. 대부분의 복수 명사의 경우 소유의 규칙은 단어의 끝에 아포스트로피만 붙이면 된다(most schools' playgrounds). s로 끝나지 않는 복수 명사는 단어 뒤에 아포스트로피를 붙이고 난 다음 s를 붙이면 된다 (the childeren's books). 'hers', 'its', 'theirs', 'yours'와 같이 이미 소유되었음을 나타내는 소유 대명사에는 아포스트로피를 붙이지 않는다.

10 관사 Articles

관사에는 두 가지 종류가 있다. 정관사(the)와 부정관사(a/an)이다. 관사는 명사나 명사군이 곧 뒤따라올 것임을 알려 주는 역할을 한다. 정관사는 명사가 하나의 특정한 것임을 알려 주고, 부정관사는 일종의 부류임을 알려 준다. 모든 언어에서 관사를 사용하는 것은 아니다. 그래서 다른 언어적 배경을 가진 학습자는 영어권 학습자에 비해 구어 영어나 문어 영어에서 이것들을 빼먹는 경우가 종종 있다.

The park is situated near *the* shopping centre.	**정관사**
A truck was seen running *a* red light.	**부정관사**

사람이나 사물을 총칭적인 부류로 나타내려면 정관사든 부정관사든 모두 단수의 경우에만 사용할 수 있고 복수의 경우에는 어떤 관사도 사용할 수 없다.

The elephant is an animal.
An elephant is an animal.
Elephants are animals.

이와 관련해서는 21번의 한정사 항목을 더 참조할 수 있다.

11 괄호 Brackets

괄호는 이미 완결된 문장 안에 뭔가 부가적인 정보나 첨언을 덧붙이는 데 이용된다(둥근 괄호가 통상적으로 이러한 기능으로 사용된다). 사각 괄호는 해당 문장의 필자가 쓰지 않은 내용을 덧붙일 때 사용된다.

12 대문자 Capital letters

대문자는 문장의 첫머리에서, 그리고 고유명사(사람과 장소의 이름, 월 이름, 요일명 등), 칭호(Mr, Mrs, Doctor, Lord Mayor)에 사용된다.

13 절 Clauses

절은 문장에서 기본적인 문법 단위이다. 주절은 보통 하나의 주어(논평되는 대상)와 하나의 서술어(주어에 대한 논평)로 구성된다. 주절의 서술어는 항상 정동사를 포함한다. 주절은 완전한 문장으로 홀로 설 수 있다. 한 문장 안에서 절의 개수와 절 사이의 관계는 문장의 유형을 구분하는 기초가 된다(41번의 단문, 복문, 중문을 보라). 만약 문장이 등위 접속사로 연결된 두 개의 주절을 포함한다면, 이것을 두고 대등 관계에 있다고 한다. 만약 한 개의 주절이 있고 거기에 하나 이상의 부가절이 의미상 종속되어 있는 문장이라면, 이를 두고 종속 관계에 있다고 한다.

주절이 아닌 절에는 정동사가 필수적으로 올 필요가 없다. 예를 들어 동명사절과 무동사절은 정동사 없이 문장에 부가적인 의미 정보를 제공한다.

Through reducing the speed limit schools will become safer environments.	동명사절
Because of the reduction of the speed limit schools will become safer environments.	무동사절

1) 형용사절 Adjectival Clause

명사나 명사군에 부가적 정보를 제공하는 절을 형용사절 또는 관계절이라고 한다. 그리고 그 정보가 다른 절의 주어나 목적어 안에 안겨 있다고 해서 '안긴 절'이라고도 불린다. 일반적으로 'who', 'which', 'that'과 같은 관계대명사로 시작된다.

Rules *that are carefully monitored* help to make the play ground a safe environment.	주어
All playground need rules *that people should obey.*	목적어

2) 부사절 Adverbial Clause

부사절은 주절에서 일어나고 있는 사건의 시간, 장소, 상태, 양보, 이유, 목적, 결과에 대한 부가적 정보를 제공하는 종속절이다.

When children first arrive at school they need to know what to do.	시간
Although there are other parks nearby there are none close to the shopping centre.	양보
New traffic lights have been installed near the school *because of the heavy traffic flow.*	이유

3) 명사절 Nominal Clause

명사절은 다른 절의 주어나 목적어로 기능하는 절이다. 명사절은 안긴 절
이라고 볼 수 없다. 왜냐하면 명사절이 제공하는 정보가 그것이 일부분으로서
포함되어 있는 절의 정보와 의존적 관계에 있기 때문이다.

The council's decision to create a car park is not in the interests of children.	주어 위치
The children in the local area believe *that the Council should reconsider its decision*.	목적어 위치

4) 무동사절 Verbless Clause

무동사절은 주어와 동사가 생략되어도 이해될 수 있거나 명사화된 절
이다.

Whether diesel or petrol vehicles produce unacceptable levels of pollution.	주어/동사 생략됨
In the interests of the local children, the council should reconsider its decision.	주어/동사 명사화됨

무동사절은 주절과 관련이 있긴 하되 별개의 정보를 처리하기 때문에
절로서 간주된다. 예를 들어, "In the interests of the local children, the
council should reconsider its decision."에는 두 가지 별개의 정보가 있다.
주절에서는 '위원회가 그 결정은 재고해야만 한다(The council should recon-
sider its decision)'는 정보를, 종속절에서는 '해당 지역 아동의 이익(interest)'
을 다루고 있다. 이 종속절에서 동사는 명사화되어, 결국 무동사절이 되었다.

무동사절은 부사어류와 다르다. 부사어류는 위치한 절 내부에서 일어나는 어떤 것의 시간, 장소, 상태와 관련된 정보를 제공한다. 반면에 무동사절은 위치한 절의 바깥에 있는 별개의 정보를 제공한다.

14 응결성 Cohesion

문법적으로 응결성은 글에서 정보를 연결하고 텍스트가 일관성 있게 짜이는 데 도움을 주는 장치이다. 생략, 접속, 대명사가 세 가지 핵심 장치이다.

15 콜론 Colons

콜론은 어떤 것을 소개하는 데 사용한다. 이것은 보통 다음과 같은 것을 표시하는 데 쓰인다.

- 목록

  The reasons for keeping the park are: the environment, recreation and appearance.

- 사례

  There are many types of vehicles: cars, buses, trucks and motorcycles.

- 설명

  One result is inevitable: someone will eventually be injured.

- 부제(副題)

  Traffic and Pollution: The Awful Bedfellows.

16 쉼표 Commas

쉼표는 문장 안에서 정보를 읽기 가능한 단위로 나누고, 독자에게 'serious, premeditated and cold-blooded actions'와 같이 연쇄된 구와 항목들 사이의 관계를 안내해 주는 기능을 한다. 쉼표는 독자에게 긴 문장을 조율하는 방법을 알려 주는 표지와 같은 것이다. 예를 들어, 문장이 종속절 또는 종속된 구로 시작될 때, 쉼표는 독자에게 주절이 시작되는 곳을 알려 준다.

17 보어 Complement

보어는 단문의 구성 요소를 기술할 때 쓰이는 기능 범주이다. 이름에서 알 수 있듯이, 보어는 주절의 주어나 목적어의 의미를 보완해 준다.

The playground became *a civilised environment*.	주어를 보완
Most people considered the playground *a safer place*.	목적어를 보완

18 접속어류 Conjuncts

접속어류는 절이나 문장을 논리적으로 연결시켜 주는 부사어류이다. 주로 'therefore', 'perhaps', 'however', 'consequently'와 같은 부사, 'as a result of', 'on the other hand', 'as a consequence of'와 같은 전치사구가 이에 해당한다.

19 접속사 Conjuctions

접속사는 단어나 절을 대등한 위상으로 이어주는 단어류이다.

The playground rules were strict **but** fair.

The rules for the playground were proposed by the staff **and** discussed at the school council.

또는 한 절을 다른 한 절에 종속시키는 경우도 있다.

Because the playground rules were fair, the students were cooperative.

The rule worked best *when* teachers supervised the playground.

이와 관련하여 20번의 연결어 항목을 더 참조할 수 있다.

20 연결어 Connectives

연결어는 접속어류와 접속사와 같은 기능적 용어로서, 시간, 원인과 결과, 비교 또는 부가 등의 논리적 관계에 놓인 문장, 절, 구, 단어 등의 언어 단위들을 결합시킨다. 연결어는 사람, 사물, 생각을 서로 연결시키고, 정보의 논리를 드러낸다. 논리적 관계는 다음과 같이 구분될 수 있다.

first, second, third, etc., when, now, meanwhile, finally, next, lastly, afterward, soon, then, here, previously, before, untill, till, while, whenever	시간
as, because, for, since, so, consequently, hence, therefore, thus, yet, still, however, though, nevertheless	원인

elsewhere, rather, instead, also, alternatively, in other respects, on the other hand	비교
and, or, nor, also, futhermore, additionally, besides, likewise, similarly, alternatively, whereas, also, while, as well as	부가
and, nor, for, yet, but, or, so	대응

21 한정사 Determiners

한정사는 명사나 명사구를 한정사나 부정사(不定詞)가 되도록 제한하는 단어를 일컫는 기능적 범주이다. 관사, 대명사, 형용사가 한정사가 될 수 있으며, 다음과 같이 세 부류로 나뉜다.

- 중앙 한정사
  - 관사:
    a cricket
    the white ball
  - 지시어:
    this aircraft, those thunderstorms
  - 소유격:
    my life, your seatbelt
  - 수량사:
    each delivery, every moment, any time

- 후(後) 한정사 (중앙 한정사 뒤에 쓰임)
  - 수사 또는 수형용사

    the first <u>five</u> balls, my <u>first</u> truck
  - 수량사

    our <u>last</u> dance, the <u>many</u> occasions
- 선(先) 한정사 (중앙 한정사 앞에 쓰임)
  - 수량사

    <u>all</u> the time, <u>both</u> the house, <u>half</u> the area
  - 승수(乘數)를 나타내는 단어

    <u>double</u> the money, <u>twice</u> the size, <u>three times</u> the height
  - 감탄사

    <u>what</u> a good catch, <u>such</u> a brilliant stroke

22 생략 Ellipsis

생략은 문장이나 절에서 단어나 일부가 사라지는 현상이다. 생략된 부분은 맥락을 통해 복원될 수 있다. 문법적 생략은 선행하거나 후행하는 요소들을 통해 충분히 복원 가능하고 이해 가능한 어휘적, 구문적 요소들을 반복하지 않아도 된다는 점에서 필자에게 매우 경제적인 수단이다.

Your car is much quieter than mine (my car is).

Year 4 boys did not want to play as much as the year 6s (boys did).

23   내포 Embedding

내포는 절의 주어나 목적어에 부가적인 정보를 덧보태는 방법을 기술할 때 쓰이는 기능적인 용어이다. 명사구에 후행하는 수식 요소들에서 볼 수 있듯이 내포는 구나 절의 형태를 취한다.

A blanket *made of wool* is best for warmth.	주어 수식 형용사절
Always take a blanket *preferably made of wool*.	목적어 수식 형용사절
A blanket *with a high wool content* is best for warmth.	주어 수식 형용사구
Always take a blanket *with a high wool content*.	목적어 수식 형용사구

안긴(내포된) 절과 구는 대개 텍스트 안의 정보를 집약하거나 배열하는 능력을 드러내 보인다. 즉, 문장 구조 안의 종속적 관계를 표상한다. 공식적인 용어로 표현하면, 안긴 절은 대개 형용사절 혹은 관계절이다. 안긴 절의 또 다른 특질은 그것이 구조적으로 다른 절의 일부이기 때문에, 직접 주절과 대등적이거나 종속적으로 접속될 수 없다는 점이다. 예를 들어, 다음 문장에는 주절(**굵은 글씨**)이 있고 주절의 목적어를 뒤에서 수식하는 형용사절(*기울임체*)이 안겨 있는데, 이 형용사절 뒤에는 다시 종속절(밑줄)이 뒤따르고 있다.

Remember not to disturb any flora or fauna *that you may see* <u>as they are protected by law.</u>

이를 도식적으로 구조화해 보면 다음과 같다.

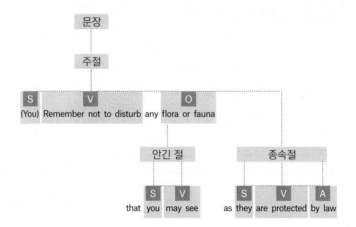

안긴 절은 또한 문학적인 글쓰기의 주된 특질이기도 하다. 다음 문장에서 형용사절(**굵은 글씨**)은 주절에서 주어 역할을 하는 명사구(밑줄)를 뒤에서 수식하고 있다. 이런 종류의 내포가 이미지에 초점을 맞추어 좀 더 인상적인 효과를 노릴 수 있는 유용한 기법이라는 점을 주지할 필요가 있다.

The empty eye-sockets **that were abandoned warehouses windows** glared eerily down at me from their high vantage point.

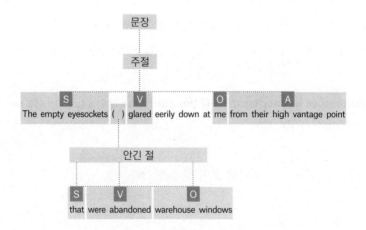

앞의 문장은 안긴 형용사절이 주절과 대등 관계나 종속 관계로 이어져 있지 않은 단문임을 주지할 필요가 있다. 안긴 절을 종속절과 구별하려면, 다음 방법을 활용하는 게 좋다. 다른 절의 주어나 목적어와 종속적인 연결 관계를 맺고 있다면, 안긴 절이라고 보면 된다.

24 느낌표 Exclamation mark

느낌표는 단어들 안에서 상호작용적 힘을 강조하기 위해 주로 문어 대화나 간접 발화 등에서 사용된다. 가장 흔한 사례는 다음과 같다.

Hi! Good evening! G'day!	인사
Get out of the way!	명령
Hear, hear!	간투사
What a shot!	감탄

25 비유적 언어 Figurative language or Figures of speech

독자의 마음속에 특정 이미지를 떠올리게 하거나 섬세한 문학적 효과를 창출하기 위한 언어 기법을 말한다.

1) 두운 Alliteration

두운은 단어의 첫머리에 같은 소리를 반복하는 비유적인 기법이다. 서사적, 문학적 혹은 수사적 효과를 낸다.

The problem of poisonous pollution is politically damaging.

2) 상투어 Cliché

상투어는 단어나 구, 직유나 은유 같은 비유적 표현이 과도한 반복 사용으로 그 효과를 잃어버리고 가치가 떨어진 경우를 말한다. 다음과 같은 것들이 그 예이다.

thick as a brick
벽돌처럼 두꺼운

seriously speaking
심각하게 말해서

he fought like a demon
그는 악마처럼 싸웠다

she was a jewel
그녀는 보석이었다

3) 과장 Hyperbole

과장된 진술을 일컫는 수사적 용어이다. 보통 축어적으로 해석되지 않는다.

a thousand apologies
천 번의 사과(→ 거듭된 사과)

as old as the hills
산만큼 오래된(→ 매우 오래된)

4) 은유 Metaphor

은유는 하나의 대상이 다른 것으로 명명되는 비유법이다. 독자의 마음속에 연관되는 것이나 유사한 것 혹은 비교되는 것을 떠올리게 하여, 필자가 창출하고자 하는 이미지를 부각시키는 효과가 있다.

The playground was a cauldron of activity.
운동장은 활기의 도가니였다.

5) 환유 Metonymy

은유와 유사하나, 한 대상을 그것과 연관된 사물의 이름으로 지시하고 나타내는 비유법을 말한다.

- '술병(the bottle)'으로 '술(alcoholic drink)'을 나타냄.
  He took to the bottle after the war.
  그는 전투를 끝내고 술을 마셨다.

- '왕관(the crown)'으로 '전제국가(the monarchy)'를 나타냄.
  He was a citizen of the crown.
  그는 전제국가의 시민이었다.

- '무대(the stage)'로 '공연(the theatre)'을 나타냄.
  She followed a life on the stage.
  그녀는 일생 동안 공연에 헌신하였다.

6) 수사적 의문 Rhetorical question

대답을 기대하지 않는 질문으로서, 답은 이미 주어져 있으며 그렇기 때문에 논쟁의 가치가 없다는 점을 독자에게 분명하게 못 박는 수사적 효과를 창출한다.

Where do we go from here?
도대체 여기서 어디로 가겠어?

What is the point of going on?
도대체 하고 싶은 말이 뭔데?

7) 직유 Simile

직유는 보통 'like(~처럼)'나 'as(~와 같이)' 등을 동원하여 하나의 대상을 다른 대상과 비교하는 표현이다. 비교되는 두 대상은 반드시 달라야 하며, 비교되는 특질은 반드시 독자에게 익숙한 것이어야 한다. 창출된 이미지는 원래 진술 바로 옆에 위치해 있어야 한다. 이것이 원래 것을 대체하거나 없애 버리는 은유와 다른 점이다.

The flow of traffic moves *like a snake*.
차량들이 꼬리에 꼬리를 물며 뱀처럼 늘어서 있다.

The pollution is *as thick as soup*.
공기는 오염 물질로 마치 걸쭉한 스프처럼 자욱했다.

8) 제유 Synecdoche

제유는 일부로서 전체를 대표하거나 전체로서 일부를 대표하는 표현법이다.

- '손(hands)'이 '항해사(the sailors)'를 대표함.
  All hands on deck.
  모든 일손이 갑판에 모였다.

- '나라(the whole country)'가 '소속팀(the team)'을 대표함.
  Austrailia has beaten England at Lords.
  오스트레일리아가 Lords* 에서 영국을 물리쳤다.

26 마침표 Full stop

마침표는 문장의 마침을 표시하는 데 사용된다. 또한 축약형임을 나타낼 때에도 종종 사용된다. 그러나 이러한 관습은 용법에 따라 변동이 있고, 최근에는 이름의 첫 글자나 대문자를 축약할 때에는 마침표를 쓰지 않는 경향이 있다.

27 양태 Modality

'양태'란 가능성이나 의무를 표현하는 데 사용되는 문법적 자원들의 범주를 나타내는 용어이다. 대개 의무란 '방을 늘 깨끗이 치워야 해(You should

....

* 런던의 크리켓 경기장인 'Lord's Cricket Ground'의 약칭.

keep your room tidy).'와 같이 무언가가 행해지기를 원할 때 주로 사용된다. 글에서 가능성의 양태는 '규칙에 따르지 않는 사람은 처벌받을 필요가 있을 듯하다(It may be necessary to punish those who disobey rules).'라는 문장에서처럼 독자의 관점을 조율하기 위해서, 절대적 사실이나 진리와 관련하여 필자가 취하는 입장의 정도나 특질을 나타내는 데 쓰인다. 양태는 다양한 문법적 장치들로 표현된다.

can, should, will, might	양태 조동사
possibly	양태 부사
possibility	양태 명사
possible	양태 형용사

1) 양태 부사 Modal adverbs

양태 부사는 명제의 '진리치'에 대한 필자의 판단을 나타낸다. 주로 그것이 한정하는 요소 바로 앞이나 뒤에 붙는다. 그러나 명제의 제일 앞에 붙을 수도 있다. 다음 양태 부사 목록들은 전형적인 사용 양상에 따라 분류된 것이다.

certainly, surely, probably, maybe, possibly, definitely, positively	개연성/의무
always, often, usually, regularly, typically, occasionally, seldom, rarely, ever, never, once	빈도
evidently, apparently, presumably, clearly, no doubt, obviously, of course, personally, honestly	가망성
gladly, willingly, readily	의향

yet, still, already, once, soon, just	시간
quite, almost, nearly, totally, entirely, utterly, completely, literally, absolutely, scarcely, hardly, on the whole, provisionally	정도
just, simply, ever, only, really, actually, seriously	강도

2) 양태의 수사적 기능

쓰기는 두 가지 중요한 기능을 지닌다. 하나는 독자에게 무언가에 대해서 말해 준다는 표상적 기능이며, 다른 하나는 독자로 하여금 진리나 말해지는 것의 중요성을 받아들이게끔 이끄는 수사적 기능이다. 양태는 후자의 기능을 위한 중요한 자원이다. 필자는 효과적인 설득 장치로서 다음과 같은 방식으로 형용사나 명사를 자주 활용하곤 한다.

It is *necessary* to take a first aid kit.	형용사

이는 다음 문장 같이 도구를 묘사하는 데 사용된 형용사 'necessary'와는 다른 사용 양상이라 할 수 있다.

A first aid kit is a necessary item to take.

28 명사화 Nominalisation

명사화는 동사나 절을 명사로 만드는 과정을 말한다.

- 절의 명사화

  We need to keep the park so children have somewhere to play.
  → We need to keep the park for children's recreation.

- 동사의 명사화

  Because the President failed to remove the troops, many deaths occurred.
  → The failure to remove the troops resulted in many deaths.

명사화는 특정 글쓰기 유형, 이를테면 추상적인 개념이나 용어를 사용할 필요가 있는 에세이나 전문적인 글에서 나타나는 전형적인 특징이다. 행동주와 시간 요소를 효과적으로 제거함으로써 결과적으로 해당 명제를 논박하기 힘들게 만들 수 있기 때문에, 논쟁적인 글에서도 명사화를 종종 활용한다. 반면 서사물 같은 글에서는 이미지를 활용함으로써 언어를 추상화하며 대개 명사화는 잘 쓰지 않는다.

절과 동사를 명사화하면 행동주와 시간 요소를 제거할 수 있다. 위 예문에서 'failing'이라는 과정(process)이 명사[failure]가 되면서 시간 요소가 배제되고 행동주가 없어지는 것이 그러한 예이다.

명사화는 'singing', 'killing', 'running'처럼 간단히 동사의 현재 분사 형태를 활용하거나, 다음과 같은 접미사를 덧붙임으로써 구성할 수 있다.

frustrate – frustration nominalise – nominalization	**-tion**
argue – argument govern – government	**-ment**
refuse – refusal propose - proposal	**-al**

29 　명사 Nouns

명사는 사람이나 장소, 사물이나 생각을 명명하는 단어이다. 명사에는 다음과 같은 유형들이 있다.

대다수는 사물 부류의 이름으로서 소문자로 시작 : playground, park, tree, car	**일반 명사**
특정 사람, 장소, 사물의 이름으로서 대문자로 시작 : Sydney Harbour, Oliver Twist, Federal Government	**고유 명사**
볼 수 없는 사물의 이름 : love, difference, idea	**추상 명사**
사물의 집합의 이름 : team, family, committee	**집합 명사**
셀 수 없는 사물의 이름 : gold, milk, sunshine, furniture	**불가산 명사**

30 　명사구 Noun group

명사구는 명사와 관련되거나, 명사에 부가 정보를 제공해 주는 단어들의 집합이다. 명사구는 대개 관사나 한정사에 하나 이상의 형용사나 부사가 뒤따르는 구조를 취하고 있으며, 대개 묘사문에서 사용된다. 명사구의 선-한정사는 관사에 하나 이상의 형용사나 부사가 오는 구조이다. 이때 명사의 의미를 묘사하거나 평가하거나 규정하는 것은 형용사이다. 형용사를 수식하거나 부가적인 정보를 덧붙이고자 할 때에는 명사구 안에 부사가 들어갈 수도 있다.

The dry, windswept, desert region has an extremely low rainfall.

The	dry,	windswept,	desert	region	has	an	extremely	low	rainfall.
정관사	형용사	형용사	분류사	명사	동사	부정관사	부사	형용사	명사

명사구는 또한 형용사구나 형용사절을 그 안에 내포하고 있을 수 있다.

The problem *of poisonous pollution* is becoming an increasingly vexed issue.	**형용사구가 안긴 명사구**
The children *who arrive early to school* need supervision.	**형용사절이 안긴 명사구**

31 목적어 Object

목적어는 전치사 없이 동사 뒤에 오는 명사(혹은 명사구)이다. 동사 뒤에 오는 명사(명사구)가 목적어인지 아닌지 규명하려면, 다음 방법을 활용하면 된다. 만약 문장을 수동태로 바꾸었을 때 명사가 주어가 된다면, 해당 명사는 목적어이다.

The hikers were carrying a first aid kit.	**능동태**
A first aid kit was being carried by the hikers.	**수동태**

또 다른 방법은, 능동태의 문장에서만 가능한 것으로 다음과 같은 질문을 던지는 것이다. "동사에 영향을 받는 요소는 무엇인가?"

The hikers were carrying a first aid kit.

옮겨지는 것은 무엇인가? — a first aid kit.

문장은 하나 이상의 목적어를 가질 수 있다.

The park ranger showed the hikers the best route.

위 문장에는 두 개의 목적어가 있다. 하나는 동사에 의해 영향을 받는 요소로서 직접 목적어라 부른다. '순찰 경비대원이 보여 준 것은 무엇인가(What did the park ranger show)?'를 물어보면, 답은 '최선의 길(the best route)'이 나온다(위에서 언급한 두 가지 방법 중 어떤 것을 적용해도 이 목적어는 규명된다). 그런데 위 문장에는 목적어가 하나 더 있다. 동사 뒤에 오는 명사구(the hikers)가 그것이다. 이 목적어는 동사와 직접 관련되지는 않기 때문에 간접 목적어라 부른다. 간접 목적어를 규명하려면, 문장을 다시 써 보고 앞에 전치사 'to'를 덧붙일 수 있는 명사구를 찾아본다. 그것이 바로 간접 목적어이다.

The park ranger showed the best route to the hikers.

모든 동사가 목적어를 필요로 하는 것은 아니다. 예를 들어, 잠자기, 달리기, 뜀뛰기, 코골기 등과 같은 행위를 묘사하는 동사(이것들을 자동사라 한다)들은 목적어가 필요하지 않다.

The girl	shot	a goal.
주어	타동사	목적어

The girl	was running.
주어	자동사

32 인칭 Person

글에서 호칭(address)의 선택은 문체에 상당한 영향을 미친다. 호칭은 관여적일 수도 있고 비관여적일 수도 있으며, 직접적일 수도 있고 간접적일 수도 있다. 호칭은 인칭의 선택을 통해 드러난다. 인칭의 개념은, 예를 들어 화자(1인칭)와 청자(2인칭), 언급되는 사람(3인칭)을 구분한다.

한 편의 글이 1인칭으로 쓰여 있다면 독자가 개인적 사건에 매우 긴밀히 관여하게 되는 효과를 불러 오는데, 이는 서사적 텍스트에서 자주 볼 수 있다.

I felt she was hiding something from me.

2인칭의 사용은 절차나 과정으로 구조화된 텍스트에서 보편적으로 나타난다.

You should turn off the tap.

3인칭은 인칭을 제거하고 필자와 텍스트 사이에 거리를 둔다. 그리고 종종 텍스트에 좀 더 격식적인 문체와 객관적인 어조를 부여하는 역할을 한다.

It is inappropriate for the government to provide adequate funding.

인칭의 선택은 사용될 수 있는 대명사의 유형에 영향을 준다.

I(me, my, mine) we(us, our, ours)	1인칭
you(your, yours)	2인칭

he(him, his) she(her, hers) it(its) they(them, their, theirs)	3인칭

33 구 Phrase

구는 하나의 문장이나 절의 일부를 이루는 단어들의 의미 있는 결합이다.
구에는 다섯 가지 유형이 존재한다.

the difficult problem of supervision	명사구
must be seen	동사구
seriously unmotivated	형용사구
quite happily	부사구
before the event	전치사구

34 술어 Predicate

이는 하나의 진술을 이루기 위해 주어를 보충하는 절의 일부 요소를 규명
하기 위한 것으로, 전통 문법적인 용어이다.

35 전치사 Prepositions

전치사는 명사, 대명사, 명사구를 특정 시간, 공간, 환경 속에 위치하게 하는 역할을 한다.

In the morning *before* the bell rings, children like to play outside.

일상적으로 많이 쓰이는 전치사들로는 다음과 같은 것이 있다.

at	on	before	in
from	since	for	during
to	until	after	soon
by	into	onto	off
out	above	over	under
below	across	after	around
beside	between	down	past
near	through	without	

36 대명사 Pronouns

대명사는 명사, 명사구, 이름을 대신하는 역할을 한다. 대명사는 앞에 나왔던 (혹은 바로 나올) 명사를 지시하거나 이미 앞에서 언급되었던 내용을 지시하는 역할을 한다.

The park is a popular place. *It* is mostly used by children.

대명사는 텍스트에 응결성을 부여한다. 대명사를 사용할 경우에는 그것이 지시하는 바가 무엇인지가 분명히 드러나야 하며, 과도하게 반복 사용되어서는 안 된다. 대명사에는 다음과 같은 유형들이 있다.

she, he, you 등	인칭 대명사
mine, hers, yours 등	소유 대명사
himself, yourself 등	재귀 대명사
this, that, these, those 등	지시 대명사
each, any, some, all	비한정 대명사
who, which, what, whose, whom	의문 대명사
who, which, that	관계 대명사

37 물음표 Question marks

물음표는 한 문장이 직접 의문일 때 사용된다(예 What time will you be returning? 언제 돌아올 건가요?). 간접 의문이나 요청, 초대, 지시의 경우 물음표는 수의적이다(예 Could I borrow your car. 네 차를 빌릴 수 있는지. / Won't you let me have it. 그걸 주면 안 되나. / Would you leave the keys in it. 열쇠는 두고 가 줄래.).

38 따옴표 Quotation marks

따옴표 혹은 거꾸로 된 쉼표는 직접 발화, 즉, 필자가 아닌 다른 사람의 말을 직접 인용할 때 쓰인다. 따옴표는 간접 발화에는 쓰이지 않는다(⟨예⟩ He said that I could use the car. 그는 나에게 그 차를 사용해도 좋다고 말했다.). 최근에는 큰따옴표가 쓰이던 곳에 작은따옴표가 쓰이는 경우가 증가하는 추세이다. 그러나 이는 문체의 문제이다. 작은따옴표로 인용된 말 안에서 다시 인용된 부분을 표시할 때에는 큰따옴표를 쓰고 만약 큰따옴표로 인용된 말 안에서 다시 인용된 부분을 표시할 때에는 작은따옴표를 쓰고 하는 식이 가능하다.

39 지시 Reference

지시는 텍스트 안에서 정보가 도입되고 유지되고 확장되는 방식을 나타낸다. 대명사를 통한 대용 지시는 투박하게 계속 이름을 반복 나열하지 않고도 지시 관계를 유지할 수 있는 매우 일반적인 방법이다. 대명사는 비한정적으로는 쓰이지 않는다. 아무리 명사와 명확한 지시 관계를 보이고 있다고 할지라도 끊임없이 이어지는 대명사의 연쇄는 밋밋하고 지루한 글을 낳기 때문이다. 대명사로 시작하는 문단을 마주칠 경우, 독자는 종종 지시되는 명사나 이름이 무엇인지 확인하는 데 곤란함을 겪기도 한다.

아래 예문에서는 두 가지 지시 연쇄가 보인다. 하나는 'walruses'(굵은글씨)를 가리키고, 다른 하나는 'hair'(*기울임체*)를 가리킨다.

When **walruses** are babies **they** have a lot of hair but when **they** grow up *it* falls out and **they** only have a little bit around the upper lip.

지시 연쇄의 양상은 다음과 같다.

When **walruses** are babies	walruses
they have a lot	they
of hair	hair
but when they grow up	they
it falls out	it
and they only have	they
a little bit around the upper lip.	bit

위 예문에서 대용 지시는 이미 텍스트상에서 언급된 무언가를 지시하는 데 사용되고 있지만, 텍스트상에서 바로 이후에 이어질 내용을 지시하는 데에도 쓰일 수 있다.

The main thing being proposed here is *this*. That there is far too much time, money and effort being wasted in the production of unnecessary packaging.

40 세미콜론 Semicolons

세미콜론은 문장 안에서 서로 관련된 정보이지만 달리 구분해서 표시하고자 할 경우에 쓰인다(例 Road traffic is a problem; it is particularly so near schools.). 많은 책과 잡지에서 이런 기능으로 줄표(dash)를 사용하고 있다. 또한 세미콜론은 복잡한 항목들을 목록상에서 구별 지을 때에도 사용될 수 있다.

41 문장 Sentence

문장은 하나의 완결된 의미를 갖는, 단어들의 집합이다. 글에서는 대문자로 시작하여 마침표로 끝나는 것이 하나의 문장이다. 문장은 다음 네 가지 기능을 갖는다.

- 진술하기(making statement): 평서문(declarative)

The girl	shot	a goal.
주어	동사	목적어

- 질문하기(asking question): 의문문(interrogative)

Did	the girl	shoot	a goal?
한정사	주어	동사	목적어

- 명령하기(uttering command): 명령문(imperative)

Shoot	the goal.
동사	목적어

- 감탄하기(voicing exclamation): 감탄문(exclamative)

What a good goal	she	shot!
구	주어	동사

한편 문장은 다음과 같이 세 가지 종류로 나뉠 수 있다.

1) 단문 Simple sentences

단문은 완결된 의미를 갖는 단 하나의 절로만 이루어져 있다. 단문은 안긴 절을 포함할 수 있으며, 하나 이상의 구를 가질 수 있다.

The council should keep the local park.	**하나의 주절**
The council should keep the local park *near the shopping centre*.	**주절+부사구**
The council *who are our representatives* should keep the local park.	**주절+안긴 절**

안긴 절(주로 형용사절이거나 관계절)은 해당 절의 주어나 목적어에 부가적인 정보를 덧보태는 역할을 한다.

The council *who are our representatives* should keep the local park.	**주어 수식**
The council should keep the local park, *which is a great community asset*.	**목적어 수식**

안긴 절의 이러한 특질은, 해당 절이 다른 절 구조의 일부이며 그렇기 때문에 주절과 대등적이거나 종속적인 관계를 맺지 않는다는 점을 잘 보여준다.

2) 중문 Compound sentences

중문에서는 둘 이상의 절이 대등적으로 연결되어 하나의 진술로서 동등한 자격을 갖는다. 중문은 종종 동일한 주어를 공유하기도 한다.

The council reconsidered its decision and *kept the local park.*

중문의 절들은 접속사나 구두점으로 서로 연결된다.

The council debated the issue *and* made a decision.
They debated enthusiastically; they made a decision.

위 첫 문장에서 접속사 'and'가 어떻게 사용되고, 그다음 문장에서 그것
이 어떻게 생략되는지를 주목해야 한다. 대등 접속문은 주절 혹은 독립절을
동등하게 접속시키기 때문에, 대개 부가 접속사 'and'나 'or' 또는 대조 접속
사 'but'이 사용되는 경우가 많다. 부가 접속사로는 다음과 같은 것들이 더
있다.

also	moreover	in addition	as well as
besides	furthermore		

3) 복문 Complex sentences

복문은 하나의 주절과 하나 이상의 종속절로 이루어져 있다. 종속절은 주
절에 별도의 정보를 더 제공하되 의미적으로는 주절에 의존적인 절을 말한다.

Pollution is a problem *because of its effect on the environment.*
If something isn't done soon, the effects of pollution will be irreversible.

4) 복잡성의 층위 Levels of Complexity

복문 안에는 복잡성의 층위가 있을 수 있다. 예를 들어, 하나의 종속절 안에 다른 종속절이 또 들어가 있을 수 있다. 다음 예문을 보면, 주절(**굵은 글씨**)이 하나 있고, 주절과 부가어적 관계를 갖는 종속절(*기울임체*)이 하나 있고, 첫 번째 종속절과 부가어적 관계를 갖는 종속절(<u>*밑줄 친 기울임체*</u>)이 하나 더 있음을 알 수 있다.

If you want to survive the elements <u>when you go hiking</u>, **you should remember to bring along a drink, pocket knife, whistle, map, torch, compass, blanket and food**.

이 복문 구조는 다음과 같이 도식화될 수 있다.

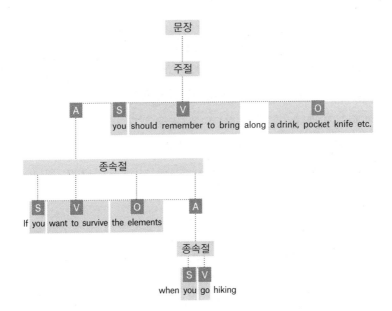

42 주어 Subject

주어는 문장이나 절에서 동사를 '작동시키는' 사람이나 사물이다. 주어를 규명하는 가장 쉬운 방법은 먼저 동사를 찾은 다음, '누가, 무엇이 이 동사를 작동시키는가?'라는 질문을 던지는 것이다. 예를 들어, 'Because of the complaints from children and their parents, the Council has decided to keep the park(아이들과 부모들의 불만 때문에, 위원회는 공원을 그대로 유지하기로 결정했다).'라는 문장이라면, '누가 결정했는가?'라고 물어보자. 답은 말할 것도 없이 '위원회(the Council)'이다.

43 주어-동사-목적어 패턴 Subject-Verb-Object pattern

영어에서 한 문장의 구성 요소들 간의 순서는 주어-동사-목적어로 비교적 정해져 있는 편이다(물론 문체적 의도로 몇 가지 변동은 있을 수 있다). 주어와 동사는 필수적 요소이며, 반드시 서로 일치해야 한다. 가장 단순한 문장도 하나의 주어와 하나의 동사는 가지고 있어야 하며, 명령문 같은 경우에도 주어는 나타나지만 않았을 뿐 존재한다고 볼 수 있다. 목적어의 경우, 목적어를 필요로 하지 않는 동사들(자동사)이 일부 존재하기 때문에 수의적이다. 그리고 동사 앞에는 부사나 형용사구, 보어(주로 명사나 형용사)가 올 수 있다.

On most afternoons	children	use	the park.
부사구	주어	동사	목적어

During the meeting	a lot of people	complained.
부사구	주어	자동사

They	complained	for the duration of the meeting.
주어	동사	부사구

44 통사 Syntax

통사는 단어들이 모여 구, 절, 문장을 이루는 문법적 관계(통사적 구조)를 기술한다. 통사적 층위는 영어 통사의 가능한 범위 안에서 단어들의 적절한 배열을 주로 다룬다.

45 시제 Tense

시제는 시간을 표현하는 동사의 능력을 나타낸다. 영어에서는 두 가지로 동사의 형태를 바꾸어서 여러 시제를 표현한다.

- 동사에 분사 형태를 덧붙인다.

동사 + **ing**	playing, shopping	현재 진행
동사 + **ed/en**	shopped, proven	과거

- 시간 의미를 나타내기 위해 'be', 'have', 'do'와 같은 조동사를 동사에 덧붙인다.

I jump, I do jump, I am jumping•	현재
I jumped, I did jump, I was jumping•	과거
I shall/will jump, I shall/will be jumping•	미래

I have jumped, I have been jumping*	현재 완료
I had jumped, I had been jumping*	과거 완료
I shall/will have jumped, I shall/will have been jumping*	미래 완료

* 각 시제에서 -ing 형태는 진행형이라 불린다.

46 테마/레마 Theme/rheme

테마는 문장 안에서 어떻게 정보가 소통되는가를 이해하는 데 도움을 주는 기능적 용어이다. 새로운 정보가 소개되면, 그것은 반드시 독자가 이미 알고 있는 정보와 관련을 맺어야 한다. 이는 곧 구정보가 먼저 오고 그 뒤에 신정보가 와야 한다는 것을 의미한다. 따라서 테마란 필자와 독자가 서로 공유하는 구정보가 되는 문장의 첫머리를 지칭하는 문법적 용어이다. 테마가 문장에서 가장 두드러지는 자리(즉, 문두)에 오긴 하지만, 그것이 반드시 문장의 초점일 필요는 없다. 초점이란 새로 도입되는 신정보로서, '레마'라 불린다. 예를 들어 다음 문장에서 어떻게 테마(개미)에 대해 제공된 신정보, 레마에 강조점이 주어지는지 살펴보자.

An ant has three body parts.
Some ants have wings.
The queen ant lays the eggs.
Ants live in colonies.
개미는 몸통이 세 부분이에요.
어떤 개미들은 날개가 있어요.
여왕개미는 알을 낳아요.
개미들은 모여서 삽니다.

문법적으로 테마는 학생들로 하여금 하나의 문장 층위에서 정보를 조직하여, 텍스트 전체 메시지(상위 주제)가 주제적으로 연결될 수 있도록 만드는 것을 돕는 데 매우 유용한 범주이다.

47 동사 Verb

동사는 문장과 절에서 매우 역동적인 역할을 담당하는 요소이다. 동작이나 행위를 나타내고 무슨 일이 벌어지고 있는지를 드러낸다. 하나의 완결된 문장에는 [그것이 'Yes(네)'나 'Good morning(안녕)'과 같은 비주류 발화가 아니라면] 정동사가 들어가 있다. 정동사란 시제를 나타내고 인칭, 수와 일치하기 위하여 형태를 바꾸는 단어를 말한다. 동사는 늘 명사나 대명사 뒤에 온다. 텍스트의 목적이나 의도에 따라 여러 가지 유형의 동사들이 사용될 수 있다. 글에서는 동작 동사[action verb: 전통적으로 '행하는 단어들(doing words)'], 심리 동사(mental verb: 느낌이나 생각을 표현하는 단어들), 또는 관계 동사(relational verb: 하나의 사물과 다른 사물 혹은 상태나 속성 등과의 관계를 나타내는 단어들) 등이 나타날 수 있다. 다시 말해, 동사는 시간과 공간상에서의 움직임, 한 사물과 다른 사물과의 관계, 혹은 한 사물과 그것의 환경 또는 속성과의 관계 등을 나타낼 수 있다. 동사는 그 자체로는 언어에서 홀로 존재할 수 없다. 그들은 언제나 명사에 붙어서만 존재할 수 있다.

형태의 측면에서 두 유형의 동사가 있을 수 있다. 일반 동사(full verb)와 조동사(auxiliary verb)가 그것이다. 일반 동사는 규칙 동사와 불규칙 동사로 다시 세분될 수 있다. 규칙 동사는 시제를 다룰 때 같은 형태를 공유한다.

'기본형'	talk	1, 2인칭의 현재 시제
'-s형'	talks	3인칭 현재 시제
'-ing형'	talking	현재 진행 분사
'-ed형'	talked	과거 시제와 과거 분사

불규칙 동사는 규칙적인 '-s형'과 '-ing형'을 가지지만, 과거 시제와 과거 분사에서는 다양한 형태를 갖는다.

write, writing, wrote
give, giving, gave
become, becoming, became

1) 동사구 Verb groups

동사 그 자체는 '일어나고 있는 것'을 말해 주지만, 종종 일어나고 있는 일을 특정 시간 속에, 특정 방식과 개연성 속에, 혹은 이 둘의 결합 속에 자리 매김하기 위해서 다른 요소들을 필요로 한다. 하나의 동사구는 동사, 조동사, 부사로 구성되어 있다.

Lara	has	magnificently	driven	the ball over the bowler's head.
	조동사	부사	동사+과거 분사	

이 경우, 'has magnificently driven'은 'driving'이란 행위를 시간(has)과 방법(magnificently) 안에 자리매김하도록 만드는 동사구이다. 이와 유사하게 동사구는 행위를 개연성, 시간, 방식 안에 위치 지을 수 있다.

The batsman	might	have	slightly	edged	the ball past the keeper.
	개연성	시간	부사	동사+과거 분사	

이 경우, 'might have slightly edged'는 타자가 자신의 방망이로 공을 칠 것인지에 대한 가능성 정도를 나타내는 동사구라 할 수 있다.

2) 분사 Participles

분사는 동사를 시간 속에 위치시키기 위해 동사에 덧붙는 요소이다.

동사 + **ing**	현재 진행 예 playing, shopping
동사 + **ed/en**	과거 예 shopped, proven

동사에 분사를 덧붙이면, 동사는 형용사나 명사로 쓰일 수 있다.

I was *shopping* for a present.	분사
We went to the *shopping* centre.	형용사
The *shopping* was a great success.	명사

3) 정동사 Finite verbs

정동사는 시간을 표현하는 것으로 분명한 시제와 서법을 갖는다.

The park *opens* from 9 a.m.	현재 지시
The park *opened* from 9 a.m.	과거 지시
Open the park at 9 a.m.	현재 명령

동사구에서 제일 앞에 오는 것은 한정적 요소이다.

The traffic *is* moving.

The traffic *has* moved.

The traffic *may* have moved.

부정사(non-finite verbs)는 시간 요소를 지니지 않는다. (예 to walk, walking)

The traffic was seen *speeding* past the school.

The traffic was observed *to speed* past the school.

4) 조동사 Auxiliary verbs

조동사는 동사를 도와준다. 조동사는 동사를 도와 시간, 가능성/의무를 특수화하고 표현한다. 조동사는 기본 조동사(be, have, do)와 양태 조동사 (can, may, will, shall, must, ought to, need, dare)로 나뉜다. 가능성과 시간을 표현하는 동사구에서 양태 조동사는 첫 번째로 온다.

The girl *has* been playing netball.	시간
The girl *must* have shot a goal.	가능성
The girl *must* shoot a goal.	의무

작동소(operator)란 동사구에서 한정 요소에 주어지는 기능적인 용어이다. 조동사는 정동사구 제일 앞에 올 때 기능어가 된다.

5) 동사에 대한 기능적 설명

절과 문장에서 통사적 요소들 사이의 관계를 바라보는 데는 두 가지 방법이 있다. 한 가지 방법은 주어, 목적어 혹은 보어들(사물 혹은 환경) 사이의 역동적인 관계를 나타내는 동사의 기능을 보는 것이다. 예를 들어, 'Lara drove the ball.'과 같은 단문에서 동사 'drove'는 치는 행위를 하는 주어(Lara)와 치는 대상(the ball) 사이의 역동적인 과정으로서 기능한다. 명백히, 동사는 '실제 벌어지고 있는' 역동적인 동작을 표현하고 '동작 동사(action verb)'로서 기능한다.

Lara	drove	the ball.
주어	행위	목적어

문법에서, 문장에서 동사가 담당하는 이러한 역할은 타동성이라는 개념으로 설명된다. 이러한 방식으로 동사가 기능할 때 이것을 타동사라 한다. 즉, 이것들은 치거나 강타하는 사람의 행위나, 치거나 강타하는 것에 의해 영향을 받는 사물의 움직임을 나타낸다. 그러나 모든 동사가 타동적인 것은 아니다. 역동적인 사건을 나타내긴 하지만 사물이나 사람에 영향을 미치지 않는 것들도 있다.

Last night it rained.
The children were running.

동사가 목적어를 가지지 않을 때 이것을 자동사라 한다. 동사 중 상당수가 타동사인 동시에 자동사일 수 있다.

The girls are playing.	자동사
The girls are playing netball.	타동사

6) 동사의 기능적 범주

동사와 동사구의 형식적인 특성을 아는 것과는 별도로 동사가 의미적으로 무엇을 '하는지' 이해하는 것은 중요하다. 모든 동사가 '행하는 단어'이거나 단순히 동작을 나타내지는 않는다. 많은 유형의 글에서 오직 소수의 동사들만이 구체적인 동작을 나타낸다. 어떤 유형의 동사가 사용되느냐 하는 것은 우리가 언어를 가지고 무엇을 하느냐에 따라 달라질 수 있다. 예를 들어, 지시의 국면에서는 동작 동사가 주로 쓰인다. 사물의 외양을 묘사할 때는 관계 동사가 사용되지만, 행동을 묘사할 때는 동작 동사가 사용된다. 그러므로 학생들이 쓰기 목적에 따라 적절한 동사를 인지할 수 있도록 도와주기 위해서는 동사를 범주화할 필요가 있다.

쓰기 교육을 위해 동사는 세 가지 유형으로 범주화될 수 있다. 동작 동사, 심리 동사, 관계 동사가 그것이다. 이러한 범주는 텍스트의 목적과 청자를 고려하여 글을 쓰도록 학생들을 가르칠 때 특히 유용하다. 동사를 '행하는 단어'로 정의하는 전통적인 방식만으로는, 동작 동사보다 관계, 심리, 비유적인 동작 동사를 좀 더 사용해야 하는 국면에서 학생을 능숙한 필자로 만드는 데 큰 도움을 줄 수 없다.

7) 동작 동사 Action verbs

동작 동사는 '행하는 단어'라는 동사에 대한 전통적인 관념을 대변한다. 즉, 동작 동사는 구체적인 동작을 나타내고 '이 동사는 행해질 수 있는가?'라는 질문에 의해 규명될 수 있다. 동작 동사는 구어에서 일반적이고, 구체적인 사건, 사람 혹은 사물을 주로 다루는 어린 학생들의 글에서 특히 일반적이다.

　동작 동사는 동작 혹은 행동이 묘사되거나 단순히 나열되는 맥락에서 지배적으로 나타난다.

Snails *slide* when thy move.

The walrus *eats* shellfish, which they *remove* with their tusks.

Before we *went* on an boat we *bought* oranges and my mother *brought* her jewels with her too.

She *told* me that we *are going* to grandmother's house *to visit* her.

　동작 동사는 종종 추상적이거나 비유적인 동작 혹은 과정 등도 나타낸다. 비유적 동작 동사는 문장에 좀 더 복잡하고 세밀한 의미의 결을 보태는 데 유용하다.

The crowd *spilled* out into the street.

8) 심리 동사 Mental verbs

심리 동사는 사고, 감정과 같이 인간 내부에서 일어나는 혹은 행해지는 것들을 나타낸다. 이러한 의미에서 그들은 '행하는 단어'이지만, 겉으로 드러나는 동작은 아니다. 이들은 감정, 태도, 아이디어 등을 표현하고, 객관적이기보다는 주관적이다.

　심리 동사는 주장하기와 서사하기와 같은 장르에서 일반적이고, 개인적 묘사에도 일반적이지만, 전문적 묘사에서는 잘 쓰이지 않는다. 과학은 일반적으로 주관적 태도보다는 세계의 객관적 묘사와 연관되기 때문이다.

심리 동사는 사실과 의견을 구별하여 나타내는 데 유용하다. 예를 들어, '사람들은 이렇게 생각한다(Many people think that).'가 '이것은 사실이다(It is a fact that...).'보다 토론에서 좀 더 효율적이다. 후자는 단정적 진술을 함으로써 독자가 동의 아니면 거부를 선택하도록 하는 반면에, 전자는 논쟁을 위한 여지를 남겨 둔다.

My big bear's name is Snowy. I like him so much.

Many people feel that too much packaging is a waste of natural resources.

It would appear that too much food has been wasted.

9) 관계 동사 Relational verbs

관계 동사는 대부분의 쓰기 유형에서 포괄적으로 사용된다. 사실 관계 동사는 모든 유형의 묘사에서 근본이 된다. 이것들은 '그것이 무엇인가(what things 'are')' 그리고 '그들은 무엇을 가지고 있는가(what they 'have')'에 관한 의미를 담당한다. 그 대표적인 방식은 동사 'be'와 'have'를 사용하는 것이다. 지식을 서술하는 쓰기에서는 명사형으로 과정과 개념을 다루는 것이 좀 더 수월하다. 관계 동사는 문장 안에서 하나와 다른 것 사이의 관계를 설정하는 데 근본적인 역할을 한다.

People today are making their packages environmentally friendly.

The manufacture of packaging today is more environmentally friendly.

한편으로 관계 동사는 사물의 속성을 보여 주는 데 사용되고, 다른 한편으로는 사물을 규정하는 데 사용될 수 있다. 이러한 관계 동사들은 지정적

(intensive, x is y), 정황적(circumstantial, x is at y), 소유적(possesive, x has y) 관계 동사로 유형화될 수 있다.

규정적 유형(identifying type)은 x와 y의 관계를 뒤집을 수 있다(reversible)는 점에서 속성적 유형(attribute type)과 구별 가능하다.

Iman is the goal shooter.
The goal shooter is Iman.

속성적 유형에서 x와 y는 그 위치를 뒤집을 수 없다. 예를 들어 아래 문장은 다음과 같이 바꾸어 쓸 수 없다.

Iman is a good shot. (O)
The good shot is Iman. (X)

소유적 관계 동사는 동사 'have'나 'be'를 사용할 수 있다.

Iman has the ball.
The ball is Iman's.
속성적 유형과 소유적 유형 모두는 동사 'have'를 사용할 수 있다.

Iman has a good shooting action.	속성적
Iman has the ball in her hand.	소유적

문장에서 관계가 늘 동사 'be'와 'have'에 의해 나타나는 것은 아니다. 관계를 표현하는 데 사용될 수 있는 동사는 많다. 다음 동사들이 그 예이다.

produces	leads to	allows	shows
represents	exemplifies	creates	results in
brings about	initiates	culminates	gives rise to
reflects	manifests	discloses	expresses
shows	generates	contributes	reveals
means	symbolises	indicates	becomes

3장

쓰기 교수 및 평가의 교육적 원리

이 장에서 우리는 장르와 문법의 교수·학습에 주안점을 둘 것이다. 여기서는 학년과 영역을 넘나드는 장르와 문법의 교수·학습을 도모한다. 이를 위해 '내용/언어, 구조, 문법, 평가', 이 네 개의 통합된 요소들을 가르칠 때 고려해야 하는 일련의 다섯 가지 교육적 원리를 강조할 것이다. 학습 분야의 지식 맥락 안에서 언어를 교수·학습하고자 하는 이러한 접근을 취함으로써, 교사와 학생은 학습에서 언어가 담당하는 역할에 대한 이해를 공유할 수 있게 된다. 이를 통해 전체 과정을 좀 더 효과적이고 효율적으로 변화시킬 수 있게 되고, 결국에는 학생들의 쓰기 능력이 유의미하게 신장되는 결과를 볼 수 있을 것이다.

01 과거의 접근

쓰기 교육은 최근 30년 동안 급격히 변화해 왔다. 이러한 변화는 교육과정(무엇을 가르치는가)뿐만 아니라 교육(어떻게 교육과정이 구안되고 교실에서 실행되는가)의 문제와 관련된다. 교사는 학생의 요구를 최대한 수용하기 위해 여러 다양한 전략들을 채택하기 때문에 어떤 시기의 교육적 실천도 동질적이지는 않지만, 전체적인 흐름은 교사가 직접 안내하는 방법론에서 학생 중심·컴퓨터 보조 학습으로 변화해 왔다. 이는 전체 학급을 대상으로 하는 수업보다는 소집단 중심의 학습 전략을 좀 더 강조하게 된 결과이다. 이러한 접근은 진보주의자의 교육적 이상과 상당히 유사하다. 전통적 교육의 권위주의에 대한 비판과 반발에 기반해 있기 때문에, 진보주의는 필연적으로 학생 중심일 수밖에 없다. 그들에 의하면 학습이란 아동의 경험이 집적된 결과로 설명되는 동시에, 교사의 격려와 풍부한 학습 환경을 통해 촉진해야 하는 과정(process)으로도 설명된다. 사실 좀 더 극단적으로 보면, 진보주의는 교사의 어떠한 간섭도 용인하지 않으며 '총체적 언어'와 '과정적 쓰기'의 운동을 끌어낸 이데올로기적인 환경이었다.

교육에 대한 이러한 관점은 1970년대와 1980년대에 상당한 영향력을 발휘했고, 오늘날에도 여전히 교육적 실행과 관련한 지배적 담론으로서 기능하고 있다. 진보주의는 이 시기에 선호되었던 언어에 대한 접근과 잘 맞아떨어진다. 심리언어학 이론에 과도하게 기댄 나머지, 언어는 발생적이고 개별적인 현상으로 받아들여졌고 반 전체 학생을 대상으로 한 영어 교수보다는 소집단 중심 학습이 지배적 방법론이 되었다. 이것은 단순히 학생들이 소집단으로 둘러앉았다는 것만을 의미하는 것이 아니라, 학습이 실제로 소집단 중심으로 이루어졌음을 뜻한다. 소집단 중심 학습은 학생들 사이의 협력을 심화시키고 논의를 촉진하는 부가적인 이점을 가진 것으로 간주되었다. 학생들은 다른 학생들과 대화하는 과정에서 자연스럽게 모든 언어 양상에 걸쳐 언어 능력을 습득하게 될 것이라 가정되었다. '언어 학습은 다른 사람들과 자연스럽게 언어를 사용하는 일련의 경험 속에서 이루어진다.'(New South Wales Department of Education, 1974: 4)라고 제시된 것처럼, 진보주의자들은 말하기와 쓰기 사이에 거의 구분을 두지 않고 문식성 교육을 실행하였다. 언어 학습에 대한 이러한 관점은 오스트레일리아의 다른 주에서도 반복되었고 이것은 다른 서구 국가에서도 영어 교수의 일반적인 추세로 반영되었다.

그 결과, 문법이나 적절한 용례로서의 텍스트 형식, 변이형에 대해서는 실제로 가르칠 필요가 없어 보였다. 왜냐하면 문법 지식과 텍스트 규약들은 쓰기 과정에 자연스럽게 연동된 채, 교실 내 언어적 상호작용의 결과로 자연스럽게 배울 수 있는 것으로 가정되었기 때문이다. 당시에는 이러한 점을 뒷받침하는 매우 영향력 있는 목소리들이 존재했다. 이를테면, 크라센(Krashen, 1981, 1984)은 글쓰기와 문법을 명시적으로 가르치는 것은 비록 위험하지는 않더라도 무의미하다고 주장했다. 교육적 실천에서 이러한 변화는 교사 역할의 강조점을 직접적인 안내에서 학습의 촉진으로 옮기도록 하는 데 주요한 영향을 미쳤다.

그런데 이 관점은 1980년대 후반의 언어학 그리고 교육 연구가들, 특히 쓰기 교수에서 장르 중심 접근을 지지하는 사람들(Reid, 1987; Richardson, 1991; Cope, Kalantzis, Kress, Martin and Murphy, 1993)에 의해 면밀한 검토를 받기에 이르렀다. 우리(Knapp, 1989; Watkins, 1990)를 포함한 이러한 비판자들은 문법과 장르에 초점을 맞춘 새로운 교육과정뿐만 아니라, 이것의 실행을 지원해 줄 만한 좀 더 명시적인 교육학이 필요하다고 판단하였다. 1988년에 마틴(Martin, 1987)과 로더리(Rothery, 1986)의 연구 결과로서 '3단계 교육과정 모델'이 뉴사우스웨일즈주의 MEDSP(Metropolitan East Disad-vantaged School Program)에 의해 개발되었다. 이 모델은 그림 3-1(Callaghan and Rothery, 1988)에서 볼 수 있듯, 주어진 맥락과 텍스트를 모형화하는 활동, 텍스트를 같이 쓰는 준비 활동, 학생 혼자 텍스트를 구성하는 독립적 활동의 세 단계로 이루어져 있다.

마틴과 로더리의 교실 연구와는 별도로, 이 모델은 비고츠키(Vygotsky), 할리데이(Halliday), 페인터(Painter)와 같은 언어 학습 이론가들의 연구에 광

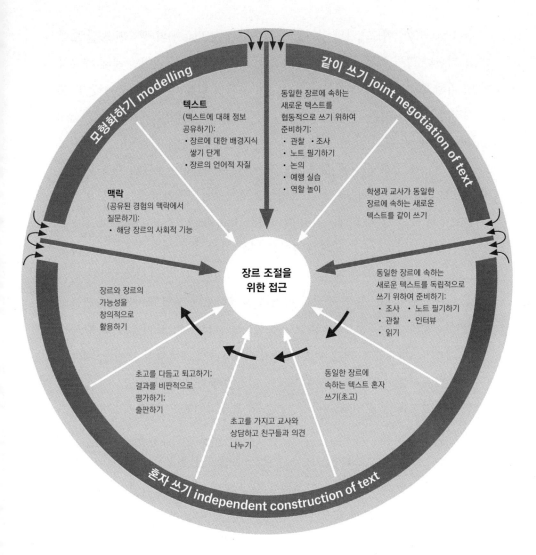

모형화하기 modelling

텍스트
(텍스트에 대해 정보
공유하기):
• 장르에 대한 배경지식
  쌓기 단계
• 장르의 언어적 자질

맥락
(공유된 경험의 맥락에서
질문하기):
• 해당 장르의 사회적 기능

장르와 장르의
가능성을
창의적으로
활용하기

초고를 다듬고 퇴고하기;
결과를 비판적으로
평가하기;
출판하기

초고를 가지고 교사와
상담하고 친구들과 의견
나누기

혼자 쓰기 independent construction of text

같이 쓰기 joint negotiation of text

동일한 장르에 속하는
새로운 텍스트를
협동적으로 쓰기 위하여
준비하기:
• 관찰 • 조사
• 노트 필기하기
• 논의
• 예행 실습
• 역할 놀이

학생과 교사가 동일한
장르에 속하는 새로운
텍스트를 같이 쓰기

장르 조절을
위한 접근

동일한 장르에 속하는
새로운 텍스트를 독립적으로
쓰기 위하여 준비하기:
• 조사 • 노트 필기하기
• 관찰 • 인터뷰
• 읽기

동일한 장르에
속하는 텍스트 혼자
쓰기(초고)

그림 3-1 3단계 교육과정 모형(Callaghan and Rothery, 1988: 39)

범위하게 기대고 있으며, 쓰기 학습에서 교사의 안내가 훨씬 더 많이 필요함을 강조했다. 구소련의 저명한 사회심리학자인 비고츠키는 '직접적인 안내는 학생이 개념을 형성하는 주된 원천의 하나이고 또한 그들이 진보할 수 있도록 돕는 강력한 힘이며, 그들의 심리적 발달의 운명을 결정짓는다.'고 진술했다(1996: 157). 비고츠키의 이러한 주장은 피아제(Piaget)의 경직된 발달 모델을 비판한 그의 아동 심리학 연구에 기반해 있다. 그는 독자적인 문제 해결력에 의해 결정되는 아동의 실제적 발달과, 조력이 있을 때 성취되는 아동의 잠재적인 발달 사이의 간극을 기술하기 위해 근접 발달 영역(Zone of Proximal Development: ZPD)이라는 개념을 고안하였다. 비고츠키가 언급한 조력의 형태는 단순히 동료에 의해 제공되는 것이 아니라 교사가 아동의 학습을 직접적으로 안내하는 것이었다. 비고츠키는 1920년대 소련 연방에 영향을 미쳤던 진보주의 교육 운동에 매우 비판적이었다(Van der Veer and Valsiner, 1991: 53). '교사의 안내'에 주목하는 경향은 아동 언어 발달 연구에서도 명백하게 드러난다. 할리데이(1975)와 페인터(1991)의 연구는 부모나 양육자가 어린 학생들이 구어 텍스트를 구성하는 것을 적극적으로 지원함으로써 학생들의 언어 사용에 조력하는 것을 잘 보여 주었다. 맥락과 텍스트의 모형화, 학생들의 텍스트 같이 쓰기, 학생의 혼자 쓰기라는 3단계 교육과정 모형은, 이처럼 여러 이론가들의 연구를 활용함으로써 텍스트와 문법에 대해 명시적인 주안점을 두었으며, 이로써 쓰기 교수에 좀 더 효율적인 접근법을 제공하고자 하였다.

실제로 3단계 교육과정 모형은 많은 측면에서 효과를 거두었다. 3단계 교육과정 모형과 그것의 각 단계들이 상당한 영향력을 발휘했다는 점은 충분히 입증되었다. 쓰기 교수에서 '모형화'와 '같이 쓰기' 등은 오스트레일리아 및 여러 곳의 교육과정에서 광범위하게 발견된다. 그러나 이처럼 폭넓게 수용되고 있음에도 불구하고 이러한 접근이 실제로 어떻게 전개되었으며 학생들의 글쓰기 능력을 향상시키는 데 전반적으로 효율적이었는지에 대해 우려하는 목소리도 존재한다(Callaghan, Knapp and Noble, 1993; Luke, 1994; Freedman, 1994). 크레스(Kress, 1993)는 이런 방식으로 텍스트를 가르치는 것이 학생들에게 일련의 텍스트 유형을 단순히 반복 재생산하도록 조장하는 문제적인 방향으로 흘러갈 수 있다고 지적한 바 있다. 모형화, 같이 쓰기, 혼자 쓰기라는 과정만을 거쳐서는 텍스트 형식의 다양성을 창조적으로 조율하거나 점검할 수 있는 여지가 거의 없다. 애초 3단계 교육과정 모델에서 마지막 단계인 혼자 쓰기 단계는 '장르와 그것의 가능성을 창조적으로 활용할 것'을 적극 권장하고 있다(Callaghan and Rothery, 1988: 39). 그러나 기실 이러한 과정은 좀처럼 이루어지지 않았고, 강의 계획서와 교육과정 해설서에서는 일련의 지시된 텍스트 유형을 반복하는 데 주안점이 놓여 있었다. 비록 3단계 교육과정 모형에서 언급하고 있는 사항들을 따른다 하더라도 이 모형에서 텍스트에 가할 수 있는 실험이란 상당히 제한적일 따름이다. 이것은 단순히 교육과정 실행의 과정에서 기인한 한계라기보다는 그것이 기반하고 있는 장르 이론에서 기인한 한계이다(Martin, 1992).

장르가 텍스트 유형 혹은 텍스트 산물로 이해됨에 따라, 이 모형이 기반을 두고 있는 교육은 주로 재생산(reproduction)에 초점을 두게 되었다. 단순히 전형적인 형태를 반복하는 이러한 과정은 학생들이 텍스트를 이해하는 폭을 제한한다는 점에서 그리고 자칫하면 학생들이 텍스트 유형을 쓰는 과정에서 수준 낮은 시도(very poor attempts)를 하도록 이끈다는 점에서 비판을 받을 수 있다. 이것은 '산물로서의 장르'를 강조한 결과로서, 이와 같은 관점하에서는 문법보다 구조를 앞세우게 된다. 교사들은 교실 수업에서 일련의 텍스트 공식으로 제공되는 개별 텍스트 유형의 도식적 단계에만 주목하고, 각 텍스트를 하나의 텍스트 유형으로 일반화하는 데 기여하는 문법에는 거의 관심을 기울이지 않았다. 물론 예외적으로 몇몇 교사들이 각 텍스트 유형의 문법을 효율적으로 모형화하려는 시도를 보이곤 있지만, 여전히 많은 교사들은 학생들에게 문법 자질을 규명하게 하고, 어구를 해석하고 분석하게 하며, 단순히 통사적이고 규칙 지향적인 교정 활동을 하도록 시킨다. 문법에 대한 이러한 접근은 물론 나름의 가치를 지니긴 하지만, 여러 유형의 텍스트를 어떻게 쓸 것인가 하는 문제에는 관심을 두지 않는다. 텍스트의 장르 일반적 단계들을 구성하고 있는 문법적 토대(the grammatical foundations of the generic stages of texts)는 간과되거나 충분히 처치되지 못하였다. 여러 가지 텍스트 형식은 대개 그 구조적 속성만을 중심으로 논의되곤 한다. 그러나 윌리엄스 (Williams, 1993: 217)가 언급했듯이, '장르의 도식 구조와 같이 담화 구조의 층위에서만 묘사를 도입·사용하는 것은, 묘사라는 장르를 언어의 문법적 패턴이라는 이 장르만의 정박지(anchorage, 碇泊地)로부터 도려내어 장르 목적과 관련되지 않는 교육적 맥락, 삶의 맥락 안에서 부유하도록 만드는 것이다.' 대개의 장르적 변이가 일어나는 지점은 문법의 층위이다. 학생들이 장르적 형식을 자유자재로 다루기를 원할 때뿐만 아니라, 단순히 충실하게 텍스트 유형을 재생하기를 기대할 때에도 교사는 이러한 점을 반드시 주목하여야 할 필요가 있다.

한편, 겉으로 보기에 문법에 초점이 맞추어진 것처럼 보이는 또 다른 방식이 존재하는데, 같이 쓰기 활동 과정에서 이를 찾아볼 수 있다. 교사가 학생들의 반응을 칠판에 옮겨 적되 틀린 부분에 수정을 가하면서 정확한 문법을 보여 주는 전략은, 말하기에서 쓰기로 옮겨가는 복잡한 과정을 간략화해 버리고 만다. 학생들의 언어적 반응을 옮겨 적는 교사의 작업에 문법적 처치는 암묵적으로 이루어지는데, 특정 유형의 텍스트를 재생산하기 위해 효과적으로 자신의 글을 점검해야 하는 학생들에게 문법은 좀 더 명시적으로 제공될 필요가 있다. 최소한의 문법만을 가르칠 것을 강조하는 이러한 흐름은 상당한 기간 동안 교육과정에서 문법 항목을 삭제했기 때문이며, 그 결과 학생들에게 문법을 가르칠 정도의 문법적 지식조차 갖추지 못한 교사가 양산되었다. 그러나 이러한 사태를 가져온 진짜 이유는 무엇보다도 텍스트 유형 각각에 고유하게 작용하는 장르 문법을 최소한으로만 처치하도록 한 이 접근법의 결과 지향성 때문이었다.

역설적이게도, 장르 이론을 텍스트 유형의 차원에서 접근했던 교육적 실천에서 문제적이라 밝혀진 것은, 다름 아니라 그것이 요구하는 교사의 안내 정도였다. 앞서 논의한 바와 같이, 3단계 교육과정 모델이 근거하고 있는 이론은 높은 수준의 교사 간섭과 비계화된 학습이라는 교육적 입장을 내세운다 (Hammond, 2001). 물론 이는 우리 역시 동의하는 교육적 이상이다. 그러나 3단계 교육과정 모델은 이 접근법의 이러한 측면을 무효화시키는 진보주의자의 교수·학습 패러다임과 간단히 병합되고 말았다. 소집단 및 개별 학습 전략을 중시하는 관점, 적극적인 안내보다는 촉진하는 교사의 역할을 중시하는 관점은 동시대의 교실에 이미 확고히 확립되어 있었기 때문에, 효율적인 실천을 위해 실제적으로 요구되는 교사의 입력과 안내는 최소화하도록 했다. 3단계 교육과정 모델은 종종 단순히 보고, 말하고, 수행하는 교육의 수준으로 환원되었다(Watkins, 1997, 1999). 일단 교사가 학생들에게 특정한 텍스트 유형을 제시하면, 학생들은 그 텍스트를 장르 일반적인 수준에서 이야기하고 함께 텍스트를 써 본 후, 최종적으로 텍스트를 생산해 낼 것을 요구받는다. 이것이 실라버스 문서에 항목화되어 제시된 다양한 텍스트 유형을 쓸 때 제공될 수 있는 최대한의 안내이다. 여기에는 동일한 텍스트의 다른 버전을 복제하기 위해 다양한 내용 지식을 적용하는 데 필요한 전문 지식을 축적해 왔다는 전제가 깔려 있다.

여기서 놓치고 있는 것은 학습의 '신체적(bodily)' 국면이라 불릴 수 있는 그 무엇이다. 즉, 쓰기는 언어 능력을 성취하기 위해 반복적인 수행을 필요로 한다. 3단계 교육과정 모형에서는 거시적 단계에 가려 누적적인 세부 단계가 잘 드러나지 않는다. 각각의 세부 단계는 교사와 학생 사이에서 활발히 일어나는 상호작용으로 특성화되어야 한다. 다시 말해, 전체 학급이든 소집단이든 개별이든 중요한 것은 학습의 과정에서 이루어지는 상호주관적인 개입인 것이다. 좀 더 구체적으로, 이 모형은 상세화된 교사의 설명을 포함하고 텍스트 형식의 생산에 기여할 수 있는 좀 더 작은 국면들, 즉 문법적 자원의 복잡한 패턴을 조정하는 능력을 목표로 하는 과제를 주어 학생들이 수행하도록 안내하는 과정을 포함한다. 쓰기 학습 과정은 단순히 텍스트의 장르 일반적 구조를 인식하도록 요구하는 데 그치지 않으며, 학생들이 텍스트를 생산할 때 이를 유념할 수 있도록 복잡한 하위 지식·능력들의 종합을 신체화하는 것을 포함한다. 부르디외(Bourdieu, 2000: 141)를 인용하자면, '우리는 온몸으로 학습한다(We learn bodily)'. 텍스트를 구성하느라 앉아서 씨름하는 쓰기의 신체적 차원, 즉 능숙한 필자에게는 이미 하나의 기법으로 체화된 이것은, 대개 오늘날 문식성 교육에서는 당연한 것으로 여겨진다. 그러나 글을 쓸 수 있으려면, 그리고 잘 쓸 수 있으려면, 학생들의 몸이 역동적인 쓰기에 맞추어 조율되어야 한다. 따라서 교사는 지속적이고 반복적이되 다양한 방식으로 문법의 제 국면을 다룰 수 있는 통합된 학습 활동 단위를 구안함으로써 학생의 문법적 이해를 발달시키는 데 상당한 시간을 투자할 필요가 있다.

이것은 오직 전체 학급을 대상으로 한 수업의 경우와 교사의 지원이 동원된 개별 학습의 경우에만 해당하는 것이 아니다(물론 이것들은 우리가 효율적인 교육 실전을 도모할 때 고려해야 할 주요 국면이긴 하다). 소집단 활동 또한 중요한 역할을 할 수 있다. 그러나 소집단 활동은 대화와 학생 중심 학습을 고무시키는 진보주의자의 입장에서는 그다지 중요하게 다루어지지 않았다. 구조화된 소집단 활동은 쓰기 학습의 기초적인 측면을 가르치기 위한 방법론으로서보다는, 학생들이 지식과 능력을 강화하도록 이끄는 활동 단위의 특정 단계에서 가장 유용하게 활용될 수 있을 것이다. 새로운 개념에 관해 배우는 초기 단계에서 학생들은 지속적이고 집중적으로 몰입할 시간을 필요로 한다. 쓰기 그 자체는 단련되어야 하는 활동이기 때문에 동료와 함께 논의하고 작업하는 것이 중요하긴 하지만, 또한 쓰기 과정에서 자신의 수행 과정을 조용히 반성하고 스스로 과제를 완성하는 시간을 갖는 것도 중요하다. 이러한 과정을 통해 '산물로서의 장르'에서 '과정으로서의 장르'로 강조점이 이행됨으로써 학생들은 좀 더 효율적으로 하나의 장르 일반적 텍스트 유형을 반복할 수 있을 뿐 아니라, 다중 장르적 텍스트를 구성하기도 하고 창조적인 방식으로 장르, 텍스트, 문법이라는 테크놀로지를 다룰 수 있게 된다.

02 장르-텍스트-문법 접근

장르, 텍스트, 문법의 교수·학습을 추구하면서 우리는 3단계 교육과정 모형을 사용하는 것을 피해 왔다. 과거에는 이 모형을 사용해 왔지만, 이제 우리는 그런 방식의 교육적 접근이 실행 과정에서 환원적이었다고 판단한다 (Knapp, 1992; Knapp and Watkins, 1994). 중요한 것은, 장르와 문법의 교수·학습을 위해 필요한 통합적 요소의 윤곽을 그리고, 효율적인 교육적 실천을 위한 일련의 원리로 그 틀을 설계하는 것이다. 그리고 이는 교사에게 더 적절한 안내가 되어줄 것이다. 각각의 요소들을 논의하는 과정에서 특정 전략이 언급되긴 했으나, 그러한 전략 자체로 교육이 성립되는 것은 아니다. '교육'은 정의내리기 꽤 어려운 용어이다. 연구 범위를 구획하고 기술한 최근 뉴사우스웨일즈주 교육부의 문서에서는 교육을 '가르침의 예술과 과학'으로 기술하고 있다(New South Wales Department of Education, 2003: 4). '어떻게 가르치느냐 하는 것은 무엇을 가르치느냐, 무엇을 어떻게 평가하느냐, 어떻게 학습하느냐 하는 것들과 분리 불가능하다는 점을 인식'(같은 책: 4)한 것이다. 그러나 우리가 이러한 논평에 동의하긴 하지만, 교육은 또 그 용어가 의미하는 것 이상을 포함하기도 한다. 교육은 종종 언급되지 않고 누락되어 있는 것 같아도 모든 교육적 실천에 잠재적으로 개입하는 그 무언가를 포함한다. 즉, 교육은 항상 교실에서의 교사의 역할에 대한 개념과 학생이 배우는 방식에 대한 관점을 결정짓는 특정한 교육 철학에 기반하고 있다. 이러한 이유로 교육은 전통적이거나 진보주의적이라 명명될 수 있다. 전통주의, 진보주의와 같은 용어는 교육을 구성하는 다양한 국면들에 영향을 미치는 특정 교육 철학과 관련이 있다. 진보주의가 여전히 교수·학습의 지배적인 패러다임으로 존재하는 동안, 진보주의에 도전하기 위하여 또는 교육에서 전통주의-진보주의 철학 사이의 양분성(兩分性)을 비판하기 위하여 대안적 관점이 출현하게 되었다. 대안적 관점은 진보주의에 도전장을 던졌을 뿐만 아니라, 전통적-진보적 철학으로 양분된 교육의 구도에 비판을 가하였다. 사실상 진보주의를 넘어 교수·학습의 후기-진보주의적 철학, 즉 전통주의, 진보주의 양자와는 완전히 변별되는 교육을 추구하는 것이 우리의 의도이다. 다음 절에서는 우리가 지향하는 교육의 핵심 원리를 살펴보고자 한다(그림 3-2를 참조).

03 교육적 원리: 장르-텍스트-문법의 교수·학습

1) 구체적인 지식에서 추상적인 지식으로의 이동

좀 더 추상적인 이해로 나아가기 전에, 가급적 친숙하고 구체적이며 관찰 가능한 활동을 통해 새로운 지식을 가르치는 것이 중요하다. 당연한 것 같아도 실천의 국면에서는 곧잘 무시되기 일쑤이다. 다음 활동들은 구체에서 추상으로의 이행을 잘 보여 주는 사례이다.

- '작은 동물': 학생들은 먼저 개미와 같은 곤충들의 외양과 행동을 관찰하고 묘사한 다음, 어떻게 생겼고 무엇을 하는지에 근거하여 일상적인 이름을 붙여 본다. 전문적 용어와 정교한 언어의 사용을 고민하는 것은 그다음이다.

- '동화': 학생들은 다른 문화권에서 생산된 동화를 읽을 수 있다. 이를 통해 전통적인 이야기 구조를 검토할 수 있는 맥락을 확보하게 된다.

- '과거 발견하기': 학생들은 모래 상자에서 자신만의 고고학적인 발굴을 수행한 후 자신이 무엇을 했는지를 설명할 수 있다. 실제 장소에

서 발굴된 문명의 흔적들에 대해 생각해 보는 것은 그다음이다.

- '공학-종이 만들기': 학생들은 종이 만드는 법에 대해 지시문이나 설명문을 작성하기 전에, 실제로 각자 종이를 만들어 보고 이를 상업적인 종이 만들기 과정과 비교해 볼 수 있다.

위에서 제시한 것보다도 더 많은 사례가 가능하나, 고려해야 할 점이 있다. 구체적인 데서 추상적인 것으로의 이동은 개념의 이해와 관련될 뿐만 아니라, 이해하는 데 사용하는 언어와도 관련된다. 즉 '구체적'이란 개념은 일상적 용어와 구어의 사용에도 적용된다. 일상적 용어와 구어는 학생이 전문적 용어와 문어라는 추상적 세계를 향해 나아가기 위한 자원으로서 활용되어야만 한다. 또한 몇몇 장르는 구체적인 표상을 다룰 때 좀 더 유용하고, 그래서 언어를 통해 이해를 수립하는 데 근본적인 역할을 한다. 학습 활동 단위를 구성할 때에는 학생들이 경험하거나 관찰한 것을 구체적으로 표상하는 장르에서부터 시작하는 것이 중요하다. 예를 들어, 묘사하기와 설명하기같이 학생들의 세계를 정의하고 묘사하는 장르가 그것이다.

2) 반복적 연습

학생들은 수행함으로써 배우지만 일회적인 활동만으로 향상을 기대하기는 어렵다. 쓰기의 모든 측면, 즉 우리가 중시하는 텍스트의 구조적 · 문법적 지식뿐만 아니라 효과적인 쓰기에 필수적인 맞춤법, 문장 부호 그리고 문법 등을 이해하기 위해서는, 상당한 정도의 다양한 연습이 필요하다. 반복적인 연습을 통해 학생들은 자신의 쓰기 과정을 성찰하는 '인지적 공간'을 확보할 수 있게 된다. 언어 능력이 점차 신장되면 창조적으로 텍스트를 조정할 수 있게 된다. 이렇게 특정 기능과 지식이 자동화된다는 개념은 읽기 학습을 떠올리면 잘 이해될 수 있다. 읽기 학습에서는, 만약 학생들이 텍스트를 빠르게 처리할 수 있으면 좀 더 높은 이해 및 성찰 능력을 갖추고 있다고 보기 때문이다. 이 같은 원리는 쓰기에도 고스란히 적용될 수 있다. 학생들은 낮은 단계의 기능에서 자동성을 습득하게 된 연후에, 텍스트 생산의 국면에서 창조적이고 비판적인 능력을 신장시킬 수 있다.

3) 지식과 기능에 대한 집중적 처치

학생들은 단지 반복적인 연습을 통해서만 배우는 것이 아니다. 학생들은 일련의 연관된 과제 수행을 통해 배운다. 이를 위해, 교사는 내용 지식과 언어에 시간과 관심을 투자하여 학습 활동 단위들에서 지식과 기능에 대해 집중적인 처치를 할 필요가 있다. 이는 개별 활동들이 간단히 해치우고 넘어가는 방식으로 다뤄질 수 없다는 점에서 프로그램을 구안하는 데도 시사하는 바가 있을 뿐 아니라, 교실에서 교사가 취하는 특정한 교육 양상에도 영향을 미친다. 개별적으로 쓰기를 할 수 있도록 그리고 수업 시간에 배운 개념을 직접 적용할 수 있도록 학생들에게 시간을 넉넉하게 제공할 필요가 있다. 학급 전체를 대상으로 하는 강의와 소집단 활동, 개별 학습이 균형을 이루도록 주의 깊게 고려하여야 하고, 특히 많은 학생들이 가정에서는 쓰기를 할 만한 기회나 여건을 갖추지 못하고 있다는 점도 감안하여야 한다. 혼자서 쓸 수 있는 능력이 당연시되어서는 안 된다. 그것은 교실에서 학습되고 적절히 모형화될 필요가 있는 기능이다.

4) 명시적이고 체계적인 안내

소집단 중심이든 개별 학습이든, 지식을 적용하기에 앞서 학생들은 일단 현재 내가 무엇을 하기를 요구받는지에 대해 잘 파악할 필요가 있다. 이것은 명시적이고 체계적인 안내를 통해 성취된다. 이 용어는 최근 교육 담론에서 점점 더 자주 사용되고 있는데, 진보주의에서 내세우는 '최소의 간섭'에 대한 대안으로서 어느 정도 정당성을 확보한 것으로 보인다. '명시적'이란, 교사가 그들이 가르치는 것에 대해 좀 더 구체적이 되어야 할 필요가 있음을 의미한다. 쓰기 과정에는 많은 국면들이 존재하고 또 그 국면들이 간과되기 쉽기 때문에, '명시성' 개념은 쓰기 교수에서 특히 중요하다. 각각의 국면들은 교실 수업에서 하나씩 면밀히 검토된 후, 학생들의 활동 안에서 적용될 필요가 있다. 예를 들어, 서사문 쓰기에 초점을 둔 활동을 시키면서 학생들에게 좀 더 묘사적으로 글을 써 보라고 요구하는 것만으로는 충분하지 않다는 것이다. 아동의 학습 단계를 고려하여, 좀 더 묘사적으로 쓰는 데 필요한 문법적 자원들을 풀어 낼 필요가 있다. 형용사, 부사 등의 묘사적 장치 검토하기, 다소 복잡한 명사구 만들기, 직유, 비유, 두운, 비유적 동사 사용하기 등이 이에 포함된다. 처음에는 개별 활동들로 시작하여 점차 학생들의 쓰기에 적용되는 방식으로 전개될 수 있다. '체계적'이란, 장르와 문법의 여러 측면의 처치가 적절하게 단계화되어야 함을 의미한다. 특정 개념의 검토는 다른 것과 관련되어 이루어질 필요가 있으며, 그래야만 차후 좀 더 효율적인 적용을 이끄는 지식과 기능이 축적될 수 있다.

이러한 두 용어는 교사의 안내와 비계 설정을 강조하는 특정한 교수·학습 철학을 암시한다. 교사를 단지 학습의 촉진자로만 보는 것이 아니라, 학습에서 핵심적인 역할을 하는 기법의 소유자로 보는 것이다. 이는 '안내는 언제나 발달에 선행한다.'(Vygotsky, 1996: 184)는 비고츠키의 관점과 매우 밀접하게 관련되어 있다. 이때 교사 안내라는 개념이 교사 중심의 교육을 의미하는 것으로 받아들여져서는 안 된다. '교사 중심' 혹은 '학생 중심'이라는 관점은 역동적인 교수·학습에 기반한 학습 과정을 두 갈래로 나누어 보는 경향이 있다. 그러나 교수·학습의 관계는 동등한 것이 아니다. 그렇다고 이 관계가 단순히 교사가 아동의 학습을 지시한다는 식의 일방향적이라는 얘기는 아니다. 그보다는 힘의 차등화를 인정한다는 얘기다. 이때 힘의 차등이란 교사라는 제도적 지위에서 나오는 것이 아니라, 교사가 지니는 우월한 이해 정도에서 나오는 것이다. 따라서 교사는 자신의 축적된 지식과 기능을 동원해 아동의 학습을 안내하고 지원할 책임을 가진다. 교사가 학생의 학습을 안내하겠지만, 학생의 학습 역시 교사의 교수를 안내할 것이고 또 그래야만 한다. 이러한 이유로 교사는 교육의 이면을 진단하게 해 줄 일련의 평가 전략과 도구를 필요로 한다.

5) 진단 평가

결과 중심 평가의 맥락에서 교사는 학생들이 특정한 기능과 지식을 성취했는지를 알아보기 위해 각종 절차들을 자주 사용하곤 한다. 그러나 평가에 관련한 많은 관점들이 종종 오해되거나 제대로 적용되지 못하였고, 특히 진단을 목적으로 한 쓰기 평가의 경우에는 그 정도가 매우 심하였다.

형성 평가는 관찰이나 질문과 같이 일상적인 교육적 실천을 모두 포함한다. 연습과 활동을 담은 학습지와 같은 기법들도 교사가 가치 있는 형성 평가 자료를 모으는 것을 가능하게 해 준다. 성공적인 진단 평가를 위해 교사는 그간 모은 형성 평가 자료를 체계적으로 분석할 필요가 있다. 학습 활동에서 다루었던 특정 기능과 지식을 담은 학습지를 활용함으로써, 교사는 교수의 효율성을 평가하고 학생들이 복습을 필요로 하는지, 다음 단계로 나아갈 준비가 되어 있는지에 대해 명확한 판단을 내릴 수 있다.

진단 평가는 또한 총괄 평가를 수행할 때 중요하다. 특히 쓰기 과제와 같은 총괄 평가를 할 때에는, 해당 활동을 수업할 때 제공했던 장르 일반적, 구조적, 문법적 자질들이 쓰기의 평가 기준으로 포함되도록 하는 것이 매우 중요하다. 각 장의 끝에서 우리는 학생의 쓰기 수행을 진단할 수 있는 정보를 교사들에게 제공하고자 학생 글의 평가틀을 마련할 것이다.

이상과 같은 다섯 가지 교육적 원리—구체적인 지식에서 추상적인 지식

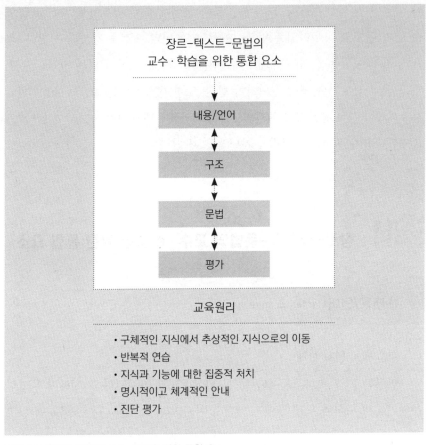

그림 3-2 장르와 문법의 교수·학습을 위한 통합 요소

으로의 이동, 반복적인 연습, 지식과 기능의 집중적인 처치, 명시적이고 체계적인 안내, 진단 평가—는 장르와 문법 교수·학습의 4가지 통합된 요소 즉, 내용/언어, 구조, 문법, 평가와 관련하여 반드시 고려되어야 한다. 그림 3-2에서 그림에서 이들 요소들이 마치 일련의 단계처럼 보이는 것은 전혀 의도한 바가 아니다. 양방향적인 화살표를 사용했음에도 불구하고 마치 별도의 단계들인 것처럼 보이는 것은 어쩔 수 없는 것이니 주의를 요한다. 하나의 활동은 교과 내용에 대한 처치로 시작되는 경우가 많지만, 그렇다고 해서 단순히 교

과 내용이 맨 앞에 오고 그다음에 구조와 문법에 대한 검토가 뒤따르고 끝으로 평가 단계로 마무리되는 방식이어서는 안 된다는 점을 강조하고 싶다. 내용의 처치는 활동을 하는 내내 이루어져야만 하고, 초점이 되는 장르의 구조 및 문법의 검토가 함께 병행되어야 한다. 또한 형성적이든(활동의 교수 전반에 걸쳐 이루어지든) 총괄적이든(학생의 수행 결과물에 대해 양적 척도를 부여한 평가를 하든), 평가는 진단적 성격을 지닐 필요가 있다.

04 장르-텍스트-문법의 교수·학습을 위한 통합 요소

1) 내용/언어 Content/Language

학습 활동 단위 설계

언어는 대개 지식과는 완전히 별개의 것으로 간주된다. 기껏해야 투명한 무언가로서 지식과 관계를 맺고 있다고 여겨진다. 교재나 다른 교육과정 자료를 보면, 언어는 전반적인 학습의 과정에서 거의 투명한 중개물로 간주되고, 결과적으로 장르와 문법에 대해서는 신중치 못한 사용이 넘쳐난다. 예를 들어 설명에서 서사로, 다시 지시로 이어지는 과학책에서 문법은 인칭과 비인칭을 정신없이 왔다 갔다 하며, 그 결과 독자에게 상당한 정도의 언어적 부담을 주곤 한다. 내용 지식과 그것을 처리하는 데 사용되는 언어 사이에 밀접한 연결 고리를 만드는 데 세심한 관심을 기울이지 않는다면, 학습 활동 단위를 구성할 때 이런 상황은 얼마든지 발생할 수 있다. 주제-중심(theme-based) 활동 단위는 내용이 유사한 활동들은 절충적으로 혼합하고자 하지만, 언어에는 거의 관심을 기울이지 않는다. 이러한 활동을 수행하는 과정에서, 학생들은 묘사하기, 서사하기, 지시하기 사이에서 왔다 갔다 하느라 특정한 장르를 다루는 능력을 개발할 시간이 없다. 학습 활동 단위를 설계할 때, 다루고자 하는 특정 장르와 내용을 '연계시키는' 것은 매우 중요하다. 예를 들어, 환경에 관한 활동 단위는 그 자체로 주장하기가 적절하고, 공간에 관한 활동 단위는 학습 수준이나 친숙성 정도를 고려하여 묘사하기나 설명하기 중에서 선택하거나 혹은 둘 다를 활용할 수 있다. 규칙이나 식습관에 대한 활동 단위는 그 내용을 다루는 데 있어 묘사하기와 설명하기로 시작할 수도 있지만, 초점 장르로 지시하기에 주목할 수도 있다. 지식과 언어의 관계를 포괄적으로 다루기 위해서는, 내용을 성급하게 처치해서는 안 된다. 교수·학습 활동을 계획할 때 교사는 학습 과정을 강화할 수 있는 언어 활동에 관해 생각해야만 한다. 이때에는 앞서 개괄한 교육적 원리, 특히 구체적인 지식에서 추상적인 지식으로의 이동의 원리에 주의를 기울일 필요가 있다. 이러한 방식으로 지식을 다룬 후에는, 학생들이 화제에 대해 좀 더 추상적인 수준까지 이해할 수 있도록 활동을 구안할 필요가 있다. 이러한 활동은 읽기와 조사를 곧잘 수반하는데, 이를 위해서는 다음 사안들을 고려하는 것이 중요하다.

읽기 모형

일단 학생이 읽기 기능을 발전시켰으면, 그다음에는 읽기와 쓰기 과정 사이의 뚜렷한 연결 관계를 만들기 위한 전략을 고안할 필요가 있다. 이들 전략은 특히 비판적인 독자를 길러 낼 수 있는 실질적인 활동을 촉진하는 것을 목적으로 한다.

- 장르적으로 '단일한' 텍스트를 선택한다. 의도가 불분명하거나 목적 없이 장르를 넘나드는 텍스트는 학생의 글쓰기에 적절한 모델이 아니다.

- 텍스트를 해체하고 검토하는 대상으로 삼는다. 인쇄된 단어는 더 이상 손댈 수 없다는 편견에 의문을 가지도록 한다. 읽기가 텍스트

의 모든 요소들을 해체하여 되씹는 역동적인 과정이라는 것을 보여 준다.

- 다른 방식으로 여러 번 읽는다. 읽을 때마다 다음과 같은 측면들을 주목해야 한다.

목적	왜 이 텍스트는 이와 같이 쓰였는가? 누가 예상 독자인가? 누구에 의해서 쓰였는가?
내용	이 텍스트는 무엇에 관한 것인가? 이 텍스트의 주된 주제는 무엇인가?
구조	텍스트의 각각 다른 단계는 서로 다른 역할을 하는가? 언어는 각각의 단계에서 다르게 사용되었는가?
문법	각각의 역할을 하기 위해 어떤 유형의 언어가 시용되었는가? 예를 들어, 이 부분을 묘사하기 위해 어떤 단어가 사용되었는가? 무엇을 묘사하고 있는가? 그 단어는 어떤 유형의 단어들인가?

조사하기/노트 필기하기

- 도서관에서 연구 수업을 진행할 때 학교나 지역 도서관의 사서들과 협력한다.

- 학생들이 차후 작성하게 될 텍스트의 장르적 구조에 적응할 수 있도록 일종의 비계 역할을 할 만한 조사지를 제공함으로써 학습자들을 보조해 준다.

- 적절한 정보를 어떻게 요점 정리 서식(point form)에 모으는지 보여 준다. 조사지의 구조적 형식이 도움이 될 것이다.

2) 구조 Structure

여기에서는 구별되는 단계들에서 소정의 목적을 달성하기 위해 텍스트가 구조화되는 방식을 고찰한다. 학생들이 어느 정도 성공적으로 쓰기를 수행할 수 있기를 바란다면, 학생들에게 쓰기를 위한 명시적인 틀이나 비계를 제공해 줄 필요가 있다. 장르적 구조에 초점을 맞춤으로써, 학생들은 내용 지식을 기능적인 틀이나 구조로 조직하는 데 집중할 수 있다. 학생들에게 기능적으로 응집력 있는 텍스트를 생산해 낼 수 있는 자신감을 키워 주는 것이 우리의 목적임을 명심할 필요가 있다. 이는 하나의 일회적인 활동이 아니라, 단원 전체에 걸쳐 여러 번의 수업으로 진행되어야 한다. 이 과정에서 학생들은 문법의 제 양상들을 통합함으로써 좀 더 복잡한 텍스트를 생산할 수 있게 된다. 학생들이 일단 해당 장르의 쓰기에 자신감을 가지게 되면, 텍스트 조직과 같은 다른 구조적인 요소들에 대해서도 소개한다.

장르 일반적 구조 모형화하기

해당 텍스트의 전체 목적 안에서 한 장르의 각 단계들이 어떠한 기능을 담당하고 있는지 보여 줄 필요가 있다. 예를 들어, 주장하기 장르는 다음과 같은 단계들을 거쳐 전개된다.

논제	1. 쟁점의 진술 2. 개괄
논증	3. 요점 4. 상술 5. 요점 6. 상술 7. 반론 8. 상술

결론	9. 요약
	10. 논제의 반복

몇 가지 단계는 필수적이고 다른 단계는 선택적이라는 점에 주목할 필요가 있다. 예를 들어, 주장하기 장르의 한 유형인 논술에서는 논증 단계가 반복될 수 있다. 예시 텍스트의 각각의 단계를 분석하되, 그것들이 각각 어떻게 장르적 목적을 달성하는지에 주목하여야 한다.

텍스트 조직 모형화하기

- 제목, 표제어, 문단 등과 같은 문법 혹은 텍스트 조직 요소들이 어떻게 텍스트의 장르적 구조의 일부를 이루는지 살펴본다.

- 문단에서 주제 문장의 역할을 살펴본다.

- 들여쓰기나 공란을 통해서 어떻게 문단이 드러나는지 보여 준다.

- 도입 문단의 시작 방법을 모형화한다.

- 다음의 방식들을 모형화한다.

  - 다른 관점 소개하기

  - 요약하기

  - 추천하기

  - 원인과 결과에 대해서 쓰기

  - 무언가의 의미에 대해 쓰기

  - 글 안에서 판단 나타내기

  - 상황이나 사건의 의미에 대해 쓰기

학생 텍스트에 비계 제공하기

학생들의 언어 발달 상황을 고려하여, 학생이 이 과제를 시도하는 첫 번째 시간은 매우 철저하게 준비할 필요가 있다.

- OHP 필름이나 칠판에 장르적 구조를 제시한다.
- 요점 정리 서식을 토대로 학생들에게 이미 알고 있는 내용 지식/언어를 사용하면서 각각의 장르 단계를 완성하도록 한다.
- 장르에 적절한 텍스트 조직 요소들을 통합시킨다.
- 장르적 구조틀에 대한 유인물을 제시하여 학생들에게 빈칸을 채우게 한다.
- 장르적 구조/내용 틀을 기초로 하여 학생들에게 텍스트를 쓰도록 한다.
- 텍스트에서 화제문과 문단을 각기 구분하여 분리해 놓은 후, 학생들로 하여금 이 두 가지를 연결시키도록 한다.

3) 문법 Grammer

흔히 학생들은 말하기 장르에서 어느 정도 숙달된 능력을 갖추고 있으며, 이러한 말하기 능력은 쓰기를 배우는 데 근간이 된다고 여겨진다. 그러나 그렇다고 해서 말하기에서 쓰기로 나아가는 과정을 단순히 발화를 문자화하는 문제로 치부해서는 안 된다. 학생은 쓰기 매체를 통해서 쓰기를 배운다. 학생들은 자신의 쓰기 과정을 이해함으로써 쓰기를 위한 문법을 배워 나간다. 학생들이 글을 쓰면서 여러 문법적 자원들을 활용하는 능력을 천천히 길러나갈 수 있으려면, 구조와 마찬가지로 문법에 대한 처치 역시 하나의 학습 활동 단위 내에서 곳곳에 배치될 필요가 있다.

- 학생들에게 단순하고 짧고 잘 정의된 쓰기 과제를 준다. 예를 들어, 지금 보고 있는 것을 묘사하게 한다.

- 이 과제에 대한 각기 다른 접근 양상을 비교·대조해 보도록 한다.

- 과제를 수행하는 과정에서 학생들이 사용한 언어의 기능과 문법적 이름을 알려 준다. 예를 들어 동사, 명사 그리고 형용사.

- 학생들에게 해당 방법을 동원하여 다른 대상을 묘사하거나 혹은 서사문을 구체적으로 써 보도록 한다.

쓰기/다듬기

처음에는 학생들이 단계별로 쓰기를 하도록 유도한다. 예를 들어, 묘사를 한다고 하면 처음에는 화제를 분류하여 써 보도록 한다.

- 이 과제에 대한 각기 다른 접근 양상을 비교·대조해 본다.

- 과제를 수행하는 과정에서 학생들이 사용한 언어의 기능이나 문법적 이름에 대해 알려 주도록 한다. 예를 들어, 분류는 언제나 관계 동사를 사용한다.

- 학생들에게(개별이든, 둘이서든, 소집단이든) 쓴 것을 다듬거나 고쳐 쓰도록 하되, 장르나 문법에 대한 지식을 활용하여 편집 및 퇴고를 수행하도록 한다.

- 점진적으로 이 과정을 하나의 완성된 텍스트를 쓰는 데 적용하도록 한다.

4) 평가 Assessment

우리가 제안하는 '장르와 문법' 접근은 쓰기를 장르 일반적, 구조적, 문법적인 요소들을 토대로 평가하고자 하는 객관적인 접근법이다. 예를 들어, 묘사하기 장르에 속하는 글의 특징은 주장하기나 서사하기 장르에 속하는 글과 큰 차이가 있다. 4장부터는 각 장르별로 두드러진 특징을 밝혀내고, 이러한 특징을 체계적인 방법론에 적용하여 각 장르별로 학생들의 쓰기를 평가하는 틀을 보일 것이다.

장르별로 평가 방법론을 사용할 때 다음과 같은 범주화를 꾀하되, 각 범주 안에서 성취와 미성취의 수준을 객관적으로 확인할 수 있도록 적절한 규준을 제시하고자 할 것이다.

장르 일반적 차원

- 장르: 이 기준은 해당 글이 과제 수행에 적절한 장르를 성공적으로 사용했는지 아닌지를 고려한다. 예를 들어, 과제는 주장하기를 요구했는데 글은 서사하기를 취했다면, 적절한 장르에 대한 이해가 불충분했음을 알 수 있다.

- 주제: 이 기준은 해당 글이 과제를 잘 다루고 있는지 혹은 과제를 잘 지지하고 있는지 혹은 특정한 효과를 내기 위해 과제를 독창적으로 잘 구성했는지를 고려한다.

- 구조: 서로 다른 장르는 서로 다른 구조적 특징을 가진다. 예를 들어, 묘사의 도입부는 일반적으로 묘사할 대상에 대한 분류로 시작된다. 반면에 서사의 도입부는 일반적으로 독자들에게 앞으로 이어질 이야기의 배경과 시간, 인물들을 소개한다. 다른 장르 간에는 이처럼 구조적 특징상의 차이점이 있을 것이므로, 쓰기 과제를 평가할 때는 이

러한 차이점을 밝혀내는 것이 중요하다.

- 수사적·언어적 특징: 각기 다른 장르는 글의 효과를 높이기 위하여 각기 다른 수사적인 전략이나 비유적인 기법들을 사용한다. 일반적으로 이런 유형의 기준은 학생이 쓰기 과정을 얼마나 통제하고 조절할 수 있는가를 보여 주는 효과적인 지표가 되고, 유능하고 능숙한 필자를 판별하는 효과적인 잣대가 된다.

- 어휘: 서로 다른 장르는 주제, 목적, 예상 독자 등과 같은 결정 요인에 따라 각기 다른 유형의 어휘를 사용한다. 예를 들어, 과학 보고서 같은 사실적 텍스트의 경우에는 명사화 구성이나 전문어 등과 같은 전문적 어휘들을 많이 사용한다. 반면 문학적 텍스트에서는 묘사적 동사나, 형용사, 부사 등이 많이 쓰이고, 독자들에게 정서적인 감응을 불러일으킬 수 있는 정서적 언어들이 자주 사용된다.

텍스트적 차원

- 연결어: 연결어는 접속사처럼 문장, 절, 구, 단어와 같은 언어 단위를 부가, 비교, 원인과 결과, 시간 등의 논리적인 관계로 연결하는 단어를 가리키는 기능적인 용어이다. 연결어는 쓰기 발달 정도에 대한 효과적인 척도가 되는데, 이는 초급 수준의 필자들이 '그리고', '그래서', '그때', '그러나' 등과 같이 '구어와 비슷한' 연결어를 쓰다가, 점차 효과적이고 복잡한 문장 구조를 만들기 위해 좀 더 복잡하고 논리적인 연결어를 사용하게 되기 때문이다.

- 지시: 지시는 하나의 텍스트 안에서 정보가 도입되고, 유지되고, 확장되는 방식을 말한다. 대명사의 사용은, 같은 명사를 계속 반복하여 사용하는 데서 오는 어색함 없이 지시 관계를 유지하는 가장 일반적인 방법이다. 적절히 지시어를 사용하는지 여부는, 정보의 흐름을 한

문장에서 다음으로 매끄럽게 이어 가고 있는지 혹은 앞서 제시된 정보를 성공적으로 이끌어 나가고 있는지 등을 평가할 수 있는 매우 유용한 지표이다.

- 시제: 시제의 사용은 장르마다 다르다. 사실적 묘사에서는 일반적으로 현재 시제를 사용하고, 서사나 주장에서는 현재와 과거 시제를 오가며 사용한다. 학생 글에서 시제를 적절하게 사용하고 조절했는지를 평가할 때, 사건 나열하기, 묘사하기, 주장하기 등을 오가는 장르 변화를 알고 있는 것이 중요하다.

- 문장 구조: 이 기준은 학생의 쓰기 능력의 정도를 알 수 있는 매우 강력한 지표이다. 학생은 단문, 중문, 구어와 비슷한 문장 구조에서 비한정절과 안긴 절을 사용하는 좀 더 복잡하고 계층적인 구조를 사용하는 쪽으로 발전하게 된다.

통사적 차원

이 기준은 학생이 영어 문장을 통사적으로 잘 조절할 수 있는지 여부를 묻는다. 이 기준은 반드시 다루어져야 하는 기초적인 쓰기 능력의 많은 부분을 나타내고 있기 때문에, 이에 따라 학생의 쓰기를 평가하는 것은 매우 중요하다. 여기서는 다음과 같은 문제들을 다룬다.

- 절 유형: 모든 진술에는 주어와 정동사가 있는가?

- 일치: 조동사와 동사 형태는 주어와 일치하는가?

- 동사 형태: 동사의 과거 분사는 바르게 사용되었는가?

- 전치사: 전치사는 적절하고 바르게 사용되었는가?

- 관사: 올바른 관사가 사용되었는가?

- 복수: 복수는 바르게 사용되었는가?

- 문장 부호: 문장에서 적절한 문장 부호를 사용하였는가?

철자법 차원

철자법은 체계적이고 진단적으로 평가될 필요가 있다 즉, 오기(誤記)된 단어를 바르게 고치게 하는 것으로는 충분하지 않다는 뜻이다. 철자법은 단어의 난이도에 따라서 평가되어야 할 것이다. 난이도별로 '쓰기 내에서 철자법'을 평가하는 것이 가장 좋은 방법이다.

- 고빈도어와, 'ai', 'ea', 'ow', 'ay'처럼 단순하고 일반적인 철자 패턴을 가지고 있는 단어들, 'e'로 끝나는 긴 모음의 어미, 'ed', 'ing', 'ly'와 같은 단순한 접미사

- 저빈도 단어와, 'wh', 'ey', 'ou', 'aw', 'ould', 'dge', 'ie', 'ough', 'ought'처럼 일반적이지만 단순하지 않은 철자 패턴을 갖고 있는 단어들, 'e', 'c', 'l'과 같은 단어의 끝에 붙는 접사들

- 'ible/able', 'tion', 'rh', 'ure', 'ei'처럼 어렵거나 드문 패턴을 가지고 있는 단어들, 'l/ll', 's/ss', 'r/rr', 'ent/ant', 'ious/ous', 'ful/full' 등 두 가지 사이에서 혼란을 일으키는 것

- 주어진 과제와는 관련되나 어려운 단어들

학생의 쓰기를 평가하기 위한 위와 같은 틀은, 각각의 장르를 하나씩 다루는 다음 장에서부터 상세한 평가 정보와 함께 체계적으로 사용하게 된다.

4장

묘사하기 장르

묘사하기(describing) 장르는 어떤 언어 체계에서든 기초적인 기능 중의 하나이고, 언어 사용자가 가장 먼저 학습하는 능력 중에 하나이다. 또한, 초등학교 6년 동안, 아니 그 이후 훨씬 오랜 기간 모든 학습 분야에서 가장 폭넓게 사용되는 장르 중의 하나이기도 하다. 묘사는, 거의 무한한 범위의 경험, 관찰, 상호작용 등을 즉시 혹은 이후에 참조할 수 있도록 일정한 순서대로 배치해 체계적으로 범주화하거나 분류할 수 있게 해 주며, 학습 분야나 필자의 의도에 따라 객관적 혹은 주관적으로 그것들을 인식하도록 해 준다. 묘사는 정보 보고서나 문학적 묘사, 묘사적인 사건 나열하기 등의 다양한 텍스트에서도 널리 쓰일 수 있다. 특히 본격적으로 설명을 하기 전에는 어떠한 과정에 대해서 분류하거나 묘사할 필요가 있기 때문에 대부분의 설명문의 서두에서도 묘사가 자주 쓰인다. 또한 묘사는 핵심 주제나 장소에 대한 느낌, 인물을 형상화하는 수단으로써 서사적 텍스트의 중심적인 특징이 되기도 한다. 학생들은 다음과 같은 경우에 묘사를 사용한다.

- 사진에 대해서 이야기하거나 글을 쓸 때

  This is a beach. There are lots of umbrellas on it and boats on the sea.

  여기는 해변이야. 해변에는 파라솔이 굉장히 많고, 바다에는 보트가 떠 있어.

- 이야기 속의 장소나 사람에 대해서 쓸 때

  Theo in James Valentine's book *Jump Man* is an interesting character. He has spiky hair that changes colour all the time and he wears a coat that speaks.

  제임스 발렌타인의 책 『점프 맨』에 나오는 테오는 흥미로운 인물이다. 그는 색이 매번 바뀌는 뾰족 머리를 하고 있고, 말하는 코트를 입고 다닌다.

- 동물에 대해서 보고할 때

  A platypus is a monotreme. It has a bill and sharp claws. It lives in and near streams and isn't seen by people very often.

  오리너구리는 단공류(單孔類)에 속하는 동물로서, 부리와 날카로운 발톱을 가지고 있다. 주로 개울가 주변에 살며 사람들의 눈에 잘 띄지 않는다.

사실적이든 비사실적이든 많은 텍스트들이 정도를 달리해서 묘사를 사용하는데, 특히 정보 보고서 같은 몇몇 텍스트에서는 묘사가 매우 두드러진다. 그러한 텍스트들은 대체적으로 전문적인 관점에서 현상을 묘사한다.

01 묘사하기의 문법적 특징

- 전문적이고 사실적인 관점에서 대상을 묘사할 때에는, 현재 시제가 주로 사용된다.

  예 has, eats, sings, lays, swim

- 문학적 묘사에서는 현재 시제가 사용되는 경우가 간혹 있긴 하지만, 아무래도 과거 시제가 주로 쓰인다.

  🔲 had, was, enjoyed, seemed, sparkled

- 현상의 외양과 특질, 부분과 기능을 분류하고 묘사하는 데에는 관계 동사(is, are, has, have)가 사용된다.

  My favorite toy *is* a teddy bear because it *is* cuddly and friendly. It *is* my friend, too.
  내가 가장 좋아하는 장난감은 테디 베어예요. 왜냐하면 매우 사랑스럽고 친근한 느낌을 주기 때문이에요. 걔는 나의 친구이기도 하죠.

  Turtles do not *have* teeth, they *have* a sharp beak instead.
  거북이는 이빨을 가지고 있지 않은 대신 날카로운 부리를 가지고 있다.

  Eric the Red *is* an old man. Eric the Red *has* a greatcoat.
  빨간 머리 에릭은 나이 많은 남자이다. 그는 아주 멋진 코트를 가지고 있다.

- 동작 동사는 행동이나 용도를 묘사할 때 사용된다.

  An ant has three body parts.
  Some ants have wings.
  The queen ant *lays* the eggs.
  Ants *live* in colonies.
  개미는 몸통이 세 부분이다.
  어떤 개미들은 날개가 있다.
  여왕개미는 알을 낳는다.
  개미들은 모여 산다.

- 문학적이고 일상적인 묘사에서 동작 동사는 어떤 효과를 만들어 내기 위해 은유적으로 사용된다.

  Mia *bubbled* with enthusiasm. Declan *smashed* the record.
  미아는 열정으로 부풀어 올랐다. 디클런은 기록을 깨부쉈다.

- 심리 동사는 문학적인 묘사에서 감정을 표현하기 위해 사용된다.

  She *felt* unhappy. He *liked* dancing.

그녀는 행복하지 않다고 느꼈다. 그는 춤추는 것을 좋아했다.

- 형용사는 명사에 부가적 정보를 더하기 위해 사용되는데, 텍스트에 따라 전문적이거나 일상적, 문학적일 수 있다.

Possums are *nocturnal*. 주머니쥐는 야행성이다.	전문적
It is *grey* and *brown*. 그것은 회갈색이다.	일상적
Her appearance was *majestic*. 그녀의 외모는 위엄 있었다.	문학적

형용사는 위에 제시된 것처럼 홀로 쓰이기도 하지만, 아래 제시되는 것처럼 명사구의 일부로 사용되기도 한다.

Turtles are covered with a *hard, box-like* shell. 거북이는 단단한, 상자 모양의 껍질로 덮여 있다.	전문적
He has a *cool* hair style. 그는 멋진 헤어스타일을 하고 있다.	일상적
His *luminous*, *dark* coat gave him an *eerie* quality. 그는 반짝이 까만 코트 때문에 매우 기괴해 보였다.	문학적

문학적인 묘사에 사용된 형용사들은 독자들에게 감정적으로 강한 효과를 불러일으키기 때문에 정서적이라고 여겨지기도 한다. 몇몇의 동사나 부사도 같은 방식으로 사용되는 경우가 있다.

- 좀 더 구체적인 묘사를 위하여 부사를 사용하여 동사에 특별한 정보를 더해 주기도 한다.

Turtles swim *slowly*.
거북이는 느리게 수영한다.

She was *always* hassling her mother.

그녀는 항상 어머니와 말싸움을 하곤 했다.

He could think *clearly*.

그는 명료하게 생각할 수 있었다.

- 부사구는 방법이나 장소, 시간에 대해서 정보를 더해 주기 위하여 묘사에 사용된다.

Walruses have hair *on their lips*. 해마는 입술에 털이 나 있다.	장소
The student only worked diligently *just before exams*. 학생들은 시험에 임박했을 때에만 열심히 공부한다.	시간

- 문학적인 묘사에서는 직유, 은유, 의인화, 두운 등과 같이 문학적 효과를 거두기 위한 일련의 장치가 사용된다.

Sally's face shone *like a beacon* when she heard that she'd won the competition. 경쟁에서 이겼다는 소식을 들었을 때 그녀의 얼굴은 마치 봉홧불처럼 빛났다.	직유
The experience was *a nightmare* and something James would remember for the rest of his life. 그 경험은 제임스의 남은 삶 내내 기억에 남을 악몽이었다.	은유
The wind *whistled* through the trees and Harry found it difficult to sleep. 바람이 나무 사이로 휘파람을 불어서 해리는 좀처럼 잠들지 못했다.	의인화
Tired, torn and troubled, the old man stumbled through the door. 피곤하고, 지치고, 고난에 빠진 늙은 남자가 비틀거리면서 문으로 들어왔다.	두운

특정한 텍스트 안에서 이러한 장치가 어떻게 사용되는지에 대해서는 서사하기 장르인 8장에서 다루도록 한다.

- 문장과 문단은 묘사되는 화제와 주제적으로 연결된다.

  The moon is a lump of rock that goes around the Earth.
  It is grey and brown.
  It is bumpy and has craters.
  달은 지구 주위를 도는 바위 덩어리이다.
  그것은 회갈색이다.
  그것은 울퉁불퉁하며 분화구들을 가지고 있다.

- 개인적이거나 문학적인 묘사는 개별적인 사물을 주로 다룬다.

  my favorite toy, my house, my big bear
  내가 가장 좋아하는 장난감, 나의 집, 나의 큰 곰

- 전문적인 묘사는 일반적으로 개별적인 사물을 다루기보다는 사물의 부류를 다룬다.

  snails, turtles, volcanoes
  달팽이, 거북이, 화산

02 묘사하기의 구조

대체로 묘사하기는 사물들을 그것들에 대한 앎의 방식에 따라 다양하게 질서 짓는다. 질서를 부여하는 과정은 다양한 방법으로 이루어지는데, 처음에는 사물에 이름을 붙이고, 다음에는 그것을 분류하고, 그러고 나서 속성과 행동 양식, 기능 등을 다루게 된다.

1) 분류 Classification

언어는 대상에 이름을 붙임으로써 구체적인 경험 세계를 분류할 수 있다. 이러한 명명 과정은 일상적이거나 전문적인 범주로 사물을 배치하고 분류하는 방법이다.

분류는 그 화제나 현상이 묘사되는 맥락에 따라서 전문적일 수도 있고 일상적일 수도 있다. 하나의 진술로서의 분류는 묘사된 대상을 과학적이거나 문화적으로 인지된 분류 체계 아래 배속시킨다.

다음은 동일한 나무에 대한 분류인데, 하나는 일상적인 것이고 다른 하나는 전문적인 것이다. 전문적인 묘사에서 분류는 매우 형식적이고 정밀하며 사실적이다. 반대로 일상적인 분류에서는 그 내용이 매우 일반적이며, 분류되는 위치도 독자들의 일상적인 이해에 의해 좌우된다.

일상적인 분류	전문적인 분류
Tree	Kingdom(계界): Plantae
Gum tree	Phylum(문門): Tracheophyta
Spotted gum	Sub Phylum(아문亞門): Pteropsida
	Class(강綱): Angiospermae
	Order(목目): Myrtales
	Family(과科): Myrtaceae
	Genus(유類): Eucalyptus
	Species(종種): Maculata

분류와 묘사는 같이 행해진다. 과학적이든 일상적이든 일종의 문화적 분류 체계 안에 배속하는 일 없이 어떤 대상을 묘사한다는 것은 불가능하다.

2) 개인적 · 일상적 묘사 Personal and commonsense descriptions

개인적 묘사는 보통 전문적 묘사처럼 유기적이고 형식적이지 않다. 예를 들어 자기 장난감을 묘사할 때, 어린아이는 그것을 동물이나 인형 또는 자동차처럼 특정 장난감의 유형으로 분류할 것이다. 그리고 나서는 그것의 겉모습과 용도에 대해서 묘사하고 장난감과의 관계나 그것을 가지고 무엇을 하는지에 대해서 묘사할 것이다.

My favorite toy is a teddy bear because it is cuddly and friendly. It is my friend, too. It loves going out with me and sits on my head. One day my friend saw me out with my bear and she screamed with me. (Year 2)
내가 가장 좋아하는 장난감은 테디 베어예요. 왜냐하면 매우 사랑스럽고 친근한 느낌을 주기 때문이에요. 걔는 나의 친구이기도 하죠. 내 머리 위에 앉아 있는 것, 나와 외출하는 것을 매우 좋아해요. 어느 날 내 친구는 내가 얘와 같이 외출하는 것을 보고 나를 향해 깔깔대며 웃었어요. (2학년 학생의 글)

다음은 4학년 소녀가 그녀의 학급 친구 중 한 명에 대해 쓴 것으로 일상적인 묘사에 해당한다.

Shane is a Year 4 boy. He has a cool hair style.
He is good at handball because he is tall and strong.
He likes Rugby League. He wears Reebok Pumps.
He is a sensible boy. (Year 4)
쉐인은 4학년짜리 남자애다. 그 애는 멋진 헤어스타일을 하고 있다.
그는 키가 크고 힘이 세서 핸드볼을 매우 잘한다.
그는 럭비 리그를 좋아하고 리복 운동화를 신는다.
아주 센스 만점의 녀석이다. (4학년 학생의 글)

3) 문학적 묘사 Literary descriptions

다음은 『대나무 피리(The Bamboo Flute)』라는 이야기에 나오는 인물 중 한 사람에 대한 문학적 묘사다. 정확한 분류를 하고자 의도했음에도 불구하고 이런 유형의 묘사가 어떻게 비형식적인 구조를 가지게 되는지 주목하길 바란다.

Eric the Red is an old shabby man whose eyes and mouth are creased in a half-smile. His skin smells of the sun, his clothes of woodsmoke. He lives on the little red beach in the Old Garden. He doesn't speak too much but sometimes he takes out a flute from his pocket and plays beautiful notes. Eric the Red has a greatcoat, like the ones that people wear in the war, but this one is old and splodged with shades of black dye and joined together with a button and three twists of wire. (Year 6)

빨간 머리 에릭은 반쯤 웃으면 눈과 입에 주름이 잡히는 초라한 차림의 늙은 남자이다. 그의 피부에서는 태양 냄새가 나고, 그의 옷에서는 나무 연기 내음이 난다. 그는 올드 가든에 있는 작고 붉은 해변에서 산다. 그는 말을 많이 하진 않지만 때로 그의 주머니에서 플루트를 꺼내 아름다운 곡을 연주한다. 빨간 머리 에릭은 사람들이 전쟁 중에 입었을 법한 멋진 코트를 입고 있다. 그러나 그 코트는 낡고 검은 얼룩이 있으며, 단추와 꼬인 철사로 여며져 있다. (6학년 학생의 글)

다음에 이어지는 글은 로알드 달(Roald Dahl)의 『찰리와 초콜릿 공장 (Charlie and Chocolate Factory)』에 등장하는 윌리 웡카의 초콜릿 공장에 대한 묘사다. 여기서 저자는 그 공장을 처음에는 '초콜릿' 공장으로 그다음에는 '세상에서 가장 크고 유명한'이라고 분류한다.

And it wasn't simply an ordinary, enormous chocolate factory either. It was the largest and most famous in the whole world! It was WONKA'S FACTORY, owned by a man called Mr Willy Wonka, the greatest inventor and maker of chocolates that there has ever been. And what a tremendous, marvellous place it was! It had huge iron gates leading into it, and a high wall surrounding it, and smoke belching from its chimneys, and stage whizzing sounds coming from deep inside it.

그것은 단지 일상적이거나 그냥 큰 초콜릿 공장은 아니었다. 그것은 세상에서 가장 크고 가장 유명한 공장이었다. 그것은 '웡카'의 공장이었는데, 윌리 웡카라고 불리는 그는 대단한 발명가이자 이제까지 존재하지 않았던 초콜릿 제조자였다. 얼마나 대단하고 환상적인 공간인지! 그곳에는 안으로 통하는 거대한 철문이 있었고, 높은 벽으로 둘러싸여 있었으며, 굴뚝에선 연기가 치솟았고 안쪽 깊숙한 곳에서는 윙하는 소리가 들려왔다.

[R. Dahl(1984), *Charlie and Chocolate Factory*, Harmondsworth: Puffin Books, p. 16.]

윌리엄 하트-스미스(William Hart-Smith)의 유명한 시 「해변(The Beach)」에서는 '황금빛 과일, 부드럽게 잘 익은 멜론 한 쪽'이라는 은유를 사용해 해변을 문학적으로 규정함으로써, 그 은유는 텍스트의 나머지 부분까지 확장되고 있다.

The Beach (해변)

The beach is a quarter of golden fruit,
a soft, ripe melon
sliced to a half-moon curve,
having a thick green rind of jungle growth;
and the sea devours it
with its sharp,
sharp white teeth.

해변은 황금빛 과일,
부드럽고 잘 익은 멜론 한 쪽
반달처럼 날렵하게 잘린 곡선
무성한 정글의 두꺼운 녹색 껍질
바다는 그것을 삼켜 버린다
날카롭고
날카로운 흰 이로.

[W. Hart-Smith(1985), *Selected Poems: 1936-1984*, Sydney: Angus and Robertson.]

소설에서 인물이 등장할 때 작가는 인물의 외모와 성격을 묘사함으로써 인물을 분류하려는 경향이 있다. 그러한 분류를 통해 이야기 안에서 인물의 역할, 플롯에서 인물이 차지하는 위치 및 다른 인물과 해당 인물과의 관계가 확립될 수 있다. 다음은 텍스트에서 이러한 묘사가 매우 일찍 제시된 경우이다. 작가가 인물을 어떻게 소개하는지 가르치기 위해서 다음과 같이 학생들에게 모형이 될 만한 인용문을 사용한다면 매우 좋을 것이다.

Jules Santorini, about a hundred and fifty-three centimetres tall, *was a boy who felt perfectly ordinary*. He didn't think he was good looking, but he knew he wasn't ugly. His eyes seemed to be the normal distance apart. His nose appeared to be the standard model, not pointy, or snubby or flat across his face. His teeth were mainly straight but he might get braces next year. His chin has a faint cleft in it, but not enough that anyone would ever really notice. He wasn't the shortest, the fattest, the thinnest, the fastest, the slowest, the smartest, the dumbest. In fact the only area where Jules was special was in his thoughts.

키가 약 1미터 53센티미터쯤 되는 줄스 산토리니는 자신이 굉장히 평범하다고 느끼는 소년이었다. 그는 자신이 잘 생겼다고는 생각지 않았으나, 자신이 못생기지 않았다는 것도 알고 있었다. 그의 양 눈은 보통 정도로 떨어져 있는 것 같았다. 그의 코는 뾰족코도 아니고, 들창코나 납작코도 아닌 딱 보통이었다. 이는 대체로 곧게 뻗어 있으나 내년쯤엔 교정을 할지도 모른다. 그의 턱은 희미하게 갈라져 있지만 웬만해선 아무도 눈치채지 못했다. 그는 완전히 작지도, 완전히 뚱뚱하지도, 완전히 마르지도, 완전히 빠르지도, 완전히 느리지도, 완전히 현명하지도, 완전히 어리석지도 않았다. 사실 줄스가 특별한 단 하나 유일한 부분은 그의 생각이었다.

[J. Valentine(2002), *Time Master Jump Man*, Milsons point, NSW: Random House, pp. 11-12.]

My sister, Mrs Joe, with black hair and eyes, had such a prevailing redness of skin that I sometimes used to wonder whether it was possible she washed herself with a nutmeg-grater instead of soap. She was tall and bony, and almost always wore a coarse apron, fastened over her figure behind with two loops, and having a square impregnable bib in front, that was stuck full of pins and needles.

머리카락과 눈이 까만 내 여동생 조는 때때로 비누 대신 강판으로 피부를 닦아 내는 게 아닌가 하는 궁금증이 생길 정도로 매우 붉은 피부를 가지고 있다. 그녀는 키가 크고 뼈대가 굵으며, 항상 등 뒤에서 두 개의 고리로 묶는, 견고하고 네모난 가슴받이가 달린, 바늘과 핀이 가득 꽂혀 있는 조악한 앞치마를 두르고 있었다.

[C. Dickens(1965), *Great Expectations*, Harmondsworth: Penguine Books, p. 40.]

4) 동물 보고서 Animal reports

어린 학생들을 가르치는 많은 교사들은 좀 더 구조화된 묘사문을 쓰는 법을 가르치기 위해 글쓰기 주제로 동물을 활용한다. 동물 보고서는 개인적 묘사와 과학적인 보고서 사이에 위치하며, 구체적인 용어를 사용해서 외양과 행동 같은 것을 묘사하도록 가르치는 데에는 훌륭한 방법이다. 어린 학생이 쓴 다음 글에서는 분류가 제일 마지막에 나타나는 것을 알 수 있다.

The giraffe has a long tongue.
It is covered in furry skin.
It looks like a spotty thing.
It eats leaves from trees
But it has to go a long way down
to have a drink.
The giraffe is a wild animal. (Kindergarten)
기린은 긴 혀가 있어요.
기린은 부드러운 털로 덮여 있어요.

기린은 점박이 같아요.
기린은 나무에서 이파리를 따 먹어요.
그러나 물을 마시기 위해서는 아래로 깊이 숙여야 해요.
기린은 야생 동물이에요. (유치원생의 글)

다음은 개미집에 있는 개미를 관찰하며 묘사한 학생 글이다. 외양, 행위, 서식지 순으로 나오는 묘사 순서에 주목하여 살펴보길 바란다.

An ant is an insect.
An ant has six legs.
An ant has three body parts.
Some ants have wings.
The queen ant lays the eggs.
Ants live in colonies. (Year 1)

개미는 곤충입니다.
개미는 여섯 개의 다리가 있어요.
개미는 몸통이 세 부분이에요.
어떤 개미들은 날개가 있어요.
여왕개미는 알을 낳아요.
개미들은 모여서 삽니다. (1학년 학생의 글)

다음은 비록 일관되지 않는 부분들이 있긴 하지만, 어린 학생이 텍스트에서 정보를 정리하려고 시도한 묘사 글이다. 이 글을 쓴 학생은 상당히 많은 정보를 텍스트에 집어넣으려고 노력했다.

Frogs are amphibians. There are over 2700 types of frogs in the world. The smallest frog is 2cms long and the froth protects the frogs eggs. Frogs have webbed feet and slimy skin and frogs like to live in moist places. Tadpoles change into frogs when they're older. Frogs have large bulging eyes. The male can croak louder than the female. Frogs eat flies and small water insects. Frogs have long sticky tongues so they can catch small water insects and flies. Frogs have 4 legs the back legs are longer because it help the frog jump higher. (Year 3)

개구리는 양서류입니다. 세계에는 약 2,700여 종 이상의 개구리가 있습니다. 가장 작은 개구리는 2cm이고 거품으로 자신들의 알을 보호합니다.
개구리는 갈퀴가 있는 발과 미끈거리는 피부를 가지고 있으며, 습기 있는 곳에서 사는 것을 좋아합니다. 올챙이가 자라면 개구리가 됩니다. 개구리는 불룩 튀어나온 큰 눈이 있습니다. 수컷은 암컷보다 큰 소리로 개굴개굴 울 수 있습니다. 개구리는 파리나 작은 수중 곤충들을 잡아먹습니다. 개구리는 길고 끈끈한 혀가 있어서 작은 수중 곤충들이나 파리를 잡을 수 있습니다. 개구리는 네 개의 다리가 있고 높이 뛸 수 있도록 뒷다리는 길게 되어 있습니다. (3학년 학생의 글)

5) 정보 보고서 Information reports

정보 보고서의 묘사는 일정한 틀로 구조화되어 있다. 즉, 어떤 현상의 구체적 양상을 체계적으로 묘사함으로써 과학적으로 잘 조직된 세계관을 반영한다. 이러한 영역의 묘사는 외양, 부분, 기능, 행위, 서식지 등 묘사되는 현상의 특정 국면을 중심으로 문단이 구분된다.

The Moon (달)

The moon is a lump of rock that goes around the Earth. 달은 지구를 도는 바위 덩어리이다.	분류
It is grey and brown. It is bumpy and has craters. 그것은 회갈색이다. 그것은 울퉁불퉁하며 분화구가 있다.	외양
It has dust and mountains. The moon does not shine, the sun does. 그곳에는 먼지와 산이 있다. 달은 빛나지 않으나 해는 빛난다.	속성
It is 38000 kilometres from Earth. (Year2) 그것은 지구에서 38,000km 떨어져 있다. (2학년 학생의 글)	위치

Turtles (거북이)

Turtles are reptiles and are cold blooded. They depend on their surroundings for their body heat. 거북이는 파충류이며 냉혈동물이다. 그들은 주변 환경의 도움을 받아 몸을 덥힌다.	분류
Turtles are covered with a hard box-like shell which protects the soft body and organs. It is composed of an upper section called a carapace and a lower plate called a plaston. The head, tail and legs of turtles are covered with scales. Turtles withdraw them inside the shell for protection. Turtles have four paddle shaped flippers which help them to swim. Turtles do not have teeth, they have a sharp beak instead. 거북이는 부드러운 몸체와 내장기관을 보호하는 단단한 상자 모양의 껍질로 덮여 있다. 껍질은 갑긱이라고 불리는 윗부분과 복갑이라 불리는 아랫부분으로 구성되어 있다. 머리와 꼬리 그리고 다리는 비늘로 덮여 있다. 거북이는 자신을 보호하기 위해 껍질 속으로 몸을 움츠려 집어넣는다. 거북이는 노 모양의 물갈퀴 네 개가 있어 수영하기에 좋다. 거북이는 이빨이 없는 대신 날카로운 부리가 있다.	외양
Turtles can breathe on land and under water. They mainly eat jellyfish, sea snails and other soft-bodied, slow-moving sea animals. 거북이는 물속에서나 육지에서나 숨 쉴 수 있다. 그들은 주로 해파리나 갯민숭달팽이, 그 밖에 몸이 말랑하고 천천히 움직이는 바다 생물을 먹는다.	행동
Female turtles lay their eggs in the sand on beaches. Once the eggs are covered the female returns to the sea. When the eggs hatch the baby turtles crawl down to the sea and take care of themselves. (Year 6) 암컷 거북이는 바닷가 모래 속에 알을 낳는다. 알을 다 덮어 놓고 나면 암컷 거북이는 바다로 돌아간다. 알들이 부화되면 새끼 거북이들은 바다로 느릿느릿 기어가서 그들 스스로 살 길을 찾는다. (6학년 학생의 글)	번식

다음은 고등학교 2학년 학생이 쓴 주머니쥐에 대한 과학적인 묘사 중에서 분류 문단이다. 기울임체로 표기된 부분은 분류가 이루어진 진술인데, 필자가 순전히 과학적인 묘사 수준을 넘어서 그 구조를 어떻게 확장해 갔는지 주목할 필요가 있다.

> *The possum is a native Australian marsupial* and has been popularised as an iconic representation of Australia in cultural artifacts including children's books. *Possums are nocturnal, mainly arboreal marsupials* which occupy a niche similar to that of tree-dwelling primates of other continents; 'the upper levels of the Australian rainforest are almost exclusively the haunts of the phalanges'(Rodríguez de la Fuente, 1974). (Year 12)
>
> 주머니쥐는 오스트레일리아에서 자생하는 유대류(有袋類) 포유동물로, 어린아이들의 책을 포함하여 문화 상품 등에서 오스트레일리아의 대표 아이콘으로 인기가 있다. 주머니쥐는 야행성이며 주로 나무에서 사는 유대류 포유동물인데, 다른 대륙의 나무에 거주하는 동물들과 비슷한 생태학적 지위를 가진다. 그리고 '오스트레일리아 열대 우림의 상층부에서 독점적으로 무리를 이루어 서식한다'(로드리게스 데 라 푸엔테, 1974). (12학년 학생의 글)

03 묘사하기의 문법

다음에 제시된 학생 글에는 몇 가지 핵심적인 문법 요소를 설명하기 위해 다음과 같이 주석을 달아 놓았다.

관계 동사 – *기울임체*

동작 동사 – **굵은 글씨**

심리 동사 – ***굵은 글씨 기울임체***

주제 – 밑줄

1) 동사

다음 예시문에서 관계 동사 'is'는 분류하는 데, 'has/have'는 속성을 묘사하는 데 사용되고 있다. 행동을 묘사할 때 필자는 동작 동사를 사용한다 (lays, live). 각 문장의 주제(밑줄)가 직접적으로 묘사의 대상을 나타내고 있음에 주목할 필요가 있다.

An ant *is* an insect.
An ant *has* six legs.
An ant *has* three body parts.
Some ants *have* wings.
The queen ant **lays** the eggs.
Ants **live** in colonies.
개미는 곤충입니다.
개미는 여섯 개의 다리가 있어요.
개미는 몸통이 세 부분이에요.
어떤 개미들은 날개가 있어요.
여왕개미는 알을 낳아요.
개미들은 모여서 삽니다.

다음은 일상적인 묘사이다. 필자는 관계 동사를 분류와 외양 묘사에 사용했을 뿐만 아니라, 행동(going out)에 대한 태도를 표현하기 위해 심리 동사 (loves)를 사용했다. 여기서, 필자의 친구와 곰에 대한 그 친구의 반응을 다루고 있는 마지막 문장에 이르기까지 주제부는 화제와 일치한다.

My favorite toy *is* a teddy bear because *it's* cuddly and friendly. *It's* my friend, too. It ***loves*** **going out** with me and **sit** on my head. One day my friend **saw** me out with my bear and she **screamed** with me.
내가 가장 좋아하는 장난감은 테디 베어예요. 왜냐하면 매우 사랑스럽고 친근한 느낌을 주기 때문이에요. 걔는 나의 친구이기도 하죠. 내 머리 위에 앉아 있는 것, 나와 외출하는 것을 매우 좋아해요. 어느 날 내 친구는 내가 얘와 같이 외출하는 것을 보고 나를 향해 깔깔대며 웃었어요.

2) 주제

다음 동물 보고서는 거북이의 몇 가지 속성의 기능에 대한 정보를 담고 있으며, 외양을 묘사하는 문단에는 두 개의 동작 동사가 있다. 행동에 대해 묘사한 문단의 첫 문장에서 필자는 가능성을 나타내기 위해서가 아니라, 바다와 육지 두 곳에서 숨 쉴 수 있는 거북이의 능력을 표현하기 위해 양태 조동사 (can)를 사용하였다. 마지막 문단은 묘사라기보다 설명의 기능을 한다. 시간적 연결어로 연결되어 있는 동작 동사의 순서에 주목하면서 보는 것이 의미 있을 것이다. 이 장르의 문법적 특징에 대하여 더 상세한 정보를 필요로 한다면 5장을 참조할 수 있다.

Turtles *are* reptiles and *are* cold blooded. They *depend* on their surroundings for their body heat.

Turtles *have* a (a hard box-like) shell which **protects** the (soft) body and organs. It *is composed* of an (upper) section *called* carapace and a lower plate *called* a plaston. The head, tail and legs of turtles *have* scales for protection. Turtles **withdraw** them inside the shell for protection. Turtles *have* four (paddle shaped) flippers for swimming. Turtles *do not have* teeth, they *have* a (sharp) beak instead.

Turtles **can breathe** on land and under water. They mainly **eat** jellyfish, sea snails and other (soft-bodies, slow-moving) sea animals.

Female Turtles **lay** their eggs in the sand on beaches. Once the eggs **are covered** the female **returns** to the sea. When the eggs **hatch** the baby turtles **crawl** down to the sea and **take care** of themselves.

거북이는 파충류이며 냉혈동물이다. 그들은 주변 환경의 도움을 받아 몸을 덥힌다. 거북이는 (부드러운) 몸체와 내장기관을 보호하는 (단단한 상자 모양의) 껍질로 덮여 있다. 껍질은 갑각이라고 불리는 (윗)부분과 복갑이라 불리는 아랫부분으로 구성되어 있다. 머리와 꼬리, 그리고 다리는 비늘로 덮여 있다. 거북이는 자신을 보호하기 위해 껍질 속으로 몸을 움츠려 집어넣는다. 거북이는 (노 모양의) 물갈퀴 네 개가 있어 수영하기에 좋다. 거북이는 이빨이 없는 대신 (날카로운) 부리가 있다.

거북이는 물속에서나 육지에서나 숨 쉴 수 있다. 그들은 주로 해파리나 갯민숭달팽이, 그 밖에 (몸이 말랑하고 천천히 움직이는) 바다 생물을 먹는다.

암컷 거북이는 바닷가 모래 속에 알을 낳는다. 알을 다 덮어 놓고 나면 암컷 거북이는 바다로 돌아간다. 알들이 부화되면 새끼 거북이들은 바다로 느릿느릿 기어가서 그들 스스로 살 길을 찾는다.

이어지는 텍스트는 소설 속에서 인물에 대해 묘사한 것인데, 충분히 예상 가능하듯이, 정보 보고서나 전문적인 보고서에 비해서 덜 구체적이면서 더 주관적이다. 심리 동사(appears, seems, seems, don't seem)를 통해 양태가 확장되는 양상에 주목할 필요가 있다. 아무도 과학적인 분류가 '개미는 곤충인 것 같다(An ant seems to be an insect).'는 문장으로 시작할 것이라고 예상하지는 않을 것이다. 그러나 영어 과목과 같은 학습 영역에서는 저학년 시기부터 양태가 폭넓게 사용된다.

Ted **appears to be** your average guy, he **works** for a builder, *is* somewhat of a handyman and **likes** his beer.
However, he *does have* some obvious faults. He **seems to stand over** his wife to the point where she **doesn't voice** her opinion on some issues.
Ted also **seems to resent** Evie because she *is* not his own child and **is always hassling** her about **getting** a job and (petty) things that **don't seem to matter**. (Year 9)

테드는 평범한 청년으로 보이는데, 그는 건축업자 밑에서 일하며, 남다른 손재주의 소유자이며, 맥주를 좋아한다.
그러나 그는 몇 가지 확실한 단점을 가지고 있다. 그는 부인이 자기 목소리를 내지 못하도록 몰아세우는 듯하다. 또한 테드는 자기 자식이 아니라는 이유로 에비를 미워하는 것 같고, 일을 구하는 문제로 그리고 별 것도 아닌 일로 그녀를 늘 닦아세우는 것 같다. (9학년 학생의 글)

3) 지시

문법적인 용어로서의 지시(reference)는, 텍스트에서 구정보가 소개되고 유지되고 확장되는 방법을 말한다. 대명사를 사용하는 것은 계속해서 같은 이름을 부르는 어색함 없이 지시를 유지하는 일반적인 방법이다. 대명사는 그들이 나타내는 이름과 선명하게 연결되어 있는 경우에만 효과를 발휘한다. 그러나 지시받는 대상과 명확하게 연결이 되더라도 대명사가 무한정 사용되지는 않는다. 대명사를 계속 연달아 사용하면 글이 지루하고 재미없어진다. 또한 대명사로 문단을 시작하는 것은 독자들로 하여금 그 대명사가 '무엇' 혹은 '누구'를 가리키는지 알기 어렵게 만든다. 다음에 이어질 문장은 'walruses(해마)'와 'hair(털)', 두 가지에 대해 설명한다. 이 예에서는 첫째 대명사 'they'가 바로 'walruses'라는 단어와 연결되어 있기 때문에 그것이 문장에서 'walruses'를 가리킨다는 것이 명백하다. 이와 유사하게 둘째 대명사 'it'은 'hair'를 가리키고 셋째 대명사 'they'는 많은 수의 'walruses'를 의미한다. 이러한 지시의 연쇄에서 혼란은 없다. 마지막 지시인 'little bit'은 'hair'를 생략하고 있지만, 그 지시 역시 명백하다.

> When walruses are babies they have a lot of hair but when they grow up it falls out and they only have a little bit around the upper lip.
> 해마는 새끼인 동안에는 털이 많이 나 있으나 자라면서 털은 빠지고 윗입술에만 털이 조금 나 있게 된다.

이 장르에서는 지시의 연쇄를 비교적 직접적으로 가르칠 수 있다. 전반적으로 문장들은 묘사하는 대상에 대한 것이고, 지시의 연쇄도 대단히 복잡하지는 않다.

My Favorite Toy (내가 제일 좋아하는 장난감)

My favorite toy is a teddy bear because **it** is cuddly and friendly. **It** is my friend, too. **It** loves going out with **me** and sit on **my** head. One day **my** friend saw **me** out with **my** bear and **she** screamed with **me**.

내가 가장 좋아하는 장난감은 테디 베어예요. 왜냐하면 매우 사랑스럽고 친근한 느낌을 주기 때문이에요. 걔는 나의 친구이기도 하죠. 내 머리맡에 앉아 있는 것, 나와 외출하는 것을 매우 좋아해요. 어느 날 내 친구는 내가 얘와 같이 외출하는 것을 보고 나를 향해 깔깔대며 웃었어요.

Frogs (개구리)

Frogs are amphibians. There are over 2700 type of **frogs** in the world. The smallest **frog** is 2cms long and the froth protects **their** eggs. **Frogs** have webbed feet and slimy skin and **they** like to live in moist places. **Tadpoles** change into **frogs** when **they** are older. **Frogs** have large bulging eyes. **The male** can croak louder than **the female**. **Frogs** eat flies and small water insects. **Frogs** have long sticky tongues so **they** can catch small water insects and flies. **Frogs** have **4 legs** the back **legs** are longer because **it** help the **frog** jump higher.

개구리는 양서류입니다. 세계에는 약 2,700여 종 이상의 개구리가 있습니다. 가장 작은 개구리는 2cm이고, 거품으로 자신들의 알을 보호합니다. 개구리는 갈퀴가 있는 발과 미끈거리는 피부를 가지고 있으며, 습기 있는 곳에서 사는 것을 좋아합니다. 올챙이가 자라면 개구리가 됩니다. 개구리는 불룩 튀어나온 큰 눈이 있습니다. 수컷은 암컷보다 큰 소리로 개굴개굴 울 수 있습니다. 개구리는 파리나 작은 수중 곤충들을 잡아먹습니다. 개구리는 길고 끈끈한 혀가 있어서 작은 수중 곤충들이나 파리를 잡을 수 있습니다. 개구리는 네 개의 디리가 있고 높이 뛸 수 있도록 뒷디리는 길게 되어 있습니다.

4) 형용사

형용사는 묘사하기에서 많은 역할을 담당하는 문법 부류이다. 물론 접속사, 전치사, 대명사, 관사 같은 문법적 항목들과 달리, 명사, 동사, 형용사와 몇몇 부사 같은 어휘적인 항목들은 모두 묘사적으로 쓰일 수 있으나, 묘사가 주요 기능인 것은 형용사이다. 다음의 글에서 글을 쓴 학생은 이름이 붙여지지 않은 동물의 그림을 설명하기 위해 일련의 형용사들을 사용했다. '고운(fine)', '독특한(peculiar)', '밝은(bright)' 같이 단일 형용사들도 있지만, 이 학생은 그런 것들을 '커다란 자루(large sack)', '긴 코(a long snout)', '짧은 털 세 개 (three small hairs)'와 같이 명사구 내에서 주로 사용한다.

This animal is the size of a bear. It looks a bit like a **large** sack with hair all over it that's **fine** like grass. This monster has a **large** head with a **long** snout. Its nose is **pink** with three **small** hairs on it. Its eyes are shut because the sun is **bright**. It has its hair tied with string like a hair band. This animal has **big** shoulders and arms like a cartoon character, it has no legs. The animal's habitat is like a bunyips, **muddy** swamps and rivers. This animal is quite **peculiar**. (Mitchell, Year 5)

이 동물은 곰만 하다. 풀처럼 고운 털로 덮인 커다란 자루처럼 생겼다. 이 괴물은 코가 길고 머리가 크다. 코는 짧은 털 세 개가 붙어 있고 분홍색이다. 눈은 햇빛이 밝아서 감고 있다. 머리카락은 헤어밴드처럼 생긴 줄로 묶여 있다. 이 동물은 만화에 나오는 캐릭터처럼 듬직한 어깨와 팔이 있고 다리는 없다. 이 동물의 서식처는 버닙*이 사는 곳처럼 진흙투성이의 늪지대와 강이다. 이 동물은 참 독특하다. (5학년 학생 미첼의 글)

명사구는 중요한 문법적 자원이다. 교사들은 학생들이 재미있고 효과적으로 명사구를 사용하는 능력을 기르도록 여러 활동들을 활용할 수 있다.

- 'a cat, my dog, a monster, a picture, two statues, her friend' 와 같이 다양한 명사와 관사, 수사나 대명사 카드를 만든다. 그리고 학생들에게 모둠을 이루어, 하나나 두 개의 형용사를 첨가하여 명사구를 만들도록 한다. 전문적인 용어도 포함시키고 학습자들이 적절한 형용사를 보태도록 한다. 이러한 문법적 자원들이 전문적 묘사와 문학적 묘사를 하는 데 어떻게 다르게 사용되는지 비교, 대조해 본다.

- 학생들에게 단일 형용사가 연쇄적으로 사용되거나, 정보 항목들이 분리되어 사용된 짧은 글을 주도록 한다. 예를 들면 다음과 같다.

  The boy was <u>tall</u>. He had <u>blue</u> eyes.
  소년은 키가 크다. 그는 눈이 파랗다.

  The bilby is a marsupial. It is <u>small</u> and lives in Austrailia.
  빌비는 유대류(有袋類)에 속한다. 그것은 작고, 오스트레일리아에서 서식한다.

- 학생들에게 짝을 지어서 정보를 명사구로 압축하여 이 텍스트들을 편집하도록 한다. 예를 들면 다음과 같다.

....

* 늪에 살며 사람을 잡아먹는다는 오스트레일리아 전설 속의 야수.

The tall, blue-eyed boy.
키가 크고 눈이 파란 소년.

The bilby is a small, Austrailian marsupial.
빌비는 오스트레일리아에서 서식하는 몸집이 작은 유대류 동물이다.

특히 문학적 묘사에서 쓰이는 명사구를 구성하는 유사한 활동들에 대해 알아보려면 8장의 평가 전략을 참고하면 된다.

04 묘사하기의 장르와 문법 가르치기

■ 대상 학년: 1~2학년

1) 구체적인 경험에서 출발하기

학습 활동 단위를 통해 새로운 지식을 소개할 때, 우리는 학생들이 일상의 경험, 구체적인 지식에서 전문적이고 추상적인 이해로 나아가는 것을 도와주는 언어 경험을 할 수 있도록 고려해야 한다.

- 먼저 학생의 언어 발달 수준을 고려해야 한다. 저학년에게 동물의 분류에 대한 보고서는 너무 추상적일 수 있다. 학생들이 이런 장르에 대한 쓰기를 처음 배우고 있다면, 학생들이 잘 알고 있는 구체적인 것을 묘사해 보는 것부터 시작하는 것이 좋다.

- 학생들의 일상적이고 구체적인 지식을 끌어낼 수 있는 언어 활동을 계획해야 한다. 학습 활동 단위의 초입 단계에서 하는 초점 질문은

학생들이 어떤 지식을 얼마나 많이 수업과 연계시킬 수 있는지를 살피는 데에 유용한 평가 전략이다.

- 경험적 활동의 일환으로, 학생들을 운동장으로 불러 개미를 관찰하게 한다. 개미의 모습과 행동을 관찰하도록 한다.

- 좀 더 자세히 관찰하기 위해서 학생들에게 조별로 개미를 관찰 상자에 모으고 나중에 교실로 돌아가 토론할 수 있도록 한다.

- 개미의 다음과 같은 면에 대해 정보를 모으는 브레인스토밍 활동을 시행하도록 한다. 학생들의 반응들을 칠판에 적는다.

외양　어떻게 생겼나?

－ 까맣다(black), 작다(small), 다리가 여섯 개다(six legs)

행동　무엇을 하나?

－ 기어 다닌다(crawl), 달린다(run), 판다(dig), 문다(bite), 줄지어 다닌다(moving in lines)

2) 일상적 묘사문 쓰기

학생들에게 위의 정보를 사용하여 개미에 대해 간단하게 묘사하는 글을 써 보라고 한다. 일단 그렇게 하고, 칠판에 학생들이 쓴 글 중에서 하나를 예로 들어 제시한다(대답이 굉장히 다양하게 나올 것이다). 텍스트들이 모두 분류를 포함하고 있는지 점검하도록 한다. 분류 단계의 효율성에 대해 학생들과 토론한다. 예를 들어 분류를 사용한 묘사와 그렇지 않은 묘사를 제시하고 그것들을 비교하여 각각의 효율성에 대해 평가할 수 있다.

Ants are tiny and quick insects.
An ant is black and red.

It moves fast.
It lays eggs.
A queen ant has wings.
Ants collect food from the ground.
An ant has six legs, two antennas and three body parts. (Year 1)

개미는 작고 빠른 곤충이에요.
개미는 까만색이고 또 빨간 색도 있어요.
그것은 빨리 움직입니다.
그것은 알을 낳아요.
여왕개미는 날개가 있습니다.
개미들은 땅에서 먹이를 모아요.
개미는 다리 여섯 개와 더듬이 두 개가 있고 몸은 세 부분으로 되어 있습니다. (1학년 학생의 글)

3) 분류를 비교·대조하기

분류한 것들을 가지고 작업하면서 학생들에게 그것들이 각각 문법적으로 어떻게 같고 다른지 질문한다.

1   Ants are tiny and quick insects.
     개미는 작고 빠른 곤충이다.

2   Ants are insects.
     개미는 곤충이다.

3   Ants are small animals.
     개미는 작은 동물이다.

- 위 세 문장은 모두 '분류'이지만 서로 다르다. 공통점과 차이점에 대해 토론해 보아라.
- 각 분류에 공통된 것은 무엇인가?
  - 모두 관계 동사 'are'를 사용하였다.

- 모든 문장의 주어가 'Ants'로 같다.
- 분류에서 다른 점은 무엇인가?
  - 1과 3은 명사를 수식하는 형용사가 있다. (tiny and quick, small)
  - 1과 2는 분류 진술을 더 상세하게 해 주는 대상으로서, 집합 명사를 사용하였다.

학생들이 사용한 문법과 그렇게 문법을 사용해서 달성한 목표를 연관 지을 수 있게 도와주어야 한다. 이를 옳고 그름을 가리는 비판적인 연습으로 보기보다는, 언어가 의미를 만든다는 맥락에서 하나의 구성적 전략으로 볼 필요가 있다.

4) 묘사를 비교·대조하기

외양과 행동을 묘사할 때도 같은 절차를 밟는다. 학생들과 묘사 단계에 대해 토론하도록 한다.

- 다음과 같은 질문을 한다.
  - 이것은 어떤 점에서 분류와 다른가?
  - 어떤 종류의 대상이 묘사되는 것인가?

동사가 어떻게 변하는지 토론을 해 본다. 즉, 외양/속성을 분류하고 묘사할 때 관계 동사를 사용하는 것에서 행동을 묘사할 때 동작 동사를 사용하는 것으로 옮겨가는 것에 주목하도록 한다.

학생들에게 동작과 관련되는 것들도 포함하여 동사들을 판별하도록 지시한다. 다른 동사들도 자세히 살펴보고 학생들에게 그것들이 문장에서 무엇을 하고 있는지 질문한다. 즉, 관계 동사는 대개 '같다(equal)'는 표지로 기능한다.

외양

An ant **has** three body parts.
Some ants **have** wings.

개미는 몸통이 세 부분이에요.
어떤 개미들은 날개가 있어요.

행동

The queen ant **lays** the eggs.
Ants **live** in colonies.

여왕개미는 알을 낳아요.
개미들은 모여서 삽니다.

동사를 생략해 놓고 빈칸 채우기 활동을 해서, 글의 단계와 목표에 따라 동사들이 다르게 사용되는 방식에 대한 이해를 강화할 수 있도록 한다.

5) 글 다듬는 능력 기르기

다음과 같은 개미에 대한 일상적 묘사를 살펴보면서, 학생들이 텍스트를 좀 더 적절하게 객관적 묘사문으로 만들기 위해 문법에 변화를 줄 수 있도록 하는 다듬기 전략에 대해 생각해 보자.

Ants (개미)

An ant is an insect.
An ant can look lots of different ways.
The colours can be black, red, white and
lots more colours. An ant has anteni. I think
they have six legs. Their[▷ They're]* shiny and very tiny.
In cartoons an ant carries food but I don't

believe it. It digs a little tunnel in the ground
and builds nests. (Year 2)

개미는 곤충입니다.
개미는 여러 가지 모습으로 보일 수 있어요.
색깔은 검거나 빨갛거나 하얗기도 하고
더 많은 색깔일 수도 있습니다. 개미는 더듬이가 있어요. 내 생각에
개미들은 다리가 여섯 개예요. 그것들은 빛나고 또 매우 작아요.
만화에서 개미는 음식을 나르지만 나는 그것을
믿지 않습니다. 개미는 땅 속에 작은 터널을 뚫고
집을 지어요. (2학년 학생의 글)

예를 들어, 객관적인 묘사에는 다음과 같은 것들이 나타나지 않는다.

- 주관적인 관점을 표현하는 심리 동사들(think, believe)

- 관점을 드러내는 양태들(can look, can be)

학생들에게 개미의 시야에 관한 글을 쓰는 방법에 대해 생각해 보게 한다. 'Ants have big eyes and wide vision.'과 같은 문장을 예로 들어도 좋다.

관찰 묘사는 과학적 묘사에 쓰이는 것과 같은 텍스트적 틀을 보인다. 그러므로 학생들은 이러한 텍스트를 생산하는 데 필요한 자원을 갖추어야 한다. 따라서 이제 필요한 것은 과학적 분류와 묘사에 대한 이해이다.

6) 전문적·과학적 묘사문 쓰기

과학적 묘사는 물리적 세계를 특정 유형으로 분류, 명명, 묘사한다. 관찰과는 달리, 과학적 묘사는 과학이 어떻게 물리적 세계를 정교한 틀이나 체계로 분류하는지에 대한 문제를 설명할 수 있게 해 준다.

....

* '▷' 이하 내용은 학생들의 쓰기 자료에 나타난 오류 표현을 독자들의 편의를 위하여 역자들이 바로잡은 것이다.

과학적 묘사는 관찰 묘사와는 근본적으로 다르다. 과학은 어떠한 현상을 구체적인 경험이 아니라 하나의 추상적인 부류로 다루기 때문이다. 과학적 보고는 학생들이 운동장에서 관찰한 개미에 대한 것이 아니라, 곤충 부류로서의 개미에 관한 것이며, 개별 종(種)이 어떻게 그 집단에 속하는가에 관한 것이다. 과학적 보고는 경험을 추상화하는 것이기 때문에 이것을 가르치려면 학생들의 인지적 발달을 고려하여야 한다. 관찰 묘사에서부터 한 단계씩 나아가는 과정에서, 교사들은 과학적 분류와 묘사가 학생들이 이미 만들어 낸 묘사의 유형들과 어떻게 다른지 토론할 수 있을 것이다. 교사들은 차이점들을 비교할 때, 각 유형이 같은 과제를 서로 다른 관점에서 텍스트적으로 어떻게 달리 수행하고 있는지를 살펴보는 것이 중요하다(하나는 문화적 관점에서, 다른 하나는 과학적 관점에서 검토한다. 그렇지만 두 가지 모두 적절하다는 점에 주의할 것).

학생들이 개미에 대한 일상적인 이해를 바탕으로 구축한 언어를 그것과 연관된 전문적 언어로 바꾸기 위한 활동을 다음과 같이 꾸려 볼 수 있다.

- 학생들에게 일상적인 표현을 사용해서 개미 그림의 각 부분에 이름을 붙이게 한다.

  예 머리(head), 몸통(body), 다리(legs) 등

- 전문적 언어를 사용한 똑같은 그림을 제시한다.

  예 흉부(thorax), 복부(abdomen), 촉수(antennae), 하악골(mandibles) 등

- 일상적인 정의와 전문적 용어를 비교하고 대조하면서, 전문 용어 단어 은행을 구축한다.

- 학생들로 하여금 이러한 단어들을 사용하여 전문적 명사구를 써 보게 한다.

위와 같은 활동은 개미의 외양에 초점을 맞추고 있다. 행동에 대한 전문적 언어를 사용할 수 있도록 하기 위해서도 비슷한 활동이 사용될 수 있다.

개미에 대한 학생들의 지식을 심화시키기 위해 다음과 같은 읽기 활동을 고려하도록 한다. 학생들이 일상적 묘사 속에 이미 녹아들어 있는 문법적 자질들에 주목하게 한다.

- 큰 책을 사용하여 학급 전체와 함께 읽는다.

- 또래와 읽기

- 개별적 읽기

- 비디오를 볼 때에 관련된 부분에서 멈추어 새로운 지식에 대해 논의하거나 기존 지식을 강화하도록 해 준다.

도서관에서 조사 수업을 할 때에 사서와 협력한다. 조사지를 주어서 학생들이 이러한 활동을 조직할 수 있도록 돕는다.

7) 조사지

- 이 조사 활동은 짝을 이루어, 혹은 소집단 활동으로 할 수 있다.

- 색인 사용의 이점을 강조하여 적절한 정보를 신속히 찾을 수 있도록 하라.

- 관련 정보를 수집하는 방법을 정리해 나누어 준다. 조사지의 설계 방식이 여기서 도움이 될 것이다.

- 조사 활동에 뒤따르는 보고서 점검 활동으로서 학생들에게 각각의 다른 범주에 대해 질문하고, 그들의 반응을 요약해서 정리한다.

조사가 충분히 이루어졌다고 생각되면, 정보를 조직하는 방법과 그것이 개미에 대한 보고에서 어떻게 사용될지에 대해 학급 학생들과 토론한다.

가령, 각 텍스트를 문단들로 조직하는 방법으로 정보 상자들을 사용할 수 있다. 조사를 하면서 거론되었던 전문적·과학적 용어들에 대해 토론하는 시간을 가지면서 발음, 철자, 과학적 의미, 분류 등에 주목해 본다.

8) 전문적 묘사를 위한 비계 설정

이렇게 모아진 정보가 개미에 대한 학생들의 경험적 묘사에서 얻어지는 정보와 어떻게 같고 다른지 토론한다.

이제 학생들에게 주어진 대상에 대한 분류를 쓰게 한다. 이는 조사 집단, 짝, 혹은 개인별로 행할 수 있다.

그다음에는 몇몇 사례를 골라 반 친구들과 토론해 보도록 한다. 이 분류에서 어느 정도 전문적/과학적 정보를 얻을 수 있을 것이다.

학생들이 전문적 묘사 학습 영역에서 배울 수 있는 문법 용어에 좀 더 익숙해졌다 할지라도, 경험적 묘사에서 사용되는 문법(명사, 동사, 문장 구조 등)에 대해 토론했던 절차를 비슷하게나마 따르는 것이 좋다.

이 활동을 최대한 활용하는 동시에 이 글의 화제(개미) 및 쓰기(장르적 구조와 문법)에 대한 학생들의 지식 역시 최대한 활용하여 학생들에게 글을 다듬는 기능(skills)을 가르치도록 한다. 여기서 교사의 역할은 학생들이 한 작업을 다시 쓰거나 교정하는 것이 아니라, 학생들이 화제, 목적, 분류의 언어 자

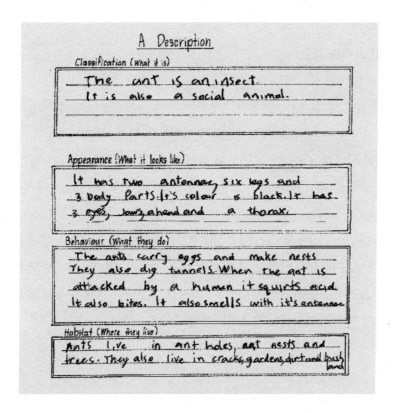

질 간의 관계를 만들어 가도록 돕는 질문을 하는 것이다. 학생들이 어떻게 써야 하는지에 대한 자신들의 지식에 자신감을 갖게 됨에 따라 이 활동은 활발한 토론과 상호작용 속에서 수행될 수 있다. 개미의 외양 묘사로 넘어가기 전에 학생들에게 그들이 쓴 분류를 다시 쓸 수 있는 기회를 주도록 한다. 그리고 보고서의 나머지 부분에 대해서도 앞서 한 절차대로 다시 똑같이 밟아 가면서, 묘사 분야 및 묘사 언어에 대한 지식을 학생들이 계속 쌓아 갈 수 있도록 한다.

05 묘사하기 장르를 활용한 텍스트 평가하기
: 사실적 묘사문의 경우

1) 과제의 개요

오른쪽 평가 과제는 7학년 학생에게 제시된 것으로서, 고대 이집트 지도에 나타나 있는 여러 정보를 이용하여 이집트의 위치, 지리적 특징과 자원 등에 대한 사실적인 묘사문을 쓰도록 한 것이다. 지문에서 제공되는 정보는 '삼각주', '야생', '수자원'과 같은 전문적 언어로 기술되어 있어서, 문학적이거나 일상적이기보다는 전문적인 언어 사용이 필요하다는 것을 보여 준다. 또한 학생들에게 이런 유형의 텍스트에 전형적으로 나타나는 도입부로 문단을 시작하도록 요구하였다. 이런 쓰기 과제는 개별 학생의 강점과 약점에 관한 의미 있는 진단적 정보를 제공해 주며, 그 과제를 완성하기 전에 사용된 교수 전략 중 어떤 것이 강화되어야 하는지를 알려 준다.

고대 이집트
고대 이집트의 영토

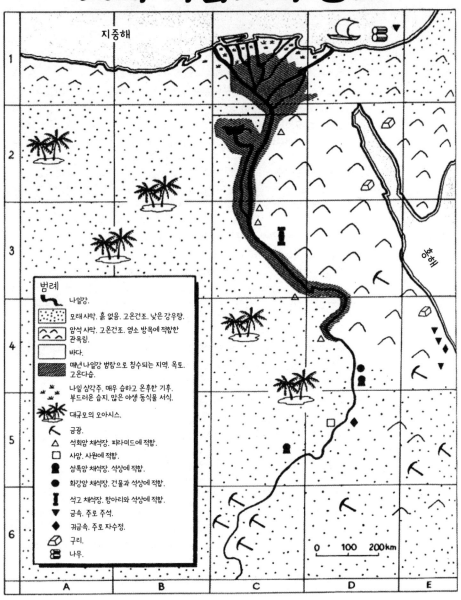

범례

- 나일강.
- 모래 사막. 흙 없음. 고온건조. 낮은 강우량.
- 암석 사막. 고온건조. 염소 방목에 적합한 관목림.
- 바다.
- 매년 나일강 범람으로 침수되는 지역. 옥토. 고온다습.
- 나일 삼각주. 매우 습하고 온후한 기후. 부드러운 습지. 많은 야생 동식물 서식.
- 대규모의 오아시스.
- 금광.
- 석회암 채석장. 피라미드에 적합.
- 사암. 사원에 적합.
- 섬록암 채석장. 석상에 적합.
- 화강암 채석장. 건물과 석상에 적합.
- 석고 채석장. 항아리와 석상에 적합.
- 금속. 주로 주석.
- 귀금속. 주로 자수정.
- 구리.
- 나무.

지중해

홍해

0 100 200km

다음은 이 장의 앞부분에서 설명한 장르 일반적, 구조적, 문법적 자질의 적절성에 근거한 과제 평가 기준들이다.

1　장르적 차원 기준　　텍스트의 장르 일반적 특질에 대해 다룬다. 이 수준은 다음과 같은 기준들을 포함한다.

- 텍스트가 전문적인 방법으로 묘사되고 있는가?
- 쓰기의 주제가 과제에 부합하는가?
- 텍스트 전반에 걸쳐 3인칭이 지속적으로 사용되었는가?
- 텍스트의 구조에 도입이나 분류 부분이 있으며, 지리적으로 중요한 자질과 자원의 주요 특징에 대해 상술하는 부분이 있는가?
- 문단들이 유기적으로 조직되어 있는가?
- 텍스트에 명사구나 부사구 같이, 보고에서 전문적 묘사를 이루는 구조가 있는가?

2　텍스트적 차원 기준　　텍스트가 엮인 방식, 문장들이 구조화된 방식 그리고 문장들이 서로 어떻게 작용하는지에 대한 것을 다룬다. 이 수준은 다음과 같은 기준들을 포함한다.

- 텍스트가 단문, 중문, 복문들을 바르게 구조화하여 사용하고 있는가?
- 지시어를 적절히 사용하여 텍스트가 응결성 있게 되었는가?
- 적절한 시제가 선택되어, 글 전체에 걸쳐 일관되게 유지되고 있는가?

3　통사적 차원 기준　　사용된 문장의 내부적 구조를 다룬다. 이 수준에서는 다음 다섯 가지 기준들을 포함한다.

- 주절에 주어, 정동사 같은 필수 성분이 모두 갖추어져 있고, 진술문의 주어와 정동사가 바른 순서로 배열되어 있는가?
- 주어와 본동사가 인칭과 수에 일치하는가?
- 전치사가 적절하고 다양하게 사용되었는가?
- 모든 예에서 관사가 정확하게 사용되었는가?
- 쉬운 문장 부호와 복잡한 문장 부호가 올바로 사용되었는가?

4　철자법 차원 기준　　텍스트에 사용된 개별 단어들을 다룬다.

- 고빈도 단어들이 대부분 정확하게 쓰였는가?
- 저빈도 단어들과 일반적이지만 쉬운 유형은 아닌 단어들이 대부분 정확하게 쓰였는가?
- 흔치 않은 유형의 단어들이나 어려운 단어들이 대부분 정확하게 쓰였는가?
- 과제에 적합하면서 어려운 단어들이 대부분 정확하게 쓰였는가?
- 과제에 적합하면서 어려운 단어들이 모두 정확하게 쓰였는가?

Egypt (이집트)

1   If you went to Egypt you wouldn't get board.
      Because there are so many thing you can do.
      Like go gold mineing for a day or go and
      see wildlife at the top of river delta or

5   look precious stones. Back to gold mining from
      River Nile 200km you can go gold mining. If
      You wanted to see wildlife go the top of
      river turn to the very wet marshy soft ground
      with lots of wildlife. If you wanted to go

10   for a swim go to Red Sea of Mediterranean Sea
      or if you don't want to go for a swim go
      for a rest at the bank of the River Nile. the
      bank of the River Nile has nice soil hot well
      watered. So thats the way you would send

15   your time at Egypt. (Year 7)

이집트에 간다면 당신은 지루하지 않을 것이다. 왜냐하면 할 수 있는 일들이 정말 많기 때문이다. 하루 동안 금광에 가거나 삼각주 상류에서 야생동물을 보거나 또는 보석들도 볼 수 있다. 나일강에서 200km 떨어진 금광으로 돌아가서 금광 캐기를 할 수 있다. 야생동물을 보고 싶다면 강의 상류로 올라가서 수많은 야생동물들 천지인 아주 습한 늪지대의 부드러운 땅으로 가라. 수영하고 싶다면 지중해의 홍해로 가거나 수영을 하고 싶지 않다면 나일강 둑에서 쉬어라. 나일강 둑에는 뜨거운 물이 잘 공급되는 양질의 토양이 있다. 이것이 당신이 이집트에서 시간을 보내는 방법이다. (7학년 학생의 글)

2) 장르 일반적 차원

장르와 주제

이 글은 지시하기와 묘사하기의 요소를 지니고 있지만, 장르적으로 일관되거나 적절하지는 않다. 이 글은 사실적 보고서라기보다는 여행 안내서로 보인다.

구조

이 글은 사실적 보고에 적합하게 짜여 있지 않다. 도입도 없고 분류도 없다. 정보가 논리적으로 조직되어 있지도 않고 요구된 장르에 적절하지도 않다.

전문어

이 글은 전문어 사용에서 한계를 보이고 있다. 몇 개 있는 전문적인 단어들도 주어진 자료에서 나온 것이 대부분이다. 전문적 명사구를 확장하려고 시도한 부분인 '...nice soil hot well watered(13-14행)'에서는 통사 구조도 바르지 않다.

문단 짓기

이 글에는 문단이 없다.

인칭

이 글에서는 2인칭이 전반적으로 잘못 사용되고 있다.

3) 텍스트적 차원

문장 구조

둘째 문장(2행)에는 주절이 없다. 시작하는 문장들(3행, 5행)이 명령문으로 구성되어 있으며, 이는 이러한 장르에는 어울리지 않는다.

연결어

문장에 적절한 연결어가 빠져 있다. The River Nile has nice soil hot well watered(13-14행).

4) 통사적 차원

전치사

전치사들이 빠져 있다. look (for)(5행), go (to) the top(7행).

아니면 잘못 사용되고 있는 것들도 있다. at(in) Egypt(15행).

관사/복수

관사들이 빠져 있다. (the) river delta(4행), (the) River Nile(6행), (the) river(8행), (the) Red sea or (the) Meditterranean Sea(1행).

복수도 빠져 있다. so many thing(s)(2행).

문장 부호

문장 부호가 틀린 경우가 종종 있다. (T)the bank of the River Nile(12행-13행).

대문자가 잘못 쓰였다. If (y)You wanted(6행-7행).

아포스트로피의 사용도 잘못되었다.

thats(14행)에서는 틀렸던 것이 wouldn't(1행), don't(11행)에서는 맞게 사용되었다.

5) 철자법 차원

고빈도어들은 모두, 저빈도어들도 대부분 정확하게 표기되었다.

편집 과정에서 고쳤어야 할 실수가 보인다. mineing[mining](3행), send[spend](14행).

동음이형이의어의 철자에 대한 혼란도 보인다. board[bored](1행).

06 진단 평가에 근거한 교수 전략

이 장의 앞부분에서 장르, 구조, 전문어에 대해 설명한 것과 같은 교수 전략은 학생에 따라 명시적으로 수정될 필요가 있다. 또한 학생들은 다음과 같은 영역에서 도움을 필요로 한다. 과제의 다른 반응에 대한 진단 평가를 통해서도 비슷한 유형이 나타난다면, 다음 전략들이 교수 프로그램에 통합될 수 있을 것이다.

묘사의 구조

묘사적인 글쓰기를 할 때에, 형용사만 사용하거나 형용사를 명사와 짝짓고 부사를 포함시키는 학생들이 많다. 학생들은 이 단계를 넘어 좀 더 복잡한 묘사적 구조로 나아가는 데에 어려움을 겪는다. 특히 묘사가 꼭 전면에 부각되지는 않는 전문적 텍스트를 쓸 경우에 그러하다.

전문적 묘사문 쓰기를 하는 학생들의 능력을 향상시키기 위해서, 아래와 같이 견본 텍스트의 OHP 필름을 만들고 학생들과 토론해 보라.

Crocodiles (악어)

The saltwater crocodile is a large carnivorous reptile. It is found on many continents such as Australia, North and South America, Asia and Africa. The average length of this huge reptile is approximately five metres but they can grow up to eight metres in length. The saltwater crocodile has a long lizard-like body. It has short, powerful legs and a long tail. It also has very sharp teeth and extremely powerful jaws.
In Australia crocodiles mostly live off the North Coast in warm tropical waters. Saltwater crocodiles can also be found in coastal rivers and swamps.
바다 악어는 큰 육식성 파충류이다. 그것은 오스트레일리아, 북미와 남미, 아시아, 아프리카와 같이 많은 대륙에서 발견된다.

이 거대한 파충류의 평균 길이는 대략 5미터 정도 되는데, 그들은 8미터까지도 자랄 수 있다. 바다 악어는 도마뱀같이 긴 몸을 지니고 있으며, 짧고 강력한 다리들과 긴 꼬리가 있다. 그것은 또한 매우 날카로운 이빨과 엄청나게 강력한 턱을 지니고 있다.

오스트레일리아에서 악어들은 대부분 북쪽 해안에서 떨어진 따뜻한 열대의 물에 산다. 바다 악어들은 또한 해안의 강이나 습지에서도 발견될 수 있다.

- 학생들에게 다음과 같이 묻는다.

  - 필자가 이 글에서 무엇을 하고 있는가? ⇨ 악어에 대한 묘사

  - 이 글은 어떤 묘사 유형인가? ⇨ 전문적 묘사

  - 이런 유형의 글은 어디에서 볼 수 있을까? ⇨ 과학 교과서나 백과사전

  - 악어를 묘사하기 위해서 특별히 어떤 단어들이 쓰였는가? 찾은 부분에 밑줄을 긋되, 먼저 명사구에 초점을 맞춰 본다.

  - 그 단어들은 어떤 단어들인가? 예를 들어 'large', 'carnivorous' 같은 형용사, 'extremely' 같은 부사.

- 간결하고 효율적인 방식으로 상세한 정보를 제공하기 위해 얼마나 자주 명사구에 형용사 2개나 1개를 부사와 결합시키는지 지적한다. 그다음 그 문단에 있는 부사구, 예를 들어 'off the north coast', 'in coastal rivers and swamps'에 밑줄을 긋는다. 그리고 학생들에게 이것들이 묘사에 어떤 도움이 되는지 물어본다.

- 견본 텍스트에 대해 토의한 후에 5개의 항목을 칠판에 쓰고 묘사하게 한다. 예를 들면 다음과 같다. 'kangaroos', 'a cyclone', 'the heart', 'gold', 'computers'. 학생들끼리 짝을 지어 두세 문장 정도 되는 짧은 묘사를 쓰도록 하라. 이때, 세 단어로 된 명사구와 각각의 형용사구를 사용하도록 한다. 먼저 다음과 같이 사례를 제시한다.

Wombats are large, nocturnal marsupials. They have strong, wiry hair and a snub nose. They are found in most parts of Australia.

웜뱃은 몸집이 큰 야행성 유대류(有袋類)이다. 그것들은 억세고 빳빳한 털이 있으며 코는 들창코다. 오스트레일리아의 거의 대부분 지역에서 발견된다.

- 명사구와 형용사구에 있는 형용사와 부사들을 식별하여 결과를 집계한다. 학생들이 화제를 조사하고 적절한 전문적 어휘를 사용하여 묘사하는 활동에 이어서 해 보게 한다.

전치사

이러한 평가 기준에 맞추는 것을 어려워하는 학생들이 많다. 통사와 용법의 여타 측면들처럼, NESB*와 ESL 학생들은 본래 숙어적 용법이 많은 전치사를 적절하게 사용하는 데에 특히 어려움을 겪는 경향이 있다. 전치사를 적절하게 사용하는 능력을 기르는 것은 '문장을 전치사로 끝맺지 마라.'는 식의 형식적인 규칙을 강화하는 단순한 문제가 아니다. 그러한 규칙은 현재 영어 용법과는 거의 관련성이 없기 때문이다. 그보다는 학생들로 하여금 전치사가 글을 쓸 때 맥락에서 어떻게 작용하는지 이해할 수 있게 도와주는 전략을 제공하는 것이 더 낫다. 다음 활동들은 학생들이 텍스트에서 전치사의 기능에 대해 숙지하고 적절한 용법을 익히도록 하는 데에 유용하다.

- 먼저, 학생들에게 전치사의 개념을 가르친다. 전치사는 사물을 시간과 공간 속에 배치하거나, 문장 내에서 한 단어나 구를 다른 단어와 관련짓도록 한다. 칠판에 브레인스토밍을 통해 목록을 작성해 둔다. 그리고 학생들에게 각각을 문장 속에 위치 짓게 한다. 학생들이 전치사를 구 동사(phrasal verbs)와 혼동하지 않도록 주의한다. 예를 들어 'blow up', 'give off', 'turn down', 'face up to' 같은 경우가 이에 해당한다. 이런 예에 나오는 전치사들은 사실상 동사의 일부분이라

....

* 영어가 모어가 아닌 사람들(Non-English Speaking Background).

할 수 있다. 용법 문제들을 수정한 결과를 모아 본다. 이런 방법 외에, 전치사를 선별해서 공란으로 남겨 놓고 학생들에게 채우도록 하는 빈칸 채우기 연습을 할 수도 있다.

- 2장에 나온 전치사 목록을 사용하여 적절한 용법에 대해 학생들과 브레인스토밍한다. 학생들에게 그 목록에서 전치사들을 사용하여 스스로 문장을 만들어 보도록 한다.

복수와 관사의 정확한 사용

상당수의 학생들이 이렇게 아무런 문제가 없어 보이는 문법 측면을 놓고 어려움을 겪는다는 것이 경험적으로 입증되고 있다. 영어에서 명사의 복수형은 불규칙적인 경우가 있어서 비영어 사용권 학생들에게는 명쾌하지 않을 때가 있다.

- 명사 중에 이 규칙에 적용되지 않는 것들도 많지만, 's'라는 문자가 표준적인 복수 접미사임을 주지시켜 주는 것이 좋다. 's', 'z', 'tch', 'dg', 'sh'로 끝나는 명사들은 'es'의 복수 형태를 취한다. '자음+y'로 끝나는 명사들은 'y'가 'i'로 변하고 'es'가 붙는다. 옛 단어들 중에는 'man-men', 'woman-women', 'tooth-teeth', 'foot-feet', 'mouse-mice' 등과 같이 복수를 나타내기 위해 모음이 바뀌는 단어들도 있다. 마지막으로, 'sheep', 'fish', 'deer', 'series', 'species' 등처럼 단수형과 복수형이 동일한 경우도 있다.

- 개별적인 활동을 수행하기 위한 과제로, 학생들에게 위 그룹에서 나온 명사 목록을 주고, 각 명사들의 적합한 복수형을 쓰게 한다.

- 관사는 우리가 글을 쓸 때 가장 흔하게 사용하는 단어이다. 관사를 한두 개라도 쓰지 않고 문장을 완성하기는 힘들다. 사람이나 사물을

전체 집합으로 일컬을 때에는 정관사나 부정관사를 단수와 쓰며, 복수에는 관사를 사용하면 안 된다. 관사가 사용되지 않을 때 이를 무관사라 한다.

The frog is an amphibian.
A frog is an amphibian.
Frogs are amphibians.

- 개별 활동으로 학생들에게 관사가 빠진 문장의 목록을 준다. 그리고 빠진 것이 정관사인지 부정관사인지 판단하여 적절한 관사를 넣게 한다.

이 활동들을 마친 후 학생들에게 사실적 묘사문을 쓰는 평가 과제를 하도록 하고 결과를 첫 과제와 비교하게 한다.

5장

설명하기 장르

설명하기(explaining) 장르는 세상과 세상이 돌아가는 방식을 이해하는 데 필수적인 언어 기능이다. 설명하기는 우리와 우리의 환경이 물리적으로 기능하는 방법을 논리적으로 배열하는 데 쓰인다. 또한 문화적이고 지적인 생각과 개념들이 확산되는 이유를 이해하고 해석하는 데 쓰인다.

결국, 설명하기는 학생들이 어릴 적부터 접하게 되는 언어 과정이다. 어린아이에게 주어진 아래 지시 텍스트를 한번 살펴보자.

No you can't go on the road, Darling, because there's a lot of cars using the road and they travel very fast and they cannot see little children and if they hit you they could hurt you very badly.

안 돼. 길에 나가면 안 된다, 아가. 왜냐하면 도로에는 차들이 많고 굉장히 빠르게 달리거든. 그러면 이렇게 작은 아이들은 잘 보이지도 않아. 만약 차에 치이면 아주 많이 다친단다.

이 경우에 부모는 아이에게 단순히 지시를 넘어선 것을 제공하고 있다. 'No you can't go on the road, Darling.'이라는 지시 뒤에는 'using, travel, see, hit, hurt'라는 다섯 개의 동작 동사들이 결합된, 꽤 복잡하면서도 인과적인 설명이 나온다.

아이들은 단순한 설명으로 해결되지 않는 질문을 아주 간단히 던질 수 있다.

Why doesn't that big boat sink?
어째서 저런 큰 배가 가라앉지 않아요?

How does the wind get made?
바람은 어떻게 만들어져요?

대개 부모들은 지식에 대해 목마른 아이를 어느 정도 만족시켜 줄 만한 간단한 대답을 내놓는 데 도통하게 된다. 이처럼 설명하는 행위는 학습자들에게 세상과 이 세상이 돌아가는 방식에 대해 알려 주고자 할 때 매우 중요한 언어 과정 중 하나이다.

교사들에게 설명하기는 자주 사용되는 말하기 장르이다. 학생들에게 설명하기란 세상에 대한 지식을 축적하고, 그 지식을 입증하며, 질문을 던지고 정보를 비판적으로 평가하는 능력을 발달시키는 데 핵심적인 장르이다. 따라서 설명하기는 학습과 통합되어 있는 장르 과정이고 당연히 유아기에서 고등학교에 이르기까지 모든 학습 영역에 걸쳐 지속적으로 쓰인다.

설명하기는 주로 '왜'와 '어떻게'에 대해 설명하는 두 가지 주요 방향을 취하며, 두 가지 모두 설명적 텍스트에서 자주 나타난다.

'어떻게(방법)'를 설명하기

When Beryl the lollypop lady sees children who want to cross the road, she holds up her STOP sign and then walks to the middle of the crossing and stands there until all the children have crossed.
여성 아동교통정리원인 베릴은 길을 건너고 싶어 하는 아이들을 보면, 멈춤 표지를 높이 들고 교차로의 한가운데로 걸어가서 아이들이 길을 다 건널 때까지 서 있다.

'왜(이유)'를 설명하기

Beryl is a lollypop lady who stops the traffic when children want to cross. When drivers see Beryl with the STOP sign, they know they must stop and allow the children to cross.

베릴은 아이들이 건너고 싶어 할 때 교통을 정지시키는 여성 아동교통정리원이다. 베릴이 멈춤 표지를 들고 있는 것이 보이면, 운전자들은 멈춰 서서 아이들이 건너가기를 기다려야 한다는 것을 알고 있다.

'어떻게'와 '왜'를 설명하기

When children want to cross the road, the lollypop lady holds up her STOP sign and drivers know that they must stop and allow the children to cross.

아이들이 길을 건너고 싶어 할 때, 여성 아동교통정리원은 멈춤 표지를 높이 든다. 그러면 운전자들은 멈춰 서서 아이들이 건너가기를 기다려야 한다는 것을 알고 있다.

저학년 수준에서의 설명문

저학년 학생들은 대개 개인적 경험이나 구체적 지식에 관해 말하거나 쓰기 위해 설명하기를 시도할 것이다. 또한 학생들은 광범위한 현상과 경험에 대해 교사로부터 자주 설명을 듣게 될 것이다. 설명은 저학년 교육과정 전반에 걸쳐 사용되지만, 과학, 기술, 사회 과학 분야의 쓰기 텍스트에 특히 몰려 있는 경향이 있다.

인지와 말하기 능력이 발달함에 따라, 학생들은 학습 맥락 범위 내에서 설명문 쓰기의 과정을 진행시킬 수 있다. 교수·학습의 관점에서 볼 때, 설명문 쓰기의 진행 과정은 발달적으로 구조화될 필요가 있다. 이때 설명문이 대체로 '밀도 높은' 텍스트라는 점을 주지할 필요가 있다. 즉, 설명문은 다량의 정보를 짧은 설명적 연쇄로 압축한다. 따라서 설명문을 구성하는 적절한 동사들을 연결하고 배열하는 방법을 충분히 익히지 않으면, 학생들은 설명문 쓰기에 어려움을 겪을 것이다.

01 설명하기의 문법적 특징

- 설명은 대체로 '발아(germination), 자동차(cars), 도시(cities), 학교 (schools)' 등과 같이 사물의 부류, 즉 특수한 명사보다는 일반적인 명사를 포함하고 있는 특정 과정에 대한 것이다.

- 사물의 부류에 대해 설명할 때는 현재 시제 동사를 사용한다. 물론 '공룡(dinosaurs)'과 같이 그 사물의 부류가 더 이상 존재하지 않는 경우는 예외이다.

- 반면, 특정 사태나 개념같이 특수한 사물을 다루는 설명일 때에는, 과거, 현재, 미래, 모든 시제가 가능하다.

  This *is* my plan for a house. It *will* be a two-storey house so you *will* see the view.

  이것이 집에 대한 나의 계획이다. 그것은 2층 집일 것이어서 너는 경치를 볼 수 있을 것이다.

- 설명문에서는 과정이나 동사가 다음과 같이 사용된다. 즉 하나의 과 정이나 동사가 논리적 연쇄가 생성되는 방식으로 또 다른 과정이나 동사에 연결된다. 아래의 예에서 동사들(*기울임체*)은 시간적으로 그리 고 인과적으로 이어져 있다.

  When the fuel *burns* it *expands* with great force. The exhaust from the burning fuel, however, *can only escape* through the exhaust nozzle at the tail of the rocket. This creates a thrust which *forces* the rocket forward.

  연료가 탈 때 그것은 굉장한 힘을 가지고 팽창한다. 그런데 타는 연료에서 배출된 배기가스는 로켓 끝에 있는 배기가스 노즐을 통해서만 빠져나갈 수 있기 때문에, 이것이 로켓을 나가게 하는 추력(推力)을 만들어 낸다.

- 일상적 · 전문적 설명문에서는 동작 동사들이 주로 쓰인다. 'burns',

'expands', 'forces'와 같은 것들이 그 예이다. 반면 해석적 설명문의 경우 'suggest', 'reflect'와 같은 심리 동사들이 쓰일 것이다.

- 설명문에서는 대개 동사들을 묶어 시간적 연쇄를 논리적으로 표시하기 위해 'when', 'then', 'first', 'after', 'this'와 같은 연결어가, 인과적 연쇄를 표시하기 위해 'because', 'so'와 같은 연결어가 필요하다.

- 지시하기와 주장하기에서 더 많이 보이는 형식이지만, 설명문에도 양태가 쓰일 수 있다.

Workers use bulldozers or picks and shovels to clear recent rubbish from the site. When they reach levels there relics might be found the work is much slower.

일꾼들은 불도저나 막대기와 삽을 사용하여 최근 나온 쓰레기를 현장에서 치운다. 유물들이 발견될지도 모르는 지점에 노달하면 작업은 더욱 느려진다.

- 대명사의 사용 역시 설명문의 중요한 자질이다. 대명사의 사용은 텍스트의 주제적 응결성을 유지하는 데에 도움이 된다. 사용된 대명사 유형은 인칭 대명사(**굵은 글씨**)나 지시 대명사(밑줄)이다.

When the Earth orbits around the sun **it** is tilted on an axis. Because of <u>this</u> the Earth is in different positions during the year.

지구가 태양 주위를 공전할 때 그것은 축에서 기울어져 있다. 이 때문에 지구는 일 년 내내 다른 위치에 놓이게 된다.

The Hubble Telescope can see seven times further into the Universe than it would from Earth. When the light rays hit the main mirror, light detectors change **them** into television signals. <u>These</u> signals are then sent to a radio dish somewhere on Earth.

허블 망원경은 지구에서 볼 때보다 일곱 배 더 멀리 있는 천체까지 볼 수 있다. 광선이 주경(主鏡)에 부딪히면, 광(光) 검출기가 그것을 텔레비전 신호로 바꾼다. 그러면 이 신호들은 그때 지구 어딘가에 있는 라디오 접시로 송출된다.

02 설명하기의 구조

앞서 살핀 것처럼, 설명하기는 특정한 현상, 사건, 개념 등과 관련하여 '어떻게'와 '왜'를 명백히 하고 이해하는 데 포함되는 과정들을 다룬다. 이 장르를 가르치기 위한 구조적이고 문법적인 틀은 학생들에게 이 필수적인 학습 과정을 수행하는 능력을 갖추어 주고자 하는 교사들에게 유용하다.

1) 개인적 · 일상적 설명 Personal and commonsense explanations

개인적 묘사문의 경우와 마찬가지로, 개인적 · 일상적 설명문은 과학적 · 전문적 설명문처럼 조직이 형식적이지는 않다. 그러나 그 구조에 주목해 보면, 대부분의 설명적 텍스트에서 처음 등장하는 것은 현상, 사건, 개념을 분류하고 묘사하는 것이다. 설명문을 읽는 독자들은 일반적으로 앞으로 설명될 것이 무엇인지를 알아야 한다.

This picture *is* my new truck. It *has* red wheels and a man driving. 이 그림은 내 새 트럭이다. 그것은 바퀴가 빨간 색이고 사람이 운전한다.	묘사
First it has to *go* at the top of the slide and when you *push* the button it *goes* down and around. (Sophie, Year 2) 첫째로, 그것은 비탈길 위로 올라가야 한다. 그리고 버튼을 누르면 그것은 돌면서 내려온다. (2학년 학생 소피의 글)	설명적 연쇄

소피는 자신이 그렸던 트럭에 대한 묘사로 첫 부분을 시작했다. 그다음, 트럭이 어떻게 작동하는지 설명하였다. 이것이 설명적 텍스트의 구조적 자질

중 두 번째에 해당하는 설명적 연쇄(explanatory sequence)이다. 앞서 살펴보았듯이 설명적 연쇄는 '어떻게'와 '왜'를 말해 주는, 논리적 순서로 배열된 동사들로 이루어져 있다. '어떻게'와 '왜'는 종종 결합되기도 한다. 소피는 동사를 다음과 같이 배열하였다.

> it *goes* at the top. 그것은 위로 올라간다.
>
> you *push* the button. 당신은 버튼을 누른다.
>
> it *goes* down and around. 그것은 돌면서 내려온다.

독자들은 이 설명을 통해 트럭이 어떻게 작동하는지를 분명히 알 수 있다.

The Water Cycle (물의 순환)

Rain comes from clouds. It helps us to stay alive. Animals and plants need rain. 비는 구름에서 생겨난다. 그것은 우리가 살아가도록 도와준다. 동물과 식물은 비를 필요로 한다.	묘사 단계
When rain falls it goes into the ground and rivers. Then it goes into plants and animals drink it. The rivers go into the sea and the sun makes the rain go back to the clouds. 비가 내리면 그것은 땅에 흡수되거나 강으로 간다. 그리고 식물과 동물은 그것을 마신다. 강은 바다로 이어지고 태양은 비를 다시 구름으로 돌아가게 만든다.	설명적 연쇄
I like the rain. Rain is good for you. 나는 비를 좋아한다. 비는 당신에게도 좋은 것이다.	평가/해석

학생이 텍스트를 조직한 방법은 앞 학생의 것과 약간의 차이가 있다. 이

글의 시작 문단은 분류도 묘사도 아니며, 앞으로 설명될 과정의 한 측면에 대해 약간의 정보를 제공하는 도입 역할을 하고 있다. 이 학생은 이러한 도입 후에 어떻게 물이 순환하는가에 대한 설명적 연쇄를 배치하고 있다.

이미 알아차렸겠지만, 이 학생은 텍스트를 완성하기 위해 설명적 연쇄의 뒤에 개인적 관찰과 판단을 넣었다. 이러한 종류의 언급은 흔히 어린 학생들의 글에서 나타나는데, 이것은 전문적 설명문에서는 필요하지도 적절하지도 않다.

2) 과학적 · 전문적 설명 Scientific/technical explanations

과학적 · 전문적 설명문은 학생들을 과학, 기술, 수학과 같은 과목으로 안내할 때 주로 사용하는 텍스트 유형이다. 설명하기는 이러한 과목의 학습에서 생각과 정보를 교환하는 기초적인 과정이 된다.

이러한 장르를 책에서, 혹은 말로 전달되는 정보를 통해 아무리 빈번히 접한다 할지라도 학생들은 격식에 맞게 전문적 · 과학적 설명문 쓰기를 배워야만 한다. 그 이유는 다음과 같다.

- 학생들은 적절한 전문어를 사용하여 설명적 연쇄 속에 과학적이고 전문적인 지식을 논리적으로 조직하는 능력을 기르기 때문이다.
- 과학적 · 전문적 설명문을 격식에 맞게 조직하고 적절한 전문어를 사용하는 능력을 갖추게 되면, 과학적 · 전문적 과목에서 더욱 자신감 있는 참여자가 될 수 있을 것이기 때문이다.

설명문은 대체로 분류와 묘사를 포함하는 도입 문단으로 시작하고, 그 뒤에 설명적 연쇄가 따른다는 점을 이미 살펴보았다. 다음 사례에서는 이러한 특징들이 과학적 현상을 설명하는 글에서 어떠한 역할을 하는지가 잘 나타나 있다.

Flotation (부력)

Flotation is a technical term that deals with the degree objects stay on the surface or sink in liquids. Objects that float are said to be buoyant. 부력은 물체가 액체의 표면에 머무르거나 혹은 가라앉는 정도를 다루는 전문적인 용어이다. 뜨는 물체들은 부력이 있다고 한다.	묘사 단계
When a solid object is placed in a liquid it is forced up by the density of the liquid. If the density of the solid is greater than the density of the liquid then the solid will sink. If the density of the solid is less than the density of the liquid then the object will float. That is why objects water and why heavy objects like rocks will sink. 어떤 고체가 액체 속에 위치하게 될 때, 그것은 액체의 밀도에 의해 압력을 받는다. 만약 그 고체의 밀도가 그 액체의 밀도보다 높으면 그 고체는 가라앉을 것이다. 만약 고체의 밀도가 액체의 밀도보다 낮으면 그 고체는 뜨게 된다. 이것이 왜 물체가 뜨는지 그리고 왜 바위와 같은 무거운 물체는 가라앉는지에 대한 이유이다.	인과적인 설명적 연쇄

과학적 · 전문적 설명문에서 도입 문단은 대개 앞으로 설명될 특정한 현상을 분류하고 묘사하는 기능을 한다.

- 어떤 현상이나 개념을 특정한 부류의 한 부분으로 분류한다.

  Flotation is a technical term ...
  부력은 …를 일컫는 전문적인 용어이다.

- 어떤 현상이나 개념을 같은 개념망 안에 있는 다른 것들과 관련지어 묘사한다.

Object that float are said to be buoyant.
뜨는 물체는 부력이 있다고 한다.

- 이어질 설명적 연쇄와 관련된 본질적인 특징 혹은 용도를 묘사한다.

  … a technical term that deals with the degree objects stay on the surface or sink in liquids. Objects that float are said to be buoyant.
  … 물체가 액체의 표면에 머무르거나 혹은 가라앉는 정도를 다루는 전문적인 용어이다. 뜨는 물체들은 부력이 있다고 한다.

일단 어떤 현상이나 개념이 이러한 과학적인 틀 안에 자리 잡게 되면, 설명은 설명적 연쇄 단계로 옮겨 간다. 설명적 연쇄는 시간 순서나 인과 관계에 따라 또는 두 개 모두 결합되어 배열된 동사의 연쇄를 통해 드러난다.

is placed … forced … sink … float …

일반적으로 설명적 연쇄는 두세 개의 동사 유형이 이어지고, 뒤에 짧은 묘사/평가가 오고, 또 다른 동사의 연쇄가 오는 식으로 이어진다. 이 점은 비교적 긴 아래 설명문에서 명확하게 드러난다.

The Life-Cycle of Bees (벌의 생애)

	묘사 단계
Bees are social insects that live in large groups called colonies. Of all the insects, only bees, ants, wasps and termites take care of their families. All bees in a colony have special jobs and social responsibilities. Colonies of bees live in well-organised places called hives. 벌은 군집이라고 불리는 큰 집단을 만들어 사는 사회적 곤충이다. 많은 곤충들 중에서, 오직 벌, 개미, 말벌 그리고 흰개미만이 자기 가족을 돌본다. 군집에 속한 벌들은 모두 특정한 직업을 갖고 사회적 책임을 지고 있다. 벌들은 벌집이라고 불리는 잘 조직된 장소에서 산다.	

There are three types of bees in a colony: a queen, the female workers and the male drones. The queen bee produces eggs which are cared for by the female worker bees. In a hive there are thousands of worker bees, a few dozen drones and only one queen. The male drones have only one job in a hive — to mate with the queen.

하나의 군집은 세 가지 유형의 벌들로 구성된다. 여왕벌, 암컷 일벌, 수벌이 그것이다. 여왕벌은 알들을 낳고, 암컷 일벌들은 이 알들을 보살핀다. 벌집에는 수천 마리의 일벌들과 수십 마리의 수벌, 그리고 오직 한 마리의 여왕벌이 있다. 벌집 안에서 수벌들은 단 하나의 직업을 갖는다. 바로 여왕의 짝이 되는 것이다.

When a new queen hatches from her queen cell, she must mate with a drone who provides millions of tiny sperm cells that the queen bee stores in a special pouch in her body. Just before she lays new eggs, she fertilises each one with a sperm cell, so that it can develop into a new worker.

새로운 여왕벌이 자기 방에서 부화하면, 여왕벌은 수백만 개의 정자를 제공하는 수벌과 짝을 맺고, 자기 몸속에 있는 특별한 주머니에 그 정자를 저장한다. 새로운 알을 낳기 직전에, 여왕벌은 각각의 난자를 정자와 수정시키고, 수정된 알은 새로운 일벌로 크게 된다.

설명적 연쇄 (짝짓기)

The egg laid by the queen is so small that it is barely visible. Three days after it is laid it hatches into a white larva. A few minutes after the larva has hatched, a worker appears at the cell to feed it a special food called 'royal jelly'. This feeding process goes on continuously. About once a minute a worker arrives to feed the larva. For the first two days the larva is fed royal jelly and the following four days it is fed 'bee bread' — a mixture of flower pollen and honey. Over this period the larva grows so quickly, it fills the entire cell.

여왕벌이 낳은 알은 매우 작아서 거의 보이지 않을 정도이다. 낳은 지 삼 일이 지나면 부화하여 하얀 애벌레가 된다. 애벌레가 된 지 몇 분이 지나면, 일벌이 방에 나타나 '로열젤리'라고 불리는 특별한 먹이를 준다. 이 양육 과정은 계속된다. 약 일 분에 한 번씩 일벌은 애벌레에게 먹이를 주기 위해 나타난다. 애벌레는 처음 이틀 동안은 로열젤리를 먹고, 다음 나흘 동안은

설명적 연쇄 (애벌레)

꽃가루와 꿀이 혼합된 '꿀벌의 빵'을 먹는다. 이 시기 동안 애벌레는 매우 빨리 자라서, 방 하나를 가득 메우게 된다.

It now begins to produce a sticky silk from glands near its mouth. Weaving back and forth, it spins the silk into a lacy cocoon. At this stage the workers stop feeding the larva and seal the cell with wax. Inside the cocoon, the soft, legless body of the grub stiffens. Outlines of legs, wings, eyes, antennae, begin to form. The larva is changing into a pupa. 이제 애벌레는 입 근처에 있는 분비기관에서 끈적거리는 실을 만들어 내기 시작한다. 앞뒤로 실을 짜면서 애벌레는 실을 회전시켜 레이스 같은 고치를 만든다. 이 단계에서 일벌은 애벌레를 먹이는 것을 중단하고 왁스로 그 방을 봉한다. 고치 안에는 굼벵이의 부드럽고 다리 없는 몸통이 놓여 있다. 다리, 날개, 눈, 더듬이의 형체가 형성되기 시작한다. 애벌레는 번데기로 변한다.	설명적 연쇄 (부화와 번데기)
Twelve days later, a sharp new pair of jaws begins to cut away at the wax sealing the cell. The cell opens and the new worker bee appears. After about one day, this new bee is busy at work in the organisation of the hive. 12일이 지나면 날카롭고 새로운 한 쌍의 턱이 방을 봉하고 있는 왁스를 잘라 내기 시작한다. 방이 열리고 새로운 일벌이 나타난다. 약 하루 후에, 이 새로운 벌은 벌집의 조직 안에서 바쁘게 일하게 된다.	설명적 연쇄 (고치로부터의 탄생)

3) 해석적 설명 Interpretative explanations

설명하기는 또한 현상을 해석하는 데 쓰이는 핵심적인 장르적 수단이다. 이러한 유형의 텍스트는 국어 과목이나 창의적 글쓰기 과목에서 주로 사용되는 경향이 있고 대개 단일 장르의 텍스트에서 주로 나타나지만, 서평이나 개인 의견문과 같은 다중 장르 양식의 텍스트에서도 종종 나타난다. 해석적 설명문은 명제의 정교화 과정이 대개 설명이라는 점에서 주장하기 장르와도 밀접하게 관련된다. 해석적 설명문은 다소 복잡한 텍스트이다. 미숙한 필자가 생산해 내는 개인 의견문은 하나의 의견과 단순한 인과적 설명으로 이루어져 있다는 점에서 '원형적 주장'에 가깝다.

> I don't think Mr. Twit is nice because he does nasty things and I don't like it because it is scary.
>
> 나는 트윗 씨가 좋은 사람이라고 생각하지 않아. 왜냐하면 그는 더러운 짓을 하고 다니고, 난 그게 소름 끼쳐서 싫어.

이러한 수준을 넘어서 좀 더 복잡한 설명을 할 수 있게 되는 시기는 초등학교 고학년이나 중등학교 초기로, 이때 학생들의 설명 능력은 실질적으로 발전한다.

해석적 설명문은 이미 논의했던 다른 유형의 설명문과 일부 구조적 유사성을 가진다. 일반적으로 도입 문단으로 시작하고 뒤에 설명이 따른다. 그러나 해석적 설명문은 설명이 주로 인과적이며 또한 설명의 초점이 해석이라는 점에서 다른 설명 유형과 구분된다. 예술 작품을 해석하고 있는 아래 텍스트가 그러한 경우이다. 이 텍스트는 그림에 대한 묘사로 시작하고 그 뒤에 작가가 어떻게 서로 다른 시각적 요소들을 솜씨 있게 다루어서 특정한 효과를 만들어 냈는지에 대한 설명이 따른다.

> Powerhouse 3 *is* powerful painting that *depicts* Mary Martin's view of an industrial landscape.
> Martin *manipulates* the visual elements of colour, shape, texture, tone and composition to *project* her rather bleak view of industry.
> She *uses* colours such as dark blues, greys and red *to suggest* the effects of pollution. While these colours *dominate* the work, she also *uses* yellow and orange *to symbolise* the heat and energy of molten metal.
> Martin *presents* the scene as a series of monumental block-like structures which *reflect* the dominance of industry over nature. This use of hard-edged three-dimensional forms further *emphasises* the destructive nature of industry that seemingly *cannot be changed* or *improved*.

〈Powerhouse 3〉은 산업화된 풍경에 대한 메리 마틴의 관점을 그려 내는 매우 힘 있는 그림이다.

마틴은 색, 모양, 질감, 톤 그리고 구성과 같은 시각적 요소들을 조작하여, 산업화에 대한 다소 어두운 관점을 투영하고 있다.

작가는 오염의 효과를 내기 위해서 다크 블루, 회색, 빨강 등을 사용하고 있다. 이 색들이 작품 전반을 지배하고 있지만, 노랑이나 오렌지를 사용하여 녹은 금속의 열과 에너지를 상징화하기도 한다.

마틴은 벽돌 모양의 일련의 구조물들을 그려 냄으로써 산업의 자연 지배 현상을 반영하고자 하였다. 날카롭게 각이 서 있는 삼차원적 형태물을 사용함으로써 바뀔 것 같지 않은, 심지어 더 심해질 것 같은 산업의 파괴적 속성을 더욱 강조하고 있다.

03 설명하기의 문법

1) 일상적 설명

일상적 관점에서 대상을 다루고자 하는 설명문은 보통 구조가 느슨하다. 또한 설명하던 대상에서 또 다른 대상으로 그다지 까다롭지 않게 글을 진행하는 방식으로 말미암아 바로 일상적 설명문임을 알아차릴 수 있다. 그러나 그 문법은 상당히 견고한 편이다. 여기서는 동작 동사에 의해 표상되고 시간적 연결어 혹은 인과적 연결어에 의해 연결되는 과정들의 연쇄를 발견할 수 있다.

How Birds Make Their Nests (새는 어떻게 둥지를 만드는가)

Birds find lots of things to make their nests.
They find twigs and leaves and straw. They weave it
around a branch of a tree. Then they have their
babies and find worms for them. (Lucia, 6)

새들은 둥지를 만들기 위해 여러 가지 것들을 찾는다.
새들은 나뭇가지, 나뭇잎, 지푸라기를 구한다. 그러고는 그것들을

나뭇가지 주위에 엮는다. 그러고 난 후
아기 새들을 낳고, 아기 새를 먹이기 위해 벌레를 잡으러 다닌다. (6세 루시아의 글)

이 예에서 루시아는 새가 둥지를 만들고 새끼들을 먹이는 과정과 행동의
연쇄들을 'find', 'weave', 'have (babies)', 'find'와 같은 동작 동사들을 사용
하여 하나의 설명적 연쇄로 충분히 배열하였다.

어느 정도까지는 동사의 위치가 시간적 연쇄를 만들어 내지만, 시간적 연
결어 'then'이 사용됨으로써 그 연쇄는 더욱 강화되었다.

2) 전문적 설명

과학적·전문적 설명문에서는 일반적으로 도입 부분이 앞으로 설명될 특
정 현상을 분류하고 기술하는 기능을 수행한다는 점을 앞서 살펴보았다.

Television Cameras (텔레비전 카메라)

*The television camera is a complex piece of photographic machinery that
converts images into picture signals.* It is a key element in the process
of communicating pictures and sound through the air via radio waves,
known as television.
The light reflected from an image in front of the camera passes through
the camera lens. The light is then focused onto special computer chip
called a CCD or charge coupled device.
The CCD converts the light into electricity. Bright areas of the image
create more electricity than dark areas and so the image becomes a
collection of bright and dark areas which the camera then breaks down
into small parts and reads as separate bits of information.

텔레비전 카메라는 이미지를 사진 기호로 변환시키는 복합 촬영기기이다. 전파를 거쳐 공기를
통해 사진과 소리를 전달하는 과정, 즉 텔레비전이라 알려진 과정에서 핵심적인 요소이다.
카메라 앞에 놓인 이미지에서 반사된 빛은 카메라 렌즈를 통과한다. 그리고 그 빛은 CCD 또는
전하결합소자(電荷結合素子)라고 불리는 특별한 컴퓨터 칩에 초점을 맞추게 된다.
CCD는 그 빛을 전기로 변환한다. 이미지의 밝은 부분은 어두운 부분보다 더 많은 전기를

만들어 내고, 그 결과 이미지는 밝은 영역과 어두운 영역의 집합체가 되어, 카메라는 이들 조합을 작은 부분으로 쪼갠 후 각각을 별개의 정보 단위로 읽을 수 있게 된다.

텔레비전 카메라를 어느 특정한 부류의 일종으로 분류하는 기능을 수행할 때, 묘사 단계에서는 절 구조 안에 관계 동사 'is'를 사용하여 'x is y' 또는 '$x = y$'로 표현한다.

A television camera is a complex piece of machinery ....
텔레비전 카메라는 … 복합 촬영기기이다.

텔레비전 카메라를 같은 현상의 계통 안에 위치하는 다른 요소들과 관련시켜 묘사할 때, 관계 동사 'is'가 다시 한 번 사용된다.

It is a key element ....
이것은 …의 핵심적인 요소이다.

앞서 살펴본 것처럼, 설명문이 설명적 연쇄 단계에 들어설 때, 문법은 상당히 변화한다. 위 텍스트는 다음과 같이 동작 동사의 연결로 연쇄가 이루어지고 있다.

reflected ... passess ... focuses onto ... converts ... create ... becomes ... breaks down ... reads ...

이러한 동사들은 아래와 같은 시간적, 인과적, 부가적 연결어에 의해 시간적이거나 인과적인 관계를 드러낸다.

then, so, then, and, then, and so that

The Life Cycle of Coral (산호의 생애)

Corals **reproduce** by spawning process. Eggs and sperm **join** together
in the water to **form** planulae. The planulae *then* **drifts** in the ocean
as plankton for about a month. *However*, most of their lives they **are**
threatened by their predator, the Whale Shark. Whale Sharks **are**
attracted to the plankton and then **eat** them. *When* the planulae finally
settles, it **turns** into a coral polyp. (Mitchell, Year 6)

산호들은 산란 과정을 통해 번식한다. 난자와 정자가 물속에서 만나 애벌레(planulae)*가
만들어진다. 그리고 나서 애벌레는 약 한 달 동안 플랑크톤으로 대양을 떠돌아다닌다. 그러나
대부분 그들의 삶은 포식 동물인 고래상어에 의해 위협받는다. 고래상어는 플랑크톤을
빨아들이고 먹어 치운다. 애벌레는 정착할 때 마침내 산호 폴립으로 변한다. (6학년 학생
미첼의 글)

위 텍스트에서도 문법의 양상은 비슷하다. 도입 단계에서 미첼은 설명될
과정을 진술하고 있으며, 뒤따르는 설명적 연쇄에서도 다음과 같이 산호의 일
생을 나타내는 동작 동사들이 사용되고 있다.

join, to form, drift, are threatened, are attracted, eat, settles, turns

'however'와 같은 연결어의 사용으로 표시되고 있는 인과 관계와 더불
어, 텍스트에 나타나는 주요 시간적 연쇄는 'then'과 'when'의 사용에 의해
강화된다.

3) 해석적 설명

일상적, 전문적, 해석적 설명문의 문법 간에는 분명한 연계점이 있음에도
불구하고, 해석적 설명문은 텍스트에서 인과 관계의 정립과 심리 동사의 사

....

* 'planula'는 자유롭게 물에 떠다니며 평평한 섬모가 있는 애벌레를 일컫는다.

용에 방점을 두고 있다는 점에서 다른 유형과 차이가 있다. 아래의 텍스트에서 관계 동사 'is'는 예술작품을 소개하고 요약적으로 묘사하는 데 사용되고 있다. 뒤따라 나오는 다음 세 문단에서는 동작 동사(manipulates, uses, uses, dominate, presents, cannot be changed, improved)와 심리 동사(to project, to suggest, to symbolise, reflect, emphasises) 간에 명확한 인과 관계가 성립됨을 알 수 있다.

Powerhouse 3 *is* powerful painting that *depicts* Mary Martin's view of an industrial landscape.
Martin *manipulates* the visual elements of colour, shape, texture, tone and composition *to project* her rather bleak view of industry.
She *uses* colours such as dark blues, greys and red *to suggest* the effects of pollution. While these colours *dominate* the work, she also *uses* yellow and orange *to symbolise* the heat and energy of molten metal.
Martin *presents* the scene as a series of monumental block-like structures which *reflect* the dominance of industry over nature. This use of hard-edged three-dimensional forms further *emphasises* the destructive nature of industry that seemingly *cannot be changed* or *improved*.

〈Powerhouse 3〉은 산업화된 풍경에 대한 메리 마틴의 관점을 그려 내는 매우 힘 있는 그림이다.
마틴은 색, 모양, 질감, 톤 그리고 구성과 같은 시각적 요소들을 조작하여, 산업화에 대한 다소 어두운 관점을 투영하고 있다.
작가는 오염의 효과를 내기 위해서 다크 블루, 회색, 빨강 등을 사용하고 있다. 이 색들이 작품 전반을 지배하고 있지만, 노랑이나 오렌지를 사용하여 녹은 금속의 열과 에너지를 상징화하기도 한다.
마틴은 벽돌 모양의 일련의 구조물들을 그려 냄으로써 산업의 자연 지배 현상을 반영하고자 하였다. 날카롭게 각이 서 있는 삼차원적 형태물을 사용함으로써 바뀔 것 같지 않은, 심지어 더 심해질 것 같은 산업의 파괴적 속성을 더욱 강조하고 있다.

04 설명하기의 장르와 문법 가르치기

■ 대상 학년: 3~4학년

다음의 교수·학습 아이디어는 우주에 대한 수업에서 나온 것이다. 이 수업의 초점은 태양이 지구에 미치는 영향이고, 설명하기 장르를 검토하기 좋은 내용이다. 이 수업은 설명하기 장르에 강조점이 놓여 있지만, 또한 묘사하기에 대한 참조 자료로도 활용될 수 있다. 학습 활동 단위를 계획할 때에는, 태양계와 우주 간의 각기 다른 특성에 대한 조사를 포함하기 위해 먼저 묘사하기 장르 부분을 고쳐 쓸 필요가 있다.

- 이름, 거리, 시내/교외, 주(州), 국가, 행성, 행성계, 은하를 포함하고 있는 은하계 엽서에 대해 말하고, '우주'에 대해 결론을 내리도록 한다.
- 우주의 특징에 대해 브레인스토밍 하는 시간에 이 활동을 활용한다.
- 수업에 활용할 태양계의 모형을 만든다.
- 각각을 묘사하는 데 사용된 문법과 구조에 초점을 두고 태양계의 행성에 대한 정보를 싣고 있는 책을 읽고 토론한다.
- 모둠별로 특정한 행성에 대해 조사하고 각 모둠이 발견한 내용을 알림 보고의 형식으로 학생들 앞에서 발표하도록 한다.

이처럼 묘사를 먼저 하고 난 후에 설명하게 함으로써 단원을 구조화하는 수업은 학습자에게 비계를 놓아 주는 효율적인 방법이다. 이는 구체적 현상을 관찰하는 것뿐만 아니라, 경험을 추상화하여 세계를 인식해야 하는 과학 수업에 매우 유용하다. 즉, 과학은 학생들이 가지고 있는 세계에 대한 즉각적인 이해와는 동떨어진 특정한 의미 체계 안에서 세계를 명명하고 해독하는 교과이다. 묘사하기와 설명하기 장르는 이러한 지식을 처리하는 데 필요한 언어를 제시함으로써 학습자들을 우주라는 '세계'로 안내하는 것을 돕는다.

1) 구체적 경험으로부터 출발하기

태양이 지구에 미치는 영향에 대해 어떻게 생각하는지를 묻는다. 낮과 밤 그리고 계절에 대해 일반적인 토론을 실시한다.

지구를 대신하는 지구본이나 공, 태양을 대신하는 전등을 사용하여 어떻게 낮과 밤이 생기는지 보여 준다. 만약 지구본을 사용한다면, 특정한 국가를 지목하고 '만약 오스트레일리아가 밤이라면 어느 나라가 낮일까?'와 같은 질문을 할 수 있다.

그 과정에서 다음과 같은 설명을 덧붙인다.

A day is the amount of time a planet takes to complete a full rotation. The Earth's day is 24 hours long. Day and night are formed as the Earth rotates on its axis around the Sun. When the Sun's rays hit the area of the Earth that is facing it, this area is experiencing day. The area that is not facing the Sun is in darkness and is experiencing night.

하루는 행성이 완전히 한 바퀴 자전하는 데 걸리는 시간이다. 지구의 하루는 24시간이다. 낮과 밤은 지구가 태양 주위를 지구의 축을 기준으로 자전하면서 생기는 것이다. 태양의 빛이 지구의 마주보는 면을 비추면, 그 지역은 낮이 된다. 태양을 마주하고 있지 않는 부분은 어두운 밤이다.

학생들에게 집에서 전등과 농구공을 가져오게 하고 모둠별로 같은 활동을 해 보게 한다. 학생들은 이러한 실험을 통해 어떻게 낮과 밤이 생기는지에 대한 구체적 표상을 좀 더 직접적으로 경험할 수 있게 된다.

2) 설명문의 구조 분석하기

　다음으로 위 텍스트를 참고하여 칠판에다 설명문을 함께 써 보게끔 한다. 혹은 위에 제공된 설명문을 OHP 필름으로 제작하여 주고 함께 토론할 수도 있다. 그다음에는 함께 텍스트를 분석한다. 이 텍스트의 기능이 무엇인지 학생들에게 질문한다. 이 텍스트에 묘사와 설명이 혼합되어 있음을 지적한다. 문장이 '무엇(what)'에 관한 것인지(묘사), '어떻게(how)' 혹은 '왜(why)'에 관한 것인지(설명) 검토해 봄으로써, 이 점을 분명히 할 필요가 있다.

A day is the amount of time a planet takes to complete a full rotation. The Earth's day is 24 hours long. 하루는 행성이 완전히 한 바퀴 자전하는 데 걸리는 시간이다. 지구의 하루는 24시간이다.	**묘사**
Day and night are formed as the Earth rotates on its axis around the Sun. When the Sun's rays hit the area of the Earth that is facing it, this area is experiencing day. The area that is not facing the Sun is in darkness and is experiencing night. 낮과 밤은 지구가 태양 주위를 지구의 축을 기준으로 자전하면서 생기는 것이다. 태양의 빛이 지구의 마주보는 면을 비추면, 그 지역은 낮이 된다. 태양을 마주하고 있지 않는 부분은 어두운 밤이 된다.	**설명**

　이런 유형의 텍스트가 그 전반적인 목적 때문에 설명문으로 분류된다 할지라도 그 안에서 '무엇'을 묘사하기도 하고, '어떻게'나 '왜'를 설명하기도 한다는 점에 주목할 필요가 있다. 일반적으로 특정 과정을 설명하기 전에 현상에 대한 분류·묘사로 시작하는 설명문이 보편적이다. 설명적 연쇄의 길이는 설명될 과정에 의해 결정된다. 낮과 밤에 대한 설명에서 묘사는 주로 낮과 지

구에서의 낮의 길이에 대해 묘사하는 데 쓰였다. 그 뒤로 어떻게 낮과 밤이 형성되는지에 대한 짧은 설명이 뒤따르고 있다.

3) 설명문의 문법 분석하기

동사

- 설명문의 언어적 특징, 특히 묘사하고 있는지 설명하고 있는지를 나타내는 표지에 초점을 맞추어 본다.

- 학생들에게 처음 두 문장에서 분류나 묘사를 나타내는 언어적 자질이 무엇인지 질문한다. ⇨ 관계 동사 'is'의 사용

- 글의 나머지 부분에서 동사를 찾아내고(칠판의 동사 아래 밑줄을 긋는다), 설명에서 어떠한 유형의 동사들이 나타나는지 묻는다. ⇨ 'are formed', 'rotates', 'hit', 'is facing', 'is not facing', 'is experiencing'과 같은 동작 동사

- 학생들에게 조동사로 쓰이는 'is'와 시작 문단에서 관계 동사로 사용되는 'is'를 동작 동사구에서 분명히 구별하도록 주지시킨다. 이러한 점을 명백히 하기 위해서, 학생들에게 'is'의 서로 다른 용법을 구별할 수 있도록 완전히 연습을 시킨다. 교사가 준비할 수도 있고, 아니면 학생들이 각 용법, 즉 관계 동사 혹은 조동사의 용법으로 쓰인 문장을 5개씩 모두 10개 정도 만들어 올 수도 있다.

- 동작 동사에 대한 토론으로 돌아가, 왜 그것들이 설명적 연쇄에 사용되는지 생각해 보도록 한다. 문장에 나타난 과정이 어떻게 하여 일련의 동작이 되는지 설명한다. 칠판에 밑줄 친 동작 동사를 참고하며 동사들 사이의 관계를 찾아낼 수 있는지 물어본다. 즉, 이 동사들이 다른 순서로도 배치될 수 있는지, 아니면 그것들이 특정한 순서로만

배열되어 있는 것인지 묻는다.

- 동사들 사이에 어떤 일반적인 순서가 있는지 토론한다. 각각의 동사는 과정에서 하나의 단계를 나타낸다. 동사의 순서가 바뀌면 낮과 밤이 어떻게 형성되는지의 과정은 혼란스러워질 것이다.

- 텍스트로부터 뽑아 낸 아래 인용문을 활용하여 짧은 설명적 연쇄에서 동작 동사를 구별해 내는 연습을 해 본다.

Why do orbits work? (왜 궤도는 작동하는가?)

An orbit works like an object being spun around on a piece of string. Because of the force of us spinning the string, it pushes the object out. However, the string stops the object from flying away because it holds it back. The two forces, one pulling and one pushing, make the stone go around in a circle.

1	works
2	being spun
3	spinning
4	pushes
5	stops
6	flying
7	holds
8	pulling
9	pushing
10	make
11	go

하나의 궤도는 끈으로 회전시키는 물체처럼 작동한다. 끈을 돌리는 우리 힘 때문에 물체는 밖으로 밀려난다. 그러나 끈은 그 물체를 다시 끌어당김으로써 날아가 버리지 못하도록 한다. 이 두 개의 힘, 잡아당기는 힘과 밀어내는 힘은 물체를 원형으로 회전하게 만든다.

How do satellites stay up in the sky?
(어떻게 위성은 하늘에 머무를 수 있는가?)

The earth's gravity works like the string. When a satellite is launched, the force of the rocket pushes it away from the earth. The earth's gravity then pulls it back and creates a tension like the string. These two forces make the satellite stay in orbit.

1	works
2	is launched
3	pushes
4	pulls
5	creates
6	make
7	stay

지구의 중력은 마치 끈처럼 작동한다. 위성이 발사되었을 때 로켓의 힘은 위성을 지구로부터 밀어낸다. 그리고 지구의 중력은 그것을 다시 당기고 끈과 같은 긴장을 만들어 낸다. 이 두 힘이 위성을 궤도 위에 머물러 있게 한다.

How do rockets work? (로켓은 어떻게 작동하는가?)

Rockets work like balloons. When rockets are fired, they burn vast quantities of fuel. The exhaust gases created by the burning fuel are then forced out of the nozzle at the end of the rocket, which pushes the rocket forward.

로켓은 마치 풍선처럼 작동한다. 로켓이 발사되었을 때 거대한 양의 연료가 타게 된다. 연료를 태우면서 배출된 가스는 로켓의 끝부분에 있는 노즐 밖으로 힘을 가하게 되고 로켓을 앞으로 밀어낸다.

1	work
2	are fired
3	burn
4	created
5	are forced
6	pushes

이러한 활동을 마치고 나면, 설명문에서 나타나는 동작 동사의 연쇄적 본질을 지적하는 학생들의 답변에 대해 토론해 본다.

연결어

- 다시 칠판 혹은 OHP 필름에 쓰인 설명문으로 돌아가서 학생들에게 물어본다.

    - 이 텍스트가 묘사보다는 설명을 하고 있음을 알려 주는 단어들이 있는가? ⇨ 'when'

    - 어떤 유형의 단어들이 그러한가? ⇨ 연결어

    - 그것은 어떠한 유형의 연결어인가? ⇨ 시간적 연결어

- 연결어를 사용함으로써 연쇄가 어떻게 강화될 수 있는지 주지시키고, 학생들에게 'when', 'after', 'before', 'next', 'then'과 같은 시간적 연결어가 더 없는지 물어본 후, 칠판에 목록을 만든다.

- 또한 설명문에서 어떻게 'because', 'as a result', 'therefore'와 같은 인과적 연결어를 사용하여 각 과정 간의 관계를 정립하는지 설명해 준다. 칠판에 또 다른 목록을 만들어 써 준다.

- 설명문에서 연결어가 어떻게 사용되는지 검토하기 위하여 다음과 같은 텍스트를 나눠 주고, 연결어를 찾아 그것들이 시간적 연결어인지 인과적 연결어인지 구별해 보도록 시킨다. 그리고 그 결과에 대해 함께 토론해 본다.

Why do orbits work?

An orbit works like an object being spun around on a piece of string. Because of the force of us spinning the string, it pushes the object out. However, the string stops the object from flying away because it holds it back. The two forces, one pulling and one pushing, make the stone go around in a circle.

1	because	인과적
2	however	인과적
3	because	인과적

How do satellites stay up in the sky?

The earth's gravity works like the string. When a satellite is launched, the force of the rocket pushes it away from the earth. The earth's gravity then pulls it back and creates a tension like the string. These two forces make the satellite stay in orbit.

| 1 | when | 시간적 |
| 2 | then | 시간적 |

How do rockets work?

Rockets work like balloons. When rockets are fired, they burn vast quantities of fuel. The exhaust gases created by the burning fuel are then forced out of the nozzle at the end of the rocket, which pushes the rocket forward.

| 1 | when | 시간적 |
| 2 | then | 시간적 |

4) 설명문 쓰기를 위한 비계 설정

- 계절이 어떻게 생기는지에 대한 검토로 넘어간다. 계절이 태양이 지구에 영향을 미치는 또 다른 측면임을 짚어 준다.

- 지구본에서 다음 지점들을 짚어 준다.
    - 적도
    - 북반구와 남반구
    - 남회귀선과 북회귀선
    - 북극과 남극
    - 축의 기울기(23.44도)

- 이러한 특징을 바탕으로 학생들에게 자기만의 지구 그림을 그리고, 이름을 붙여 보게 한다.

- 계절이 어떻게 생기는지를 보여 주기 위하여 지구본과 태양을 나타내는 공을 한 번 더 사용한다. '태양'을 책상 위에 있는 상자에 넣고, 지구본을 책상 높이에서 축의 기울기를 유지한 채 태양 주위를 회전하게 한다. 일 년 중 새로운 계절이 시작되는 4일을 짚어 주고, 이 시기 태양의 위치를 적도와 두 개의 회귀선과 관련하여 알려 준다.

- 북반구와 남반구의 계절이 서로 다르다는 점을 알려 준다. 학생들이 그 과정을 잘 이해할 수 있도록 하기 위해 북쪽의 여름, 남쪽의 여름, 북쪽과 남쪽의 겨울, 봄, 가을에 태양과 지구의 위치가 어떠한지 보여 줄 지원자를 받는다.

- 이 활동이 끝난 다음에는 계절이 어떻게 생기는지 칠판에 그림을 그리고 학생들과 함께 토론해 본다. 또는 아래와 같은 그림을 보여 줄 수도 있다. 학생들에게 이 그림이 그들이 같이 모형화했던 과정을 정

9월 23일 태양의 위치: 적도 위
남반구: 봄 / 북반구: 가을

12월 21일 태양의 위치:
남회귀선 위

6월 21일 태양의 위치:
북회귀선 위

SUN

남반구: 여름 /
북반구: 겨울

남반구: 겨울 /
북반구: 여름

3월 21일 태양의 위치: 적도 위
남반구: 가을 / 북반구: 봄

확히 나타내고 있는지 묻는다.

- 이 그림을 토대로 어떻게 계절이 생기는지에 대해 설명문 초고를 쓰게 한다. 그 전에 아래와 같은 틀을 일종의 비계로 제공하고, 각각의 단계에 대해 학급 전체가 함께 논의해 본다. 첫째 문단에서 계절에 대해 어떻게 묘사할 것인지 얘기해 보고, 둘째 문단에서는 봄과 가을이 어떻게 생기는지, 그리고 셋째 문단에서 여름과 겨울이 어떻게 생기는지 설명하도록 한다. 설명적 연쇄를 만들기 위해 동사와 연결어의 연계에 초점을 두어야 함을 상기시킨다.

■ 계절이 어떻게 생기는가에 대한 설명문

계절의 분류	
봄과 가을에 대한 설명적 연쇄	
여름과 겨울에 대한 설명적 연쇄	

5) 학생들의 텍스트 비교 · 대조하기

• 학급 전체가 논의하기 위하여 학생이 쓴 텍스트 두세 편을 선택한다. 다음과 같은 텍스트가 그 사례이다.

The Seasons (계절)

During the year the Earth has four seasons spring, summer, autumn and winter. A year is approximately 365 days in length. This is the amount of time the Earth takes to complete its orbit around the Sun. When the Earth orbits around the Sun it is tilted on an axis. Because of this the Earth is in different positions during the year. On the 21st of March and the 23rd of September the Sun's rays shine straight down on the Equator. On these days the length of day and night are equal everywhere. When the Earth is in this position the seasons are autumn and spring. Autumn starts in the southern hemisphere on the 21st of March and spring starts in the northern hemisphere on the same day. Accordingly, the seasons are reversed in the hemispheres on the 23rd of September.

On the 21st of June the Sun is overhead at Tropic of Cancer. This means the northern hemisphere is experiencing summer and the southern hemisphere winter. On the 21st of December the Sun is overhead at the Tropic of Capricorn and so the southern hemisphere is experiencing summer and the northern hemisphere is in winter.

일 년 동안 지구는 봄, 여름, 가을, 겨울의 사계절을 갖는다. 한 해는 대략 365일이다. 이는 지구가 태양 주위의 궤도를 완전히 돌게 되는 정도의 시간이다. 지구가 태양 주위를 공전할 때 그것은 축에서 기울어져 있다. 이 때문에 지구는 일 년 내내 다른 위치에 놓이게 된다. 3월 21일과 9월 23일은 태양의 빛이 직선으로 적도를 비추게 된다. 이때는 어느 곳이나 낮과 밤의 길이가 같다. 지구가 이 위치에 있을 때, 계절상으로는 가을과 봄이다. 남반구의 가을은 3월 21일에 시작하고, 같은 날 북반구에서는 봄이 시작된다. 따라서 9월 23일에는 계절이 반대가 된다.

6월 21일에 태양은 북회귀선 위를 지난다. 이것은 북반구가 여름을, 남반구는 겨울을 경험한다는 것을 의미한다. 12월 21일에 태양은 남회귀선 위를 지나고, 남반구는 여름을, 북반구는 겨울을 경험하게 된다.

- 텍스트에 사용된 언어를 검토하기 위해 다음과 같은 질문을 던질 수 있다.

  – 이 텍스트의 전체적인 목적이 무엇인가?

  – 첫째 문단에서 언어가 하고 있는 역할은 무엇인가?

  – 이 텍스트는 묘사로 시작하는가?

  – 설명의 시작을 나타내는 것은 무엇인가?

  – 묘사는 설명적 연쇄의 사이에도 나타나는가?

  – 왜 이런 일이 일어나는가?

- 위와 같은 학급 토론을 거쳐 학생들이 자신의 글을 퇴고하고 다듬도록 이끈다. 이때 자신이 쓴 텍스트의 구조와 문법을 살펴보아야 하며, 반 친구들에게 부가적으로 조언을 해 줄 수도 있음을 확실히 해 두어야 한다.

05 설명하기 장르를 활용한 텍스트 평가하기

1) 과제의 개요

다음 평가 과제에서는 7학년 학생들에게 종이가 재활용되는 과정을 그린 그림을 주고, 거기에 나와 있는 정보를 활용하도록 하였다. 지문에서 제공되는 정보에는 일상적 언어보다는 전문적 언어로서 기능하는 '폐지 수합(paper collection), 불순물 제거(non-paper removal), 종이를 펄프 상태로 만들기(paper pulping)'와 같은 용어들이 사용되고 있다. 또한 학생들에게 이런 유형의 텍스트에서 전형적으로 나타나는 도입 방식대로 문단을 시작하여 글을 조

재활용 과정

- 새로운 생산품
- 1 수거하기
- 2 분류하기
- 3 재생하기
- 4 검사하기
- 5 잉크 빼기
- 6

글을 쓸 때에는 반드시
- 종이와 그것의 사용에 대해 묘사하도록 한다.
- 종이가 어떻게 수집되는지 설명하도록 한다.
- 공장에서의 재활용 과정을 설명하도록 한다.

직하도록 요구하였다. 이와 같은 쓰기 과제는 개별 학생의 강점과 약점을 진단할 수 있는 유용한 정보를 제공하고, 글을 쓰기 전에 사용했던 교수 전략 중 어떠한 점이 강화되어야 하는지를 알려 준다. 학생들에게 도입하는 문단으로 시작하여 설명문의 문단을 조직할 것을 요구하고, 말이 되도록 잘 조직된 문장을 사용할 것, 철자법과 문장 부호에도 신경 쓸 것을 권고하였다.

다음은 이 장의 앞부분에서 설명한 장르 일반적, 구조적, 문법적 자질의 적절성에 근거한 과제 평가 기준들이다. 장르적 차원의 기준과 텍스트적 차원의 기준은 좀 다르다고 해도 통사적 차원이나 철자법 차원과 같은 몇몇의 기준들은 사실적 묘사의 쓰기 평가에서 사용되었던 기준들과 유사한 부분이 있다.

1	**장르적 차원 기준**	텍스트의 장르 일반적 특질에 대해 다룬다. 이 수준은 다음과 같은 기준들을 포함한다.

- 글이 설명을 하고 있는가?
- 쓰기의 주제가 과제에 부합하는가?
- 텍스트 전반에 걸쳐 3인칭이 지속적으로 사용되었는가?
- 쓰기의 구조가 장르에 부합하는가?
- 텍스트에 설명문의 전문적인 측면을 확립하는 구조가 있는가

2	**텍스트적 차원 기준**	텍스트가 엮인 방식, 문장들이 구조화된 방식 그리고 문장들이 서로 어떻게 작용하는지에 대한 것을 다룬다. 이 수준은 다음과 같은 기준들을 포함한다.

- 텍스트가 단문, 중문, 복문들을 바르게 구조화하여 사용하고 있는가?
- 지시어를 적절히 사용하여 텍스트가 응결성 있게 되었는가?
- 적절한 시제가 선택되어, 글 전체에 걸쳐 일관되게 유지되고 있는가?

3	**통사적 차원 기준**	사용된 문장의 내부적 구조를 다룬다. 이 수준에서는 다음 다섯 가지 기준들을 포함한다.

- 주절에 주어, 정동사 같은 필수 성분이 모두 갖추어져 있고, 진술문의 주어와 정동사가 바른 순서로 배열되어 있는가?
- 주어와 본동사가 인칭과 수에 일치하는가?
- 전치사가 적절하고 다양하게 사용되었는가?
- 모든 예에서 관사가 정확하게 사용되었는가?
- 쉬운 문장 부호와 복잡한 문장 부호가 올바로 사용되었는가?

| 4 | **철자법 차원 기준** | 텍스트에 사용된 개별 단어들을 다룬다. |

- 고빈도 단어들이 대부분 정확하게 쓰였는가?
- 저빈도 단어들과 일반적이지만 쉬운 유형은 아닌 단어들이 대부분 정확하게 쓰였는가?
- 흔치 않은 유형의 단어들이나 어려운 단어들이 대부분 정확하게 쓰였는가?
- 과제에 적합하면서 어려운 단어들이 대부분 정확하게 쓰였는가?
- 과제에 적합하면서 어려운 단어들이 모두 정확하게 쓰였는가?

Paper Recycling (종이 재활용)

1   Paper is recycled by machines.
You throw out papers and cardboard packages or any thin
to do with paper, then a truck comes and
collects it. And take it to a place where

5   paper is recycled.
This is how it works. first it goes
in a machine and it sorts out anything not
made of paper.
After that all the other materials like plastic,

10 glass, aluminium cans etc. must also be recycled.
Now after all of that it is ready
to go in the truck and be re-used.
That is the way how paper recycled. (Year 8)

종이는 기계에 의해 재활용된다.
우리는 종이와 판지로 된 박스, 그리고 종이와 관련된 얇은 것들을 버린다.
그러고 나면 트럭이 와서 그것을 수거해 간다.

그리고 종이가 재활용되는 곳으로 가져간다.
이제부터 어떻게 재활용이 되는지 알려 주겠다.
먼저 기계에 집어넣고 종이로 되지 않은 것들을 분류해 낸다.
나중에 플라스틱, 유리, 알루미늄 캔 등 다른 물질들도 아마 분명히 재활용될 것이다.
이제 최종적으로 그것들은 트럭에 실려 재활용될 준비가 되었다.
이것이 종이가 재활용되는 방법이다. (8학년 학생의 글)

전술했듯이, 설명하기는 모든 핵심 교과에 걸쳐 널리 사용되는 장르이다.

어떤 현상을 설명하느냐에 따라 구조적으로나 문법적으로 장르에 약간의 변화가 있을 것이다. '어떻게'에 대한 설명은 대개 구조적으로나 문법적으로 가장 간단하다. 그러므로 설명하기 장르에 대한 학생의 능력을 진단하고자 할 때에는 위와 같은 유형이 유용하다.

2) 장르 일반적 차원

장르와 주제

이 글은 종이 재활용의 각 과정을 설명하고 있다 그리고 이러한 주제가 이 과제의 수행에 영향을 미친다. 예를 들어, 설명문의 주제는 대부분 문장의 주어이다.

구조

글의 도입이 부적절하다. 뒤에 적절한 설명적 연쇄가 잇따르고 있지만 글은 비효과적으로 끝맺고 있다.

비관여적 어조

거의 대부분 비관여적이고 객관적인 언어를 사용한다. 그러나 도입의 둘째 줄을 보면 어느 순간 2인칭으로 바뀌고 있다(2행).

문단 짓기

문단을 잘 조직하지 못했다. 모든 문장이 새로운 행에서 시작하고 있다.

3) 텍스트적 차원

문장 구조

단문과 중문을 사용하고 있다. 그러나 3~5행 문장들은 부적절하게 구조화되었다. You throw out papers and cardboard packages or any thin to do with paper. <u>then</u> a truck comes and collects it <u>and take</u> it to a place where paper is recycled.

연결어

'어떻게'에 대한 설명문을 위해 다양한 연결어가 적절히 사용되었다. then(3행), and(4행, 7행), first(6행), after that(9행), now after all of that(10행).

시제

시제는 글 전반에 걸쳐 일관되고 적절하게 유지되었다.

4) 통사적 차원

절 패턴

대부분의 주절은 주어와 정동사를 가지고 있다. 그러나 마지막 절은 정동사를 가지고 있지 않다. how paper (is) recycled(14행).

일치

3인칭 단수 주어에 적합하지 않은 동사의 형태가 사용되었다. And take(s) it to a place(4행).

전치사

다양한 전치사가 사용되었다. by(1행), with(3행), to(4행), in(7행) 등.

관사/복수

모든 관사와 복수는 바르게 쓰였다.

문장 부호

6행의 두 번째 문장은 대문자로 시작하지 않았다.

5) 철자법 차원

고빈도와 저빈도어는 모두 철자에 문제가 없다. machines(1행), card-board(2행), collects(4행), machine(7행), materials(9행), aluminium(10행).

6) 요약

이 글은 시각적 자료에 기반한 전문적 설명문 쓰기에 대한 조절 능력이 나타나고 있음을 확신할 수 있다. 설명을 위한 기본적 구조가 갖추어져 있고 몇몇 전문어가 사용되고 있다. 학생은 정보를 늘어놓는 데 효과적인 단문과 중문을 구성할 수 있으며, 몇몇 복잡하고 전문적인 어휘의 철자법과 문장 부호에 관해서도 만족스러운 조절 능력을 보여 주고 있다. 그러나 이러한 유형의 글에 적절한 어조를 일관되게 사용할 수 있는 능력은 좀 더 신장되어야 할 필요가 있다.

06 진단 평가에 근거한 교수 전략

이 장의 앞부분에서 장르 구조 전문어와 관련하여 언급했던 것과 유사한 교수 전략은 이 학생에 맞게 명시적으로 수정되어야 할 필요가 있다. 또한 학생은 다음과 같은 부분에 대한 도움도 필요로 한다. 과제의 다른 반응에 대한 진단 평가를 통해서도 비슷한 유형이 나타난다면 다음 전략들이 교수 프로그램에 통합될 수 있을 것이다.

설명문의 구조적 특징

비록 이 과제에서는 핵심적인 요구사항이 아니었지만, 설명문의 전형적 구조는 묘사 단계와 잇따르는 설명적 연쇄 그리고 선택적 단계로 해석/평가를 포함한다. 이 구조는 3단계로 나뉘어 평가될 수 있다. 먼저 이 텍스트는 현상을 분류 혹은 묘사함으로써 설명을 시작하였고, '어떻게'와 '왜'를 설명함으로써 정교화되는 설명적 연쇄를 보이고 있다. 마지막으로 약간의 해석/평가를 포함하고 있다. 설명문의 구조적 특징을 분명하게 가르치기 위해서는 다음과 같은 전략들을 고려해 보아야 한다.

- 앞에 나왔던 부력에 대한 설명문 혹은 이와 비슷한 것을 모델로 삼는다.
- 학생들에게 묘사 단계를 찾도록 요구한다. 묘사 단계에서는 그것이 무엇인지 그리고 그것이 무엇과 비슷한지를 말해 주고 있음을 짚어 준다. 이때 묘사의 구조적 특징에 대한 학생들의 지식을 끌어내도록 한다.
- 이제 학생들에게 분류를 찾아내게 한다.

- 설명문이 처음에 묘사 단계를 필요로 하는 이유가 무엇인지 묻는다.
  - 현상을 특정한 부류의 한 일원 혹은 부분으로 분류하기 때문이다.
  - 설명하고자 하는 현상이 같은 계통 안에 있는 현상들과 어떻게 같거나 다른지 묘사해 주기 때문이다.
  - 차후의 설명적 연쇄와 관련된 본질적인 특징이나 용법에 대해 묘사해 주기 때문이다.
- 학생들에게 자신의 설명문을 검토해 보게 하고 묘사 단계가 있는지 여부를 검토해 보게 한다.
- 다음으로 설명적 연쇄 단계로 옮겨 간다. 학급 활동으로 학생들에게 동작 동사를 찾아보게 한다. 어째서 설명적 연쇄는 과정 혹은 동사들과 연관되어 있는지에 대해 토론한다. 동작 동사를 찾는 과정에서 설명적 연쇄를 위한 기본적인 핵심 단어들을 찾고 있음을 알게 될 것이다.

기본 문장 구성하기

다음의 전략들은 효과적인 중문의 구성을 위한 것이다. 복문 구성을 위한 전략들은 6장의 평가 전략에서 다루어질 것이다.

- 중문에 대해서 함께 토론한다. 중문은 대등한 관계를 가진 두 개 혹은 그 이상의 절을 가진 문장임을 지적한다.

  Pollution damages the environment *and* it is a waste of resources.
  오염은 환경을 해치고, 각종 자원의 낭비이다.

- 각 절이 서로 별개의 독립된 정보를 제공하고 있음을 살핀다. 각 절은 각기 온전한 문장으로 설 수 있다.

- 'and'라는 단어가 문장에서 하고 있는 역할에 대해 묻는다.
  - 그것은 하나의 절을 다른 절과 합침으로써 정보를 결합시킨다. 그 러므로 이를 부가적 연결어라고 부른다.
- 개별 쓰기 활동으로 다음과 같은 부가 연결어를 이용하여 중문을 구성해 보게 한다.

also	as well as	in addition	futhermore	besides

주어-동사-목적어 패턴 이해하기

영어 절 구조의 본질인 주어-동사-목적어(SVO)를 학생들에게 분명하게 설명하는 것은 매우 중요하다. 다음의 활동들은 모든 주절 혹은 단문이 정동사를 가져야 한다는 점을 부각하는 데 초점을 맞추고 있다.

- 먼저 단문이 무엇인지에 초점을 맞춘다.
  - 단문은 완결된 의미를 만들어 내는 단어의 조합이다. 그것은 대문자로 시작하고 마침표, 느낌표, 또는 물음표로 끝난다.
- 문장의 역할에 대해 토론한다.
  - 문장은 우리에게 무엇인가 '진행되는 것'에 대해 말해 준다. 어떤 일이 일어났는지 혹은 그것이 무엇인지('is') 혹은 무엇을 가졌는지('has')를 말해 주는 부분은 '동사'라고 불린다. 행동을 다루고 있는 단문들의 목록을 늘어놓고, 학생들에게 동사를 찾아보게 한다.

    At the factory workers *sort* the paper.
    공장에서 일꾼들이 종이를 분류한다.

    They then *move* further down the line.
    그들은 그런 다음에 더 아래로 이동한다.

- 다음과 같은 문장 혹은 그 일부를 사례로 제시하고, 학생들에게 해당 문장들이 문장인지 아닌지를 묻는다. 문장이 아니라고 답한다면 왜 문장이 아닌지—이를테면 완결된 의미를 나타내지 못하기 때문이라 든지—에 대해 논의한다.

Recycling paper is very important. 종이를 재활용하는 것은 매우 중요하다.	문장
The procedure in your house 당신 집에서의 절차	문장의 일부

- 해당 부분이 완결된 의미를 가지기 위해서는 무엇이 필요한지 묻는다. 다시 말하면, 무엇이 빠졌는지 물어본다.

  - 무엇이 일어났는지를 말해 주는 단어들, 즉 '시작하다(starts, begins)'와 같은 단어들이 빠졌다. 이 두 동사는 그냥 동사가 아니라 정동사이다. 이에 대해서 더 알고자 한다면 2장을 참고할 수 있다.

    The procedure *starts* in your house.

- 모든 문장이 정동사를 어떤 방식으로 가져야 하는지를 알려 준다. 학생들에게 정동사가 문장의 어디에 있는지 확인하는 연습을 하게 한다.

- 문장 혹은 문장의 일부를 목록으로 만든다. 그리고 개별 활동이나 집단 활동으로 학생들에게 올바른 문장을 찾아내게 하고 문장이 아닌 표현에서는 어떠한 요소가 결여되어 있는지를 확인하게 한다.

- 이제 학생들에게 자기가 쓴 설명문을 보고 모든 주절이 각기 하나의 정동사를 가지고 있는지 확인하게 한다.

이 연습이 끝나면 학생들에게 자신의 설명문을 수정하게 한다. 또는 학생들에게 전문적인 설명문을 쓰는 다른 평가 과제를 부과할 수도 있다.

6장

지시하기 장르

지시하기(instructing) 장르는 우리의 경험 세계에 널리 퍼져 있다. 케이크를 굽거나, 가전제품을 설정하거나, 낯선 목적지에 이르는 길을 찾기 위해서도 우리는 이 장르를 능숙하게 잘 다룰 필요가 있다. 그렇지만 지시하기는 단순히 연속적이고 순차적인 텍스트에 머무르지 않는다. 지시하기의 목적은 누군가에게 무엇을 어떻게 해야 하는지에 대해 말해 주는 것으로서, 이러한 목적은 일련의 텍스트 형태를 통해 달성된다.

당근 케이크 요리법과 세대주에게 제공되는 환경보호 관련 홍보물은 분명 두 가지 모두 무언가를 하는 것에 관한 것이지만, 각 텍스트의 형태와 기능은 완전히 다르다. 요리법은 순차적으로 전개되고 명령법이 사용된다.

Firstly cream the butter, then add the beaten egg.
우선 버터를 크림처럼 만들고, 그 후에 저어 놓은 달걀을 넣으시오.

홍보물은 순차적이지 않을 수도 있다. 게다가 홍보물에서는 세대주에게 환경보호를 위한 대안을 제시해야 하기 때문에 이 글을 명령하는 식으로 쓰기는 힘들다.

Oil and water don't mix. It is not a good idea to pour oil down the drain.
Why not collect kitchen oils and store in a container?

기름과 물은 섞이지 않습니다. 배수구에 기름을 붓는 것은 좋지 않습니다. 주방용 기름을
모아서 보관 용기에 저장하는 것은 어떨까요?

분명히, 우리는 언제나 명령을 내리는 방식으로 사람들에게 지시에 따르
도록 하지는 않는다. 따라서 어떤 지시 텍스트는 설득적 언어를 사용하고, 그
런 경우에 지시는 다음 장에서 논의할 주장하기 장르와 비슷해질 것이다.

아이들은 집과 학교에서 일정한 범위의 지시 텍스트를 접하게 된다. 아주
어릴 때부터 '저녁밥을 남기지 말고 다 먹어라.', '고리를 걸었는지 확인해라.'
등에 익숙해지고 학교에 들어가서는 '들어와서 조용히 앉아요.', '대답을 하고
싶을 때는 손을 들어요.'와 같은 구어 지시에 익숙해진다. 그리고 이렇게 형성
된 구어 형태의 지시하기 장르에 대한 익숙함을 바탕으로, 유치원부터 초등학
교 6학년에 이르는 동안 모든 교육과정에서 문어 형태의 지시적 텍스트를 다
루는 능력을 발달시키게 된다.

- 과학 과목의 삼투압에 관한 실험

- 미술 과목의 종이접기에 대한 지시

- 환경 과목의 나무 기르기 안내

- 기술 과목의 학급 컴퓨터를 다루는 방법에 대한 지시

- 영어 과목의 마녀의 비약 만들기 방법

- 수학 과목의 긴 나눗셈을 따라 하는 절차

- 보건 과목의 좋은 영양을 위한 조언이 담긴 홍보물

저학년에서의 절차적 텍스트와 구체적 경험

아이들이 발달 과정에서 습득하게 되는 초기 인지적 기능 중 하나는 순서대로 나열하는 능력이다. 그러나 많은 아이들은 쓰기에서 단계별 순서에 따라 표현하기를 요구할 때 당황하곤 한다. 이런 이유 때문에 지시하기를 처음으로 다룰 때 구체적인 활동을 이용하고 각 단계를 그림으로 절차화하여 보여 주는 것이 중요하다. 이렇게 하고 나면 아이들은 구체적인 행위와 이 행위의 시각적 재현물을 연결시키게 되는데, 이때 시각적 재현물은 초기에는 그림으로부터 시작하여 종국에는 문어 텍스트가 된다.

아이들에게 절차적 지시문의 구조와 문법을 소개할 수 있는 것이 바로 이 지점이다. 여기서는 유치원 아이들이 인형 옷 입히기와 샌드위치 만들기 과제를 수행한 후에 완성한 초기 절차적 텍스트 사례 두 개를 제시하고자 한다.

텍스트 1 – 인형에 옷을 입히는 방법

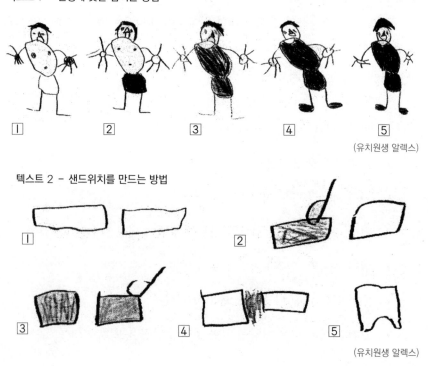

(유치원생 알렉스)

텍스트 2 – 샌드위치를 만드는 방법

(유치원생 알렉스)

두 텍스트에는 절차적 텍스트의 핵심적인 구조적 자질인 단계들의 순서가 두드러지게 나타난다. 텍스트 1에서는 인형 옷 입히기와 관련된 단계들이 나타난다. 단계 ①에서는 아무 것도 입지 않은 인형이 제시되고 다음으로 바지, 그다음은 티셔츠, 신발, 모자까지 갖춰 입은 인형이 제시된다. 텍스트 2에서는 샌드위치를 만드는 과정을 설명한다. 빵 두 조각을 집어서 버터와 잼을 펴 바르고 그것들을 합쳐서 마지막으로 한 입 먹으면 된다. 한편 이 텍스트들에서 지시하기 문법의 양상(각 단계의 절차는 동작 동사로 표현되며, 순서 짓기의 시간적 본질은 시간적 연결어에 의한 문법으로 표현되는 것 등)을 다룰 수 있는 능력의 바탕을 발견할 수 있다.

01 지시하기의 문법적 특징

- 호칭의 개념은 지시하기의 핵심 특징이다. 수신인은 직접적으로나 간접적으로 나타날 수 있다.

직접 호칭	
Judith, put the rubbish in the bin. 주디스, 쓰레기는 쓰레기통에 넣어.	이름을 통해 수신인이 구체화됨 (구어 지시문의 두드러진 특징임)
You, put the rubbish in the bin. 너, 쓰레기는 쓰레기통에 넣어.	2인칭 대명사 사용

간접 호칭	
( ) Put the rubbish in the bin. 쓰레기는 쓰레기통에 넣으시오.	수신인 생략

It is important to put the rubbish in the bin. 쓰레기를 쓰레기통에 넣는 것은 중요하다.	3인칭 대명사(It) 사용 수동태

- 동작 동사는 지시문에서 과제를 완수하는 것과 관련된 과정을 나타내기 위해 사용된다.

  Cross Smith Street and turn right.
  스미스가(街)를 건너서 오른쪽으로 돌아가시오.

  Walk to the next cross street.
  다음 교차로까지 걸어가시오.

- 무시간성을 드러내기 위해서는 동사를 단순 현재 시제형으로 쓴다. 이깃들은 명령형으로 진술된다.

- 부사들은 동사를 수식하고 과제를 어떻게 수행할지에 대한 부가적인 정보들을 제공하기 위해 자주 사용된다.

  Slowly, add the remaining ingredients.
  천천히 남아 있는 재료들을 더하시오.

  Walk *quickly* across the road.
  길을 빨리 건너시오.

- 시간적 연결어들은 절차적 지시문에서 각 단계가 시간 순서에 따라 바르게 있음을 강조하기 위해 사용된다.

  First, melt the butter, *then* add the flour.
  우선, 버터를 녹이고, 다음으로 밀가루를 넣으시오.

- 조건적 연결어들은 명령이나 진술이 기반하고 있는 전제를 제공하기 위해 사용된다.

  If you get stuck in a traffic jam that is not moving, turn the engine off.
  차를 전혀 움직일 수 없는 교통체증을 만난다면, 엔진을 끄십시오.

If you mix the ingredients carefully, there won't be any lumps.
재료들을 주의 깊게 섞으면 덩어리가 생기지 않을 것입니다.

- 양태는 지시문에서 과제를 완수하는 것에 대한 의무 정도를 약하게, 혹은 강하게 나타내기 위하여 사용된다.

You *should* save your document before closing.
닫기 전에 문서를 저장해야 합니다.

You *might like* to close the door before you leave.
떠나기 전에 문을 닫는 것이 좋을 것 같습니다.

You *could* read the next section of the book after completing your work.
일을 끝낸 후에 책의 다음 부분을 볼 수 있습니다.

02 지시하기의 구조

1) 절차적 지시 Procedural instructions

요리법과 사용법 같은 절차적 지시는 사물을 다루는 법에 대해 알려 주는 것과 관련된다. 이러한 이유로 절차적 텍스트에서는 일반적으로 '샌드위치를 어떻게 만들까', '학급 컴퓨터를 사용하는 방법'과 같은 과제의 목적이 글의 표제어로 등장한다. 다음 단계로 과제 완수를 위해 요구되는 요소나 재료들이 사용 순서에 따라 제시된다. '전기 기구 사용법' 같은 지시문에서는 이런 정보들이 포함되지 않을 수도 있다. 그다음, 텍스트는 단계들을 순서에 따라 전개하면서 목적이 달성되는 방법을 구체화한다. 각 단계들은 독자들의 손쉬운 이해를 위하여 예시 그림이나 도표와 함께 제시될 수도 있다. 어떤 텍스트에서는 절차 중에서도 특정한 단계에 부가 설명이 포함될 수도 있다. 세 가지 단계인 목표, 재료, 단계별 순서를 절차에 따라 제시하면 다음과 같다.

Chocolate Crackles (바삭바삭한 초콜릿 쿠키)	목표
Ingredients Four cup of ris bubles[▷rice bubbles] one cup of iceing shoger[▷icing sugar] 200 and 50 grams copho[▷copha] three tabble[▷table] spoon of cocoe[▷cocoa] one cup of cocoenut[▷coconut] **재료** 쌀 시리얼 네 컵 아이싱* 설탕 한 컵 코파** 200과 50그램 코코아 세 테이블스푼 코코넛 한 컵	재료/원료
How to make melt the copho[▷copha] then por[▷pour] the copho[▷copha] with the uder stuf[▷under stuff] then ster[▷stir] it up then spoon into the paty[▷patty] pan then put it in the fridge till redy[▷ready] (Year 1) **만드는 방법** 코파를 녹이시오. 그다음에 코파를 그것 아래 쏟으시오. 그런 다음 흔드시오. 그런 다음 두꺼운 팬에 숟가락으로 떠 놓으시오. 그런 다음 준비가 될 때까지 냉장고에 넣으시오. (1학년 학생의 글)	단계별 순서

....

* 과자 종류를 장식하기 위해 사용하는 재료.

** 코코넛 오일로 만든 식물성 쇼트닝.

How to Play Snakes and Ladders ('뱀과 사다리' 게임 하는 법)	목표

## What you need Snake and Ladders board game 1 dice 2, 3, 4 players Counters of different colours. 1 for each player. ### 필요한 것들 뱀과 사다리 게임판 주사위 하나 인원 2-4명 참여자 숫자만큼 다른 색의 말	재료/원료

## How to play · Put all counters on start. · First person rolls the dice and moves his counter in counting order the number of places shown on the dice. · Other players take their turns. · If a counter lands on the bottom of a ladder, the player moves the counter to the top of that ladder. · If a counter lands on a snake's head, the player moves the counter down to the bottom of that snake's tail. · The winner is the first player to reach Finish. (Year 5) ### 게임하는 방법 · 말을 출발점에 두십시오. · 첫째 사람이 주사위를 굴려 나온 숫자만큼 말을 움직입니다. · 다른 사람들도 순서대로 실시합니다. · 만약 말이 사다리 아래에 도착하면 말을 그 사다리 위로 이동시킵니다. · 만약 말이 뱀의 머리 위에 도착하면, 말을 그 뱀의 꼬리 아래로 이동시킵니다. · 승자는 결승점에 제일 먼저 도착하는 사람입니다. (5학년 학생의 글)	단계별 순서

2) 비절차적 지시 | Non-procedural instructions

절차적 지시는 구조적 특질을 쉽게 구별할 수 있지만, 비절차적 지시는 다양한 텍스트 형식을 취하고 그렇기 때문에 구조적으로 각기 다른 양상을 띠게 된다. 즉, 비절차적 지시를 특성화하는 것은 구조적 자질이 아니라 문법이다. 그렇지만 다음 예시문에서 보듯이 독자를 고려하여 수사적으로 구조화하는 방식에서, 비절차적 지시는 특정한 유사성을 보인다.

Ten Ways to Save Petrol (휘발유를 아끼는 열 가지 방법)

1. Drive smoothly, do not race the other cars to the next red light.
2. Are all the accessories necessary, eg, roof rack, bull bar, tow bar, etc? They can cause extra weight and drag.
3. Always choose the best route and time, eg, don't drive in the rush hour (if possible) and avoid big intersections.
4. Airconditioning uses up an extra 10% of petrol.
5. Use public transport when you can. Is it necessary to take your car, somebody else might be going to the same place and you could get a lift.
6. Don't get into the habit of resting your foot on the brake or clutch. Another bad habits is to rev the engine before you turn the ignition off.
7. Always use the correct gear, eg, going up a steep hill don't use a high gear and don't use a low gear when on the open road.
8. Don't leave the choke out too long.
9. If you get stuck in a trafffc jam that is not moving turn the engine off.
10. Make sure the car is in good working order. (Year 6)

1. 부드럽게 운전하고 다음 신호까지 다른 차와 경쟁하지 마십시오.
2. 루프, 불바, 토바 등 차에 달려 있는 모든 액세서리가 필요한 것들입니까? 그것들은 불필요한 무게만 더할 뿐이고 짐만 됩니다.
3. 항상 최적의 길과 시간을 선택하십시오. 예를 들어 출퇴근 시간에는 운전하지 말고, 교차로는 피하십시오.
4. 에어컨 가동은 석유 소비를 10% 증가시킵니다.
5. 가능하다면 대중교통을 이용하십시오. 차가 필요하다면 같은 곳에 가는 다른 사람의 차를

얻어 타십시오.

6. 발을 브레이크나 클러치에 올려두는 습관을 피하십시오. 또 다른 나쁜 습관은 점화 전에 엔진을 가동시키는 것입니다.

7. 항상 기어를 바르게 사용하십시오. 예를 들어, 가파른 언덕에 올라갈 때 고단 기어를 사용하지 말고, 내리막을 달릴 때 저단 기어를 사용하지 마십시오.

8. 초크*를 너무 오래 내놓아 두지 마십시오.

9. 차를 전혀 움직일 수 없는 교통체증을 만난다면, 엔진을 끄십시오.

10. 차가 바르게 작동하고 있는지 점검하십시오. (6학년 학생의 글)

Jury Deliberation (배심원 평결)

Like any group of people who meet for the purpose of determining a matter, solving a problem or reading a decision, the members of a jury must approach their task in a positive and organised manner.
It is essential in such a meeting that each member interacts with, and respects the opinions of the others. Each member should listen to others and be permitted to have their say.
It is important that one or two persons do not dominate the discussion and when necessary others must be encouraged to participate. At appropriate times it may be advantageous for suggestions and views to be summarised.
Remember that the jury deliberating process is a decision making process and its success rests largely with the participants. Each Juror must be permitted to enter into discussion enthusiastically, and each person's view must be respected.

배심원 구성원들은 그들의 업무를 긍정적이고 체계적인 태도로 수행해야 합니다. 이는 어떤 문제에 대해 결정을 내리거나, 문제를 해결하거나, 결정된 내용을 읽어 주기 위해 조직된 집단 구성원에게는 모두 해당되는 내용입니다. 그런 모임에서 구성원들이 서로 상호작용하고 상대방의 견해를 존중하는 것은 필수적입니다. 모든 구성원들은 서로의 의견을 경청하고 자신의 발언권을 보장받아야 합니다.
한두 사람이 논의를 지배하지 않아야 하며, 필요하다면 또 다른 사람들도 논의에 참여할 수 있도록 하는 것이 중요합니다. 제안된 내용과 관점을 요약·정리할 수 있도록 적절한 시간을 갖는 것도 좋습니다.
배심원 평결 과정은 의사 결정 과정이며 성공 여부가 참여자들에게 달려 있음을 기억하십시오. 각각의 배심원들은 논의에 열정적으로 참여해야 하고, 모든 사람의 관점은 존중되어야 합니다.

[Extract from *Jury Duly - A rewarding responsibility*, Office of the Sheriff of NSW]

....

* 엔진의 공기 흡입 조절 장치.

두 텍스트는 장르적으로 지시문에 속하지만, 얼핏 보기에 이것들의 유일한 구조적 공통점은 목적, 즉 '휘발유를 아끼는 열 가지 방법'과 '배심원 평결' 뿐이다. 그러나 자세히 읽어 보면 두 텍스트 공히 명령문, 의문문, 명제의 사용 등에서 흥미로운 상호작용이 드러난다. 단, '휘발유를 아끼는 열 가지 방법'에서 이러한 점이 더 두드러지게 나타난다.

Drive smoothly, do not race the other cars to the next red light. 부드럽게 운전하고 다음 신호까지 다른 차와 경쟁하지 마십시오.	명령
Are all the accessories necessary, eg, roof rack, bull bar, tow bar, etc? 루프, 불바, 토바 등 차에 달려 있는 모든 액세서리가 필요한 것들입니까?	의문
Airconditioning uses up an extra 10% of petrol. 에어컨 가동은 석유 소비를 10% 증가시킵니다.	진술
It is essential in such a meeting that each member interacts … 그런 모임에서 구성원들이 서로 상호작용하는 것은 필수적입니다.	진술
Remember that the jury deliberating process is a decision making process … 배심원 평결 과정은 의사 결정 과정임을 명심하십시오.	명령

그러므로 이 두 텍스트의 구조는 명백히 수사적인 기능을 수행한다. 즉 명령문에 의존하여 독단적인 방식으로 지시하는 대신, 독자에게 선택권을 주는 것이다. 이러한 자질이 사용되는 정도는 목적과 청자에 따라 분명히 달라지지만, 이것은 비절차적 지시에서 다양한 방식으로 드러나게 된다.

03 지시하기의 문법

1) 그림 문법 Picture grammar

우리는 세상에서 겪은 경험을 표현하기 위해 언어를 사용한다. 문법은 이러한 경험을 언어로 조직하기 위한 자원이다. 음식을 준비하는 것과 같은 특정한 구체적인 과제를 수행하는 실세계 경험은 지시하기의 문법을 통해 언어로 표상될 수 있다. 아이들은 학교에서 순차적인 활동을 그린 예시 그림을 통해 이러한 문법의 제 양상을 처음으로 접하게 된다. 예를 들어 샌드위치를 만드는 시각적 표현에서 각 단계는 과정 또는 동작 동사(*기울임체*)를 의미한다.

	그림	글
1		*Take* two slices of bread. 빵 두 조각을 꺼내시오.
2		*Spread* one slice with butter. 한 쪽에 버터를 펴 바르시오.
3		*Spread* the other slice with butter. 다른 쪽에도 버터를 펴 바르시오.
4		*Join* the slices of bread together. 빵 두 조각을 서로 합치시오.
5		*Eat* your sandwich. 당신이 만든 샌드위치를 먹으시오

또한 이 단계들의 순서는 아래와 같이 시간적 연결어(기울임체)를 통한 문법으로 지시되기도 한다.

	그림	글
1		*First* take two slices of bread. 우선 빵 두 조각을 꺼내시오.
2		*Then* spread one slice with butter. 그다음에 한 쪽에 버터를 펴 바르시오.
3		*After* this spread the other slice with butter. 그 후에, 다른 쪽에도 버터를 펴 바르시오.
4		*Next* join the slices of bread together. 다음에는 빵 두 조각을 서로 합치시오.
5		*Finally* eat your sandwich. 마지막으로 당신이 만든 샌드위치를 먹으시오.

2) 절차적 지시의 문법

2학년 학생이 쓴 다음 텍스트는 문어를 사용하여 샌드위치를 만드는 과정을 표현한 것이다. 재료 목록은 후에 샌드위치를 만드는 과정에서 사용될 일반 명사(bread, butter, lettuce)로 구성된다. 과정의 각 단계는 단순 현재 시제의 동작 동사(take, spread, put)로 표현된다. 이러한 행위들은 텍스트의 각 단계에서 수신인이 직/간접적으로 드러나는 명령문으로 표현된다. 'You take'(직접), 'spread butter'(간접) 등이 그 예가 될 수 있다.

학생들은 지시문을 처음 쓸 때 흔히 호칭의 개념과 현재 시제 사용으로 인해 어려움을 느낀다. 왜냐하면 그들은 개인적인 경험을 1인칭 대명사 'I'와 'went'와 같은 과거 시제로 사건을 나열하는 것에 더 익숙하기 때문이다. 사건 나열하기와 지시하기의 텍스트적 형태를 비교하고 이 둘의 목적의 차(差)에 주목하면(사건 나열하기는 누군가에게 당신이 과거에 했던 것을 이야기하는 것이고, 지시는 누군가에게 어떤 것을 하는 법에 대해 알려 주는 것이다), 문법적 차이점은 명백하게 드러난다.

다음 텍스트에서 글쓴이는 3단계에서 'Next'를 사용한 것 외에는 시간적 접속어 대신에 숫자를 이용해 단계 순서를 표시하였는데, 이는 매우 흥미롭다.

How to make a Salid Sandwitch[▷Salad Sandwich]
(샐러드 샌드위치 만드는 법)

Ingredients
2 pieces of bread
butter
lettace[▷lettuce]
tomato
beetroot
cucumba[▷cucumber]
and others

1. You take 2 pieces of bread.
2. Spread butter on the bread.
3. Next put in your lettace, tomato, beetroot and cucumba or any other ingredients.
4. Put the other piece of bread on top.
5. Put on plate and give it to your mum! (Year 2)

재료
빵 두 쪽
버터
양상추

토마토
근대 뿌리
오이
그 외

1. 빵 두 조각을 준비합니다.
2. 빵에 버터를 펴 바르세요.
3. 다음으로 양상추, 토마토, 근대, 오이와 다른 재료들을 올려놓으세요.
4. 나머지 빵을 그 위에 올려놓으세요.
5. 접시에 담아서 엄마께 갖다 드리세요. (2학년 학생의 글)

다음에 나오는 지시문에서도 비슷하게 명령법을 사용하지만(walk, turn, regulate, get) 앞선 텍스트와는 다르게 샤워를 하는 과정에서 선택권을 제공하기 위해 양태를 사용한다.

You might like to use shampoo if your hair is dirty
머리카락이 지저분하다면 샴푸를 사용하는 것이 좋습니다.

You can use powder if you want.
원한다면 파우더를 사용할 수도 있습니다.

의무의 정도를 강조하기 위해 단순히 명령법에만 의존하기보다는 양태가 사용된다.

You should wash it out really well.
당신은 그것을 정말 잘 씻어 내야 합니다.

이 텍스트는 직접적 호칭과 간접적 호칭이 두루 사용되었다. 주제적 위치는 첫째, 2인칭 대명사 'you'와 같은 문법적 부류들, 둘째, 'walk', 'turn', 'rub'와 같은 명령문, 셋째, 시간적 연결어인 'then'에 주어졌다. 이와 같은 'then'의 남용은 많은 학생들의 텍스트에서 전형적으로 나타나는 현상이다.
글쓴이는 샤워를 하는 단계를 표현하기 위해 현재 시제로 일군의 동작 동사를 사용하였다. 'turn on the shower *slowly*', 'wash out the shampoo *carefully*'에서와 같이, 어떤 경우에는 부사를 이용해 수식하기도 하였다.

How to Have a Shower (샤워하는 법)

Walk into the bathroom and get undressed. Turn on the shower slowly so you don't burn yourself and regulate it until you have it the temperature you want it to be. Then get into the shower and wash yourself. Get a piece of soap and a sponge and wash yourself where you think you need it most.
If your hair is dirty get some shampoo and put a little bit on your hand and rub it into your hair. Then wash out the shampoo carefully so it doesn't get into your eyes. You might need to use conditioner. If you do put a bit on your hand and rub it into your hair. You should wash it out really well so your hair isn't greasy. Rinse your whole body from the soap. When you have finished turn off the shower pick up the towl and dry yourself. You can use powder if you want. Then put on your clothes and now you are clean and fresh. (Year 4)

욕실에 들어가서 옷을 벗으십시오. 샤워기를 천천히 틀어서 데지 않도록 하고 원하는 온도가 될 때까지 조절하십시오. 그러고 난 후에 샤워를 하고 몸을 씻으십시오. 필요하다면 스펀지에 비누를 묻혀 사용하십시오.
머리카락이 지저분하다면 샴푸를 적당량 손에 덜어 머리에 문지르십시오. 그리고 눈에 들어가지 않게 조심하면서 샴푸를 씻어 내십시오. 컨디셔너가 필요할 수도 있습니다. 그것을 손에 약간 덜어서 머리카락에 문지르십시오. 머리카락이 미끈거리지 않도록 정말 잘 씻어 내야 합니다. 몸 전체에서 비누를 씻어 내십시오. 샤워를 끝냈다면 수건을 집어 몸을 닦으십시오. 원한다면 파우더를 사용할 수도 있습니다. 그리고 옷을 입으십시오. 이제 당신은 깨끗하고 상쾌한 상태입니다. (4학년 학생의 글)

3) 비절차적 지시의 문법

다음 텍스트는 지시문이기는 하지만 절차적이지는 않다. '휘발유를 아끼는 열 가지 방법' 텍스트에서 숫자들은 시간을 의미하지 않으며, 시간적 연결어도 없다. 이것은 독자에게 무엇을 하는 법에 대해 알려 준다는 점에서 지시적 텍스트이지만, 직접적인 호칭이 제한적으로 사용되고 있다. 글에 사용된 호칭이 무엇을 가리키는지 대부분의 경우 알 수 있다. 그런데 여기에서도 지시하기의 공통적인 자질인 명령법은 지속적으로 사용된다.

또한 주장에서 사용되는 몇 가지 수사적 장치도 보인다. 'Are all the accessories necessary(모든 액세서리가 필요한 것들입니까)?'와 같은 의문문과 'They can cause extra weight and drag(그것들은 불필요한 무게만 더할 뿐이고 짐만 됩니다).', 'Air conditioning uses up an extra 10% of petrol(에어컨 가동은 석유 소비를 10% 증가시킵니다).'와 같은 명제 등이 이에 해당한다. 이러한 장치들은 독자들에게 선택항을 부여함으로써 글쓴이를 억지스럽다기보다는 합리적으로 보이게 한다. 이와 같이 더 많은 정도의 선택항을 두기 위해 텍스트에서 설득적 언어를 사용하는 것은 일반적으로 비절차석 지시에서 더 두드러지게 나타나는 특질이다. 대신에 절차적 지시, 예를 들어 '뱀과 사다리' 게임 하는 법'과 같은 지시문에는 선택항이 없다.

Ten Ways to Save Petrol (휘발유를 아끼는 열 가지 방법)

1. Drive smoothly, do not race the other cars to the next red light.
2. Are all the accessories necessary, eg, roof rack, bull bar, tow bar, etc? They can cause extra weight and drag.
3. Always choose the best route and time, eg, don't drive in the rush hour (if possible) and avoid big intersections.
4. Airconditioning uses up an extra 10% of petrol.
5. Use public transport when you can. Is it necessary to take your car, somebody else might be going to the same place and you could get a lift.
6. Don't get into the habit of resting your foot on the brake or clutch. Another bad habits is to rev the engine before you turn the ignition off.
7. Always use the correct gear, eg, going up a steep hill don't use a high gear and don't use a low gear when on the open road.
8. Don't leave the choke out too long.

9. If you get stuck in a trafffc jam that is not moving turn the engine off.
10. Make sure the car is in good working order.

1. 부드럽게 운전하고 다음 신호까지 다른 차와 경쟁하지 마십시오.
2. 루프, 불바, 토바 등 차에 달려 있는 모든 액세서리가 필요한 것들입니까? 그것들은 불필요한 무게만 더할 뿐이고 짐만 됩니다.
3. 항상 최적의 길과 시간을 선택하십시오. 예를 들어 출퇴근 시간에는 운전하지 말고, 교차로는 피하십시오.
4. 에어컨 가동은 석유 소비를 10% 증가시킵니다.
5. 가능하다면 대중교통을 이용하십시오. 차가 필요하다면 같은 곳에 가는 다른 사람의 차를 얻어 타십시오.
6. 발을 브레이크나 클러치에 올려두는 습관을 피하십시오. 또 다른 나쁜 습관은 점화 전에 엔진을 가동시키는 것입니다.
7. 항상 기어를 바르게 사용하십시오. 예를 들어, 가파른 언덕에 올라갈 때 고단 기어를 사용하지 말고, 내리막을 달릴 때 저단 기어를 사용하지 마십시오.
8. 초크를 너무 오래 내놓아 두지 마십시오.
9. 차를 전혀 움직일 수 없는 교통체증을 만난다면, 엔진을 끄십시오.
10. 차가 바르게 작동하고 있는지 점검하십시오. (6학년 학생의 글)

다음의 '배심원 평결' 텍스트는 지시하기와 주장하기 사이의 연관성을 예증하고 우리가 지금 작업하고 있는 언어 과정의 유동적 본질을 강조하기 위하여 제시하고자 한다.

Jury Deliberation (배심원 평결)

Like any group of people who meet for the purpose of determining a matter, solving a problem or reading a decision, the members of a jury must approach their task in a positive and organised manner.
It is essential in such a meeting that each member interacts with, and respects the opinions of the others. Each member should listen to others and be permitted to have their say.
It is important that one or two persons do not dominate the discussion and when necessary others must be encouraged to participate. At appropriate times it may be advantageous for suggestions and views to be summarised.
Remember that the jury deliberating process is a decision making

process and its success rests largely with the participants. Each Juror must be permitted to enter into discussion enthusiastically, and each person's view must be respected.

배심원 구성원들은 그들의 업무를 긍정적이고 체계적인 태도로 수행해야 합니다. 이는 어떤 문제에 대해 결정을 내리거나, 문제를 해결하거나, 결정된 내용을 읽어 주기 위해 조직된 집단 구성원에게는 모두 해당되는 내용입니다. 그런 모임에서 구성원들이 서로 상호작용하고 상대방의 견해를 존중하는 것은 필수적입니다. 모든 구성원들은 서로의 의견을 경청하고 자신의 발언권을 보장받아야 합니다.

한두 사람이 논의를 지배하지 않아야 하며, 필요하다면 또 다른 사람들도 논의에 참여할 수 있도록 하는 것이 중요합니다. 제안된 내용과 관점을 요약·정리할 수 있도록 적절한 시간을 갖는 것도 좋습니다.

배심원 평결 과정은 의사 결정 과정이며 성공 여부가 참여자들에게 달려 있음을 기억하십시오. 각각의 배심원들은 논의에 열정적으로 참여해야 하고, 모든 사람의 관점은 존중되어야 합니다.

[Extract from *Jury Duly - A rewarding responsibility*, Office of the Sheriff of NSW]

이전 텍스트와 마찬가지로 이것은 비절차적 지시문이다. 배심원 평결과 같은 민감한 주제를 다루기 위해, 글쓴이는 마지막 문단의 첫 문장에서 'Remember'를 사용한 것을 제외하고는 명령문을 쓰지 않으려고 주의하고 있다.

그러나 이 글의 목적인 배심원들이 효과적이고 협력적인 방법으로 일해야 한다는 것을 확실히 하기 위해 의무감 정도가 높다는 것을 가리키는 양태들이 사용되고 있다(must, essential, should, important, dominate, necessary, largely). 사실 양태는 이 텍스트를 가득 채우고 있으며, 문법 범주의 모든 범위에서 발견된다.

should, must, may	동사(양태 조동사)
dominate, approach	동사
largely, enthusiastically	부사
essential, important, necessary	형용사
suggestions	명사

지시하기 장르는 다양한 범위의 텍스트 유형에서 다양한 방식으로 사용된다. 학교에서는 학습자들이 쓰는 텍스트는 물론이고, 그들이 읽는 많은 텍스트에서도 사용된다. 대부분의 교과서는 지시문으로 이루어져 있다. 지시하기의 구조적·문법적 자질을 이해하는 것은 (실제로는 학교에서의 글쓰기의 모든 장르에서 그러하지만) 텍스트의 의미에 도달하기 위해 필요한 의미적·통사적 단서들을 제공함으로써, 학생들의 읽기를 도와준다.

04 지시하기의 장르와 문법 가르치기

■ 대상 학년: 4~5학년

1) 구체적 경험으로부터 출발하기

다음에 제시하는 교수 아이디어는 PD/H/PE 과목*과 과학 과목, 영어 과목의 통합 단원인 '너는 네가 먹는 음식 그 자체야(You Are What You Eat)'에 기초한 것이다. 이 단원의 중심 주제는 영양이다. 이 단원의 교수·학습은, 추상적인 이해가 필요한 단계로 넘어가기 전에 해당 지식에 좀 더 구체적으로 집중하도록 하는 다음 활동을 통해, 주제에 대한 학습자의 이해를 높이면서 시작된다.

- 음식의 기능에 대한 학급 브레인스토밍 활동
- 전날 먹은 음식 목록을 수집해 오기 또는 일주일 간 음식 일지 기

....

* 'Personal Development, Health & Physical Education'의 약자로, 인성 발달·건강·체육 교육과 관련된 교과이다.

록하기

- 학급과 그룹별로 음식과 식이요법에 대한 읽기와 조사 활동: 5대 영양소 음식, 음식 영양, 균형 잡힌 식이요법, 식이 장애

- '영양'과 관련된 단어 모으기

- 외부 연사를 초청하여 영양에 관한 설명 듣기

- 음식 포장지에서 영양 정보 점검

- 소화 체계에 대한 흐름도 완성

- 식이 장애를 진단하기 위한 영양사 상담 역할극

- 학급 미용 체조

- 개별적 활동 프로그램 개발

이 활동들 중 대부분은 묘사하기, 설명하기와 관련되어 있다. 이들 장르가 주제와 관련된 '무엇'과 '어떻게'를 주로 다루기 때문이다. 학습자의 내용 이해를 돕기 위해 언어와 지식 사이의 관계를 세밀히 고려할 수 있는 학습 활동 단위를 개발하는 것이 중요하다. 좋은 의도로 동기화되더라도, 다루고자 하는 내용에 부적절한 장르를 이용한 언어 기반 활동이 계획될 수도 있기 때문이다. 예를 들어 소화 체계의 작동을 하나의 여행기처럼 꾸민 이야기를 읽는 것은 유용한 자극이 될 수 있으나, 읽은 후 활동으로 자신의 개인적인 이야기를 써 보라고 하는 것은 그들에게 비현실적인 언어를 요구하는 것이다. 이는 특히 초등학교 저학년 학생의 경우 그러하다. 또한 이렇게 하면 서사물을 허용하지 않는 학교 과학의 관습 때문에 학생들이 사실적 내용을 다루는 데 혼란스러울 수 있다. 이러한 활동들을 성공적으로 하기 위해서라면 학생들은 서사물 쓰기에서 요구되는 언어와는 매우 다른, 묘사적인 용어 목록과 과학적 보고서의 문법을 한데 조화시켜야 한다. 그런데 만약 혹시라도 과학적 서사

물을 쓰게끔 하는 것이 가능하다면(사실 이것이 과학 소설의 핵심이다), 우리는 이것이 과학 교과에서 사실적 관점으로 내용을 검토할 때 적절한지를 고려할 필요가 있다.

2) 요리법 텍스트 분석하기

위에 제시된 활동들을 통해 영양에 관한 주제를 이해하게 되었다면, 학생들은 건강한 식이요법을 실천하기 위한 음식 준비와 같은, 주제의 또 다른 면들에 대해 고려할 수 있게 되기 시작한다.

- 아이들에게 잡지에서 모은 요리법들을 책에 붙여 놓도록 한다. 모둠별로 아이들은 이 요리법을 검토하고 재료를 다섯 그룹으로 나눈다.
- 아이들이 이 요리법의 영양적 가치에 대해 점수를 매긴다.
- 학생들은 자신의 글을 쓸 준비를 하면서 이 요리법의 구조와 문법에 대해 검토한다. 아이들은 자신이 가져오는 요리법을 여러 번 다시 읽어 보아야 한다. 학급 활동에서는 아래와 같은 질문들을 하면서 이 텍스트들의 구조에 주목한다.
  - 각각의 요리법에는 표제어가 있는가?
  - 왜 이것이 독자에게 중요한 정보인가?
  - 표제어 뒤에는 무엇이 나오는가?
  - 재료 목록에는 특정한 순서가 있는가?
  - 요리법의 다음 단계는 무엇인가?
  - 이 정보들이 어떻게 조직되어 있는가?
  - 이 부분은 삽화가 함께 제시되어 있는가?

－ 이후 참조하기 위해 이 정보들을 벽에 기록해 놓는다.

- 문법을 검토하면서 요리법을 더 자세히 보도록 한다. OHP 필름을 사용하여 다음과 같이 예시 텍스트를 제시하고, 요리법 단계에 학습자의 주의를 집중시킨다.

Muesli (뮤즐리 만들기)

Ingredient

750 grams of rolled oat
1 cup of barley flakes
1/2 cup of sesame seeds
1 cup of wheatgerm
2 cups of processed oat-bran cereal
1/2 cup of roasted buck wheat
250 grams of dried fruit medley
250 grams of sultanas
100 grams of banana chips
1/2 cup of sunflower seeds
milk and yogurt as required

1. Place half the oats on an ungreased oven tray.
2. Bake at 200℃ for about 10-15 mins, carefully stirring several times, until golden brown.
3. Repeat with the remaining oats and barley.
4. Cool the grains.
5. Lightly toast the sesame seeds in a dry frying pan until golden brown and cool.
6. Combine all the ingredients and store in an airtight container.
7. Later serve with milk and yogurt for a hearty breakfast

재료

납작귀리 750그램
보리 플레이크 1컵
참깨 1/2컵
맥아 1컵
가공 귀리 겨 시리얼 2컵
볶은 메밀 1/2컵

말린 과일 혼합물 250그램

씨 없는 건포도 250그램

바나나 칩 100그램

해바라기씨 1/2컵

우유와 요거트 원하는 만큼

1. 귀리 절반을 기름을 두르지 않은 오븐 접시에 담으시오.
2. 황갈색이 될 때까지 여러 번 세심하게 뒤섞어 가며, 200℃의 온도에서 10~15분간 구우시오.
3. 남아 있는 귀리와 보리도 똑같이 반복하시오.
4. 곡물들을 식히시오.
5. 참깨를 마른 프라이팬에서 황갈색이 될 때까지 가볍게 볶고 식히시오.
6. 모든 재료들을 합쳐서 밀폐 용기에 보관하시오.
7. 영양 있는 아침 식사를 위해 우유, 요거트와 함께 제공하시오.

3) 동사와 연결어 확인하기

텍스트에 나오는 동작 동사(Place, Bake, Repeat, Cool)를 학습자에게 확인하게 하고 답을 칠판에 쓰게 한다. 이 문법적 범주에 친숙하지 않은 학생들을 위해 사용할 수 있는 대안적 전략은, 교사가 동작 동사에 밑줄을 치고 학생들에게 이 단어들이 문장 안에서 무엇을 하는지 물어보는 방법이다. 동작 동사를 텍스트의 명사(oats, oven, tray, barley)들과 비교해 보게 한다. 문장에서 동사와 명사의 관계를 논의하고, 동작 동사가 명사를 어떻게 하도록 지시하는지(bake the oats, cool the grains)에 대해 논의하게 한다.

동작 동사가 수행되어야 하는 방식에 부가 정보를 더하는 단어를 찾도록 한다. 이것은 'carefully', 'lightly'와 같은 부사를 찾아내는 활동이다.

학생으로 하여금 동사가 연쇄되는 순서에 주의를 기울이도록 한다. 숫자를 사용하여 텍스트에서 각 단계의 순서들이 어떻게 지시되는지에 대해 검토해 보게 한다. 숫자 대신에 시간적 연결어를 사용해서 순서를 제시한 아래의 요리법 텍스트를 OHP 필름을 사용하여 예로 보여 준다.

Apricot Slice [살구편(片) 만들기]

Ingredients

1 cup of chopped dried apricots
1/2 cup of Sultanas
1/2 cup of chopped prunes, pitted
1/2 cup of orange juice
1 cup of milk powder
1/2 cup fresh wholemeal bread crumbs
1/2 cup chopped almonds
1/4 cup desiccated coconut

First, combine the apricots, sultanas, prunes, and orange juice. Then bring the mixture to the boil, cover and leave to stand for 15 minutes. Next add the milk powder, bread crumbs and almonds, and mix thoroughly. Sprinkle half the coconut over the base of a non-stick shallow pan about 25cm×18cm. Then press the mixture into the pan and sprinkle with the remaining coconut, pressing it in well. Finally cover and leave in the fridge for several hours before cutting into small slices to serve.

재료

저민 건살구 1컵
씨 없는 건포도 1/2컵
저민 자두(씨를 뺀 것) 1/2컵
오렌지 주스 1/2컵
분말 우유 1컵
신선한 통밀 빵가루 1/2컵
저민 아몬드 1/2컵
말린 코코넛 1/4컵

첫째로 살구, 씨 없는 건포도, 자두, 오렌지 주스를 모두 섞으시오. 그 후에 뚜껑을 덮어 15분간 두시오. 다음으로 분말 우유, 빵가루, 아몬드를 더해서 모두 섞으시오. 25cm×18cm 정도 되는 눌어붙지 않는 얕은 프라이팬에 코코넛 절반 정도를 흩뿌리시오. 그 후에 섞어 놓은 것을 팬에 넣고 나머지 코코넛을 뿌린 후 잘 누르시오. 마지막으로 작은 조각으로 잘라 내기 전에 냉장고 속에 여러 시간 동안 두시오.

학생들에게 'First', 'Then', 'Next'와 같은 시간적 연결어나 '시간과 관련된 단어(time words)'를 찾게 하고, 답을 칠판에 써 보게 한다.

아래와 같이 칸을 그리고, 주어진 요리법을 다 함께 읽고 이 텍스트에 사용된 동작 동사, 부사, 시간적 연결어 등을 쓰도록 한다.

동작 동사	부사	시간적 연결어

이 활동은 또한 학생이 이러한 문법 용어들을 이해했는가에 대한 자기 평가 과제로 이용될 수 있다.

이러한 개념들을 강화하기 위해 학급에서 건강 요리 파티를 연다. 이를 통해 학생은 문어 텍스트를 구성하기 위한 기초가 되는 구체적인 활동을 할 수 있게 된다. 이 활동은 교사는 요리사가 되고 학생들은 과제를 수행하기 위한 단계를 순서대로 기록하는 역할을 맡는 식으로 수행될 수 있다.

이러한 실제적인 활동 후에, 학생들에게 아래와 같은 틀을 사용하여 방금 눈으로 확인한 요리법을 쓰게 한다. 이때 학생들에게 동작 동사를 순서에 맞게 쓸 수 있도록 주의시킨다.

표제어 또는 목표	
재료 (사용되는 순서에 따라)	
방법	

4) 학생들의 텍스트 비교·대조하기

학급에서 논의를 하기 위해 학생들이 작성한 텍스트 중 두세 개를 선택한다. 각 텍스트가 어떻게 구조화되었는지 고려하게 한다. 방법 단계를 유심히 보게끔 하고, 동작 동사와 시간적 연결어가 어떻게 사용되었는지 논의하게 한다. 부사 사용 여부에 대해서도 논의하게 한다.

학생들에게 각 텍스트의 '방법' 단계의 첫 문장이 어떻게 시작되는지를 물어본다. 문장들의 첫 부분이나 주제부가 위치한 곳에 어떤 패턴이 드러나는지 살펴보게 한다. 일반적으로 요리법은 명령법을 사용하여 동작 동사로 시작되거나, 시간적 연결어로 시작되곤 한다. 학생들과 왜 이렇게 되는지 그 이유에 대해 논의해 본다.

몇몇 학생들은 2인칭 대명사 'you'를 문장 제일 처음에 썼을 수 있다. 학생들에게 자신의 요리법 텍스트에서 혹시 'you'를 사용하지는 않았는지 각자 점검하게 한다. 지시하기에서 호칭의 개념에 초점을 맞추어 다음 질문을 해 보도록 한다.

- 텍스트에 나온 'you'는 누구를 지칭하는가? ⇨ 독자
- 왜 요리법에서 종종 'you'를 사용하여 독자를 직접 지칭할까?
- 뮤즐리 요리법에서는 'you'라는 단어가 어떻게 쓰였는가? ⇨ 생략되거나 저절로 이해됨.
- 독자를 가리키기 위해 요리법 텍스트에서 'you'라는 단어를 쓸 필요가 있는가?
- 뮤즐리 요리법에서 독자는 어떻게 지칭되는가? ⇨ 명령법을 사용하고 있으므로, 'you'는 저절로 이해됨.
- OHP 필름을 이용해 다음의 네 문장을 제시하고 학습자들에게 그 차이점을 설명하게 한다.

1 Blend the sugar and the butter.

설탕과 버터를 섞으시오.

2 The sugar is blended with the butter.

설탕은 버터와 섞입니다.

3 Should the sugar is blended with the butter?

설탕을 버터와 섞어야 할까요?

4 Look, the sugar is being blended with the butter!

보세요, 설탕이 버터와 섞이네요!

- 위의 다른 유형의 문장들에 명칭을 부여하고 각각 다른 문장 부호를 사용하는 법을 설명한다.

  1 명령문 　　(.)

  2 평서문 　　(.)

  3 의문문 　　(?)

  4 감탄문 　　(!)

- 학생들에게 왜 명령문이 요리법 텍스트에서 가장 일반적인 형태인지 물어본다. 그리고 어떤 다른 문장 유형들이 요리법 텍스트에서 사용 되는지를 논의해 본다. 보통 평서문이 쓰인다.

5) 분석하고 다시 쓰기

호칭과 화제, 문장 유형들을 점검한 후에 학생들에게 이러한 자질들에 유의하여 자신의 글을 다시 쓰도록 한다. 바로 이때쯤 학생들에게 비절차적 지시문을 소개할 수 있다.

단원의 주제였던 영양에 대해 다시 한 번 학생들의 주의를 환기시킨다. 학생들에게 요리책 말고 음식과 영양에 관한 정보를 알 수 있는 것(도서관 서적, TV쇼, 의사나 치과 의사에게 받은 안내문 등)이 무엇인지 묻는다.

- 학급 과제로 지역 의사의 진료실에 비치되어 있을 법한 바람직한 영양 섭취에 관한 안내문을 쓰도록 제시한다.

- 주제에 관한 지식을 모아 영양에 관한 안내문에 포함될 유익한 정보에 관해 모둠별로 토의하도록 한다. 각 모둠에 의사의 보고서에서 열 가지 요점을 수집하여 목록을 작성하게끔 한다.

- 각 모둠의 답에 관해 논의하고, 이것들을 이후에 참조할 수 있도록 벽에 전시한다. 학생들에게 안내문을 쓰기 위한 정보를 모았으므로, 안내문을 어떻게 쓸지에 관해 고려해야 한다고 설명한다. 아래의 초점 질문을 던져서 학생들과 형식에 관해 논의하기 시작한다.

안내문과 요리법은 유사한 목적을 갖는다. 그것들은 모두 누군가에게 무엇을 어떻게 하는지를 알려 주기 위해 고안되었다. 이것이 과연 요리법과 건강 안내문에 쓰일 형식과 언어가 동일할 것이라는 것을 의미할까?

학생들이 여기에 답하는 것을 돕기 위해 아래에 제시된 텍스트를 보여 주고 논의해 본다.

How to Take Care of a Puppy (강아지를 돌보는 방법)

1. Give him a bath every fortnight.
2. It is a good idea to brush him and use some flea powder.
3. Make sure he wears a collar.
4. He might need a smack if he barks too much.
5. Make sure he has fresh water every day.
6. Give him a warm rug to use when it is cold.
7. Check he doesn't have ticks.
8. Take him for a walk every day.
9. Dogs need a balanced diet just like people.
10. Why not give him a special treat now and then. (Year 4)

1. 2주마다 강아지를 목욕시키십시오.
2. 빗질을 해 주고 벼룩 퇴치제를 사용하는 것도 좋은 생각입니다.
3. 개목걸이를 하고 있는지 확인하십시오.
4. 강아지가 너무 많이 짖는다면 한 번쯤 찰싹 때려 주어야 할지도 모릅니다.
5. 강아지가 매일 신선한 물을 먹는지 확인하십시오.
6. 날씨가 추울 때는 따뜻한 깔개를 주십시오.
7. 강아지에게 진드기가 없는지 점검하십시오.
8. 매일 산책시켜 주십시오.
9. 개도 사람처럼 균형 잡힌 식이요법을 필요로 합니다.
10. 때때로 특별한 대접을 해 주는 것은 어떻겠습니까. (4학년 학생의 글)

- 논의를 돕기 위해 아래의 질문을 제시할 수 있다.

  - 안내문과 요리법의 형식적 틀이 어떻게 다른가?

  - 강아지 텍스트에 나온 숫자는 무슨 역할을 하는가? 뮤즐리 요리
    법에 나온 숫자들과 같은 방식으로 사용되었는가? 즉, 숫자들이
    시간에 관련된 단계들의 순서를 의미하는가?

  - 안내문에는 시간적 연결어가 사용되었는가?

  - 모든 문장들이 명령문인가?

  - 다른 유형의 문장들이 사용되었는가?

  - 왜 안내문은 요리법보다 평서문을 더 많이 사용하는가? ⇨ 목적
    이 지시하는 것이면서 동시에 정보를 제공하는 것이기 때문이다.

  - 의문문을 사용하는 효과는 무엇인가? ⇨ 독자에게 동의/비동의에
    관한 선택권을 준다.

- 이러한 논의에 따라 학습자들이 좋은 영양에 관한 안내문의 초안을
  아래의 틀을 이용해 작성하도록 한다.

표제어	
요점	
1	
2	
3	
4	
5	
6	
7	
8	
9	
10	

학생들에게 안내문이 지시하기를 목적으로 하는 동시에 정보 제공을 위해 고안되었음을 상기시킨다. 명령법이 사용될 수는 있지만, 비절차적 텍스트는 요리법만큼 명령문에 의존하고 있지 않다. 독자는 그 명령에 따르지 않을 수도 있다. 그러므로 안내문은 명령보다는 설득적인 언어를 사용한다. 이것은 문장 유형과 양태 사용에 영향을 미친다.

학생들이 초안을 작성하고 나면 몇 개의 텍스트를 선택하여 이것들을 서로 비교하고 대조해 본다. 예시 응답은 다음과 같다.

A Guide to Good Nutrition (좋은 영양 섭취를 위한 안내문)

1. Eat lots of fruit and vegetables. It is important to have either a piece of fruit or vegetables with each meal of the day.
2. Instead of sweet treats like lollies or cakes, why not eat an apple or banana?
3. Cereals or bread should also be eaten with each meal of the day.
4. Milk products and meat are important sources of protein but they can also be fatty. Be sure not to eat too many milk products and trim fat from meat.
5. Eat lots of fish.
6. Don't eat too much salt, sugar or fatty foods.
7. Check additives in processed foods and if possible choose unprocessed food products.
8. Don't eat too much take-away food.
9. Drink plenty of water and fruit juice.
10. Exercise daily. (Year 4)

1. 과일과 채소를 많이 드십시오. 매 식사 때마다 과일 한 쪽이나 채소를 먹는 것이 중요합니다.
2. 사탕이나 케이크 같은 단 것 대신에, 사과나 바나나를 먹는 것은 어떻습니까?
3. 시리얼과 빵은 매 식사 때마다 먹어야 합니다.
4. 유제품과 육류는 중요한 단백질 공급원이지만 지방이 많을 수도 있습니다. 유제품은 너무 많이 먹지 말고 육류는 지방을 제거하십시오.
5. 생선을 많이 드십시오.
6. 짜거나, 달거나, 기름진 음식을 많이 드시지 마십시오.
7. 가공 식품의 첨가물을 확인하고 가능하다면 가공되지 않은 식품을 선택하십시오.
8. 포장 음식을 너무 많이 먹지 마십시오.
9. 물과 과일 주스를 많이 드십시오.
10. 매일 운동하십시오. (4학년 학생의 글)

학생들에게 자신들이 작성한 안내문에 사용된 구조와 문법에 관해 논의하고 초고를 고쳐서 최종본을 만들도록 한다.

05 지시하기 장르를 활용한 텍스트 평가하기
: 비절차적 지시문의 경우

1) 과제의 개요

다음에 제시될 진단 평가 과제는 1박의 숲 속 캠프를 가는 학생들을 위한 지시문을 작성하는 것으로서, 8학년 학생들에게 부과되었다. 학생들에게는 단순히 지시 사항을 목록화하는 데 그치지 말고 글을 쓰도록 요구하였다. 다음에 제시된 과제는 독자들에게 필수 장비를 챙기고 요구된 절차를 따라야 하는 이유를 이해시키기 위해 지시문이 어떻게 자세하게 작성되어야 하는지 보여 준다. 과제를 위한 지문에는 필수 항목들의 목록을 포함시키고, 텍스트는 표제어와 지시 사항을 미리 적어 두는 방식으로 모형화한다. 이렇게 모형화된 지시문은 왜 학교, 공원 경비원, 가족들에게 예정된 캠프 장소를 알려야 하는지 그 이유에 대해 제시하고 있다. 학생들은 또한 캠프에 가지고 가야 할 장비 유형에 대한 사진이 실린 시각 자료를 제공받을 것이다.

Write a set of instructions to help your class prepare for an overnight camp in a national park. The instructions should tell people what to do and not to do and also give reasons for the instructions. For example,

When preparing for your camp you should first contact the National Park and Wildlife Service to get permission. The rangers will be able to provide you with useful information on current conditions in the park and advise you on suitable camping locations.

The following is a list of essential items that campers should take on the camp.

A map, A compass, A sleeping bag, A tent, A raincoat, Warm clothing, Plenty of water, Ample food, Plastic bags for rubbish, A torch.

국립공원에서 1박 캠프를 열기 위해 반 아이들이 어떠한 준비를 해야 하는지 일러 주는 지시문을 쓰라. 이 지시문에는 해야 할 일과 하지 말아야 할 일이 포함되어야 하며, 그 이유 역시도 포함되어야 한다. 예를 들어 이런 식이다.

캠프를 준비하려면 우선 국립공원과 야생협회에 연락을 취해서 허가를 받아야 한다. 안내원들로부터 공원의 현재 상황에 대해 유용한 정보를 얻을 수 있으며, 적절한 캠핑 위치에 대해 조언도 받을 수 있다.

다음은 캠프를 할 때 반드시 필요한 물품 목록이다.

지도, 나침반, 침낭, 텐트, 비옷, 따뜻한 옷, 충분한 물, 충분한 식량, 쓰레기 수거용 봉투, 손전등.

[NSW Parks & Wildlife Service, General Safety Information]

학생들에게는 표제어를 사용하여 글을 조직하고, 의미에 맞는 잘 구성된 문장을 쓰고, 철자나 문장 부호에 주의하고, 자신이 쓴 글을 검토하는 시간을 가져야 함을 알려 주었다.

이 과제의 초점은 지시하기 장르의 구조적, 문법적 요소에 대한 학생들의 앎을 진단하는 것이었지만, 동시에 모든 글들에서 흔히 보이는 학생들의 쓰기 수행 양상, 즉 통사, 문장 부호, 철자를 평가하는 것이기도 했다.

이 과제에서는 특히 학생들에게 비절차적인 지시문을 쓰도록 요구했다. 이 장에서 앞서 대강 언급했듯이 비절차적인 지시문은 몇몇 분명한 구조적, 문법적 특징들을 포함하고 있다. 예를 들어, 비절차적인 지시문에서는 종종 특정한 일을 해야만 하는 이유에 대해 상술하거나 합리화하는 평서문이 사용된다. '휘발유를 아끼는 10가지 방법'과 '배심원 평결' 텍스트는 양태, 수사적 의문문, 명사화 구성과 같은 수사적 장치가 사용되는 양상을 잘 보여 주고 있다.

'학교 캠프' 쓰기 과제는 독자들에게 지시문을 주의 깊게 따라야 하는 의무감을 주기 위해서 비슷한 정도의 양태를 요구하고 있다. 본보기 글은 직접 지시를 할 때에는 강한 정도의 양태를 사용하고(Don't leave the camp area without notifying someone. 다른 누군가에게 알리지 않은 상태에서 캠프를 떠나지 마시오.), 그렇게 해야 하는 이유를 합리화할 때는 약한 정도의 양태를 사용하고 있다(If something happens…. 만일 무슨 일이 생기면….). 본보기 글은 또한 학생들에게 텍스트가 제목이나 형식의 측면에서 적절한 구성을 지니고 있어야 함을 보여 주고 있다.

다음은 이 장의 앞부분에서 설명한 장르 일반적, 구조적, 문법적 자질의 적절성에 근거한 과제 평가 기준들이다.

| **1** | **장르적 차원 기준** | 텍스트의 장르 일반적 특질에 대해 다룬다. 이 수준은 다음과 같은 기준들을 포함한다. |

- 글이 지시/조언하고 있는가?
- 쓰기의 주제가 과제에 부합하는가?
- 텍스트는 적절한 양태를 사용하고 있는가?
- 텍스트의 구조나 단계가 장르에 부합하는가?

| **2** | **텍스트적 차원 기준** | 텍스트가 엮인 방식, 문장들이 구조화된 방식 그리고 문상들이 서로 어떻게 작용하는지에 대한 것을 다룬다. 이 수준은 다음과 같은 기준들을 포함한다. |

- 텍스트는 적절한 형식으로 구성되었는가?
- 텍스트가 단문, 중문, 복문들을 바르게 구조화하여 사용하고 있는가?
- 적절한 시제가 선택되어, 글 전체에 걸쳐 일관되게 유지되고 있는가?

| **3** | **통사적 차원 기준** | 사용된 문장의 내부적 구조를 다룬다. 이 수준에서는 다음 다섯 가지 기준들을 포함한다. |

- 주절에는 본동사 같은 필수 성분이 모두 갖추어져 있고, 진술문의 주어와 본동사가 바른 순서로 배열되어 있는가?
- 주어와 본동사가 인칭과 수에 일치하는가?
- 전치사가 적절하고 다양하게 사용되었는가?
- 관사와 복수형이 정확하게 사용되었는가?
- 단문과 복문, 문장 부호가 정확한가?

| **4** | **철자법 차원 기준** | 텍스트에 사용된 개별 단어들을 다룬다. |

- 고빈도 단어들이 대부분 정확하게 쓰였는가?
- 저빈도 단어들과 일반적이지만 쉬운 유형은 아닌 단어들이 대부분 정확하게 쓰였는가?
- 흔치 않은 유형의 단어들이나 어려운 단어들이 대부분 정확하게 쓰였는가?
- 과제에 적합하면서 어려운 단어들이 대부분 정확하게 쓰였는가?
- 과제에 적합하면서 어려운 단어들이 모두 정확하게 쓰였는가?

What you need (당신에게 필요한 것)

1   First you will need food. You should take a lot
of this so if you get hungry you have all
food needed.
Also a map will be needed, so you don't get

5   lost.
A torch will be needed, for night time so you
can see where you are going.
A compass will also be used to know
where you are, and you know where north,

10   south, east and west is.
A pocket knife will be needed if your[▷you're]
in a bit of trouble doing something.
Finally sleeping bag will be needed to keep
yourself warm on odd nights.

15   SHOULD
you should take all these things to live
on your school camp.
SHOULDN'T
you shouldn't take too much because of

20   the weight on you, it will bee[▷be] too much for
you to carry. You will get too tired
very quickly.
So only takes things you need.

우선 당신은 식량이 필요할 것이다. 식량을 많이 가져가야 한다. 그래야 배가 고프면
필요한 만큼 음식을 먹을 수 있다. 또한 지도도 필요할 것이다. 그래야만 당신은 길을
잃지 않는다. 손전등도 필요할 것이다. 그래야 밤에 당신이 가려는 길을 볼 수 있다. 또한
나침반은 당신의 위치를 확인하거나 북쪽, 남쪽, 동쪽, 서쪽이 어디인지 알기 위해서
사용될 것이다. 주머니칼은 만일 당신이 모종의 어려움에 처했을 때 무언가를 하는 데에
필요할 것이다. 마지막으로 침낭은 추운 밤을 따뜻하게 보내기 위해 필요할 것이다.

〈해야 하는 것〉
당신은 학교 캠프에서 지내기 위해 이 모든 것을 가져가야 한다.

〈해서는 안 되는 것〉
너무 많은 짐을 가져가서는 안 된다. 그러면 당신이 짊어지기에 너무 무거울 것이다.
당신은 너무 빨리 지쳐 버릴 것이다. 필요한 것만 가져가라.

2) 장르 일반적 차원

장르와 주제

이 글은 주로 지시하고 충고하고 있다. 주제는 과제와 일치한다.

텍스트 구조와 형식

이 지시문에는 몇몇 상술 부분이 있다. 텍스트는 매우 흔한 제목으로 조직되어 있고, 지시는 새로운 줄로 시작된다. 그중 표제어가 과제에 부적절한 곳도 있다(15행, 18행).

양태

의무(16행의 should, 19행의 shouldn't), 가능성(7행의 can)의 양태 조동사와 양태 부사(2행의 if, 11행의 if)가 매우 제한적으로 사용되고 있다.

3) 텍스트적 차원

문장 구조

이 글은 하나 이상의 종속 관계를 지닌 복문을 사용하려 시도하고 있는데, 구조적 측면에서는 대부분 성공적이지만 의미적으로는 그렇지 않다(8행의 compass will also be used …, 16행의 You should take all these things …).

시제

시제는 조건절에서 부적절하게 사용되었지만(2행의 you [will] have), 일반적으로는 일치하고 있다.

4) 통사적 차원

절 패턴
문장은 언제나 주절을 포함하고 있고, 모든 정동사절은 주어와 정동사를 포함하고 있다.

일치
대부분의 동사는 주어와 일치한다(23행의 So only take[s]).

관사
관사가 필요한 곳에 추가되었어야 한다(3행의 you have all [the] food needed, 13행의 Finally [a] sleeping bag, 23행의 So only takes [the] things).

전치사
이 글은 전치사가 제한적으로 사용되고 있는데, 구절 동사 뒤에 필수적으로 사용되어야 하는 전치사가 사용되지 않았거나(16행의 all these things to live on [during/on] your school camp), 전치사구가 잘못 쓰인 경우가 있다(20행의 the weight [on you]).

문장 부호
아포스트로피가 추가되어야 하는 부분이 있지만(11줄의 your[you're]), 대부분의 문장에서 간단한 문장 부호는 정확하다.

5) 철자법 차원

동음이형이의어에서 약간의 혼동을 보이지만(11행의 your, you're, 20행의 bee, be), 흔한 패턴을 지닌 두세 음절의 단어는 대부분 정확하게 표기되었다.

6) 요약

이 텍스트는 과제와 본보기 텍스트를 따라, 적절한 형식과 조직을 시도하면서 장르에 대한 기본적인 이해를 보여 주고 있다. 이 글은 양태를 제한적으로 사용하면서 지시하고 충고하고 있다. 또한 모든 복문이 성공적으로 쓰인 것은 아니지만, 적절한 수준의 문장 구성과 통사 구성을 보이고 있다. 몇몇 간단한 단어들이 부정확한 것을 제외하면, 대부분의 단어는 정확하게 표기되고 있다. 문장 부호나 쉼표와 아포스트로피의 사용에서 약간의 기초적 실수를 보이지만, 대부분의 문장과 간단한 문장 부호는 정확하게 사용되고 있다.

06 진단 평가에 근거한 교수 전략

이 장의 앞부분에서 기술했던 장르, 구조, 수사적 전략과 유사한 교수 전략은 이 학생에 맞게 명시적으로 수정되어야 할 필요가 있다. 또한 학생은 다음과 같은 부분에 대한 도움도 필요로 한다. 다른 학생들의 진단 평가에서도 비슷한 패턴이 발견된다면 다음 전략들이 교수 프로그램에 통합될 수 있을 것이다.

상술하여 지시문을 논리적으로 조직하기

캠핑하는 사람들에게 그들이 들은 바를 따르게 하기 위해 몇 가지 근거를 제공하는 지시문을 쓸 수 있다 하더라도, 논리적 순서에 따라 지시문을 잘 조직하지 못할 수 있다.

- 이 장의 앞부분에서 지적했던 바와 같이, 절차적 지시문과 비절차적

인 지시문은 전혀 다른 논리를 따른다. 비절차적인 지시문이 합리적인 논리를 따르는 반면, 절차적 지시문은 시간적 흐름을 따른다. 이러한 점을 확인하기 위해서, 요리법이나 컴퓨터 하드웨어/소프트웨어에 관한 지시문의 몇몇 예를 보여 주고 다음에 대해 토의해 보도록 한다.

- 절차적 지시문은 1, 2, 3 등과 같은 수를 사용하거나 'then', 'when', 'next', 'before' 등과 같은 시간적 접속사를 사용함으로써 시간순으로 조직된다.

- 절차적 지시문은 주로 독자들에게 그들이 목적을 달성하기 위해 무엇을 해야 하는지 알려 준다.

• 이제 다음과 같은 비절차적인 지시문을 보여 주고 학급 학생들과 함께 어떤 차이가 있는지 토의하도록 한다.

General safety information (안전 지침)

Whenever you visit a park or reserve, please follow these guidelines:

Planning your visit

Contact the park office to ask about local conditions, tracks, creek or river water levels and fire danger. During hot, dry periods a Total Fire Ban may be declared in the park. At such times you will not be able to cook anything — no fire or fuel stoves can be lit. You'll need to bring pre-cooked or fresh food.
Make sure you will have at least three people in your group. If there is an emergency, at least one can go for help, while the other stays with the injured or ill person.
Make sure there's at least one experienced person in the group who can guide and assist others.
Make sure your activity is something which all participants in your group are able to do.
Before heading out, leave full details with a relative or a responsible person of where you will be going, who is with you, what equipment you have, and when you expect to return.
Allow plenty of time to finish the activity in daylight, and pack extra

food and water in case of unexpected delays.

At the very least, make sure you have:

- matches
- topographic map(s)
- a compass
- a space blanket
- a first aid kit
- raincoats for everyone in the group
- warm clothing for everyone in the group
- plastic bags for rubbish
- plenty of water
- ample food
- torches

Weather can change rapidly. Be prepared for heat, rain, thick mist, icy winds, and sleet or snow in mountain areas.

Many parks have only limited mobile phone coverage. If you intend to use a mobile for safety purposes, contact your phone network supplier to check the coverage in the park you intend to visit.

언제든 당신이 공원에 방문하거나 예약할 때에는 다음 지침을 따라 주십시오.

방문 계획하기

위치 조건, 통로, 시내나 강의 수위, 화재 위험에 대하여 질문할 것이 있으면 공원 관리자와 연락하십시오. 덥고 건조한 시기에 공원은 '불 사용 금지' 기간일 수도 있습니다. 해당 기간 중에는 음식을 해 먹을 수 없을 것입니다(불이나 난로는 켤 수 없습니다). 미리 조리가 되어 있거나 바로 먹을 수 있는 신선 식품을 가져와야 할 것입니다.

최소한 3인 이상과 함께 공원에 와야 합니다. 만일 긴급 상황이 발생한다면, 한 사람이 부상당한 사람과 머물러 있는 동안 최소한 한 명은 도움을 요청하러 갈 수 있어야 합니다. 일행 중에는 나머지 사람들을 안내하고 도울 수 있는 경험을 지닌 사람이 최소한 한 명은 있어야 합니다.

일행들 모두가 할 수 있는 활동만 하십시오.

떠나기 전에, 가는 곳의 관계자나 책임자가 누구인지, 함께 가는 사람은 누구인지, 가지고 가는 장비가 무엇인지, 예정된 귀가일은 언제인지에 대한 구체적인 사항을 남기고 가야 합니다.

낮 동안에 활동을 마칠 충분한 시간을 배정하고, 예상치 못한 지연에 대비하여 여분의 식량과 물을 챙기십시오.

최소한 다음의 것들을 가져가야 합니다.

- 성냥
- 지형도
- 나침반

- 깔개 담요
- 구급상자
- 모든 일행의 비옷
- 모든 일행의 따뜻한 옷
- 쓰레기 담을 비닐봉투
- 충분한 물
- 충분한 식량
- 손전등

날씨가 갑자기 변할 수 있습니다. 산악 지역에서는 더위, 비, 짙은 안개, 차가운 바람, 진눈깨비나 눈에 대비해야 합니다.

많은 공원들에서 휴대전화 통화 가능 범위는 매우 제한되어 있습니다. 만일 안전을 목적으로 휴대전화를 사용하고자 한다면, 방문할 공원의 통화 가능 범위가 어디까지인지 해당 네트워크 기지국에 문의해 보십시오.

- 학급 학생들에게 표제어가 국립공원의 방문자나 캠핑하는 사람들을 위한 정보를 논리적으로 배치하도록 텍스트를 조직하고 있는지 물어본다.

- 예시 텍스트에 사용된 표제어에 대해 토의하도록 한다.
  - 제목이 그 내용에 조직된 정보를 분명하게 드러내고 있는지 묻는다.
  - 학생들에게 동일한 글에 붙일 다른 제목에 대해 생각할 수 있는지 묻는다.
  - 학생들에게 각각의 제목에 적합한 다른 지시문에 대해 생각해 보도록 한다.

- 지시문이 종종 동사로 시작됨을 알려 주되, 그 이유가 지시문은 명령문으로 구성되며 주어는 암묵적으로 이해되거나 생략되는 경우가 많기 때문이라는 점도 함께 알려 준다. 만일 학생들이 문장의 네 가지 유형에 대해 모른다면 다음과 같은 정보를 함께 제공해 주는 것이 유용하다.

예시	문장 유형
The bell is ringing. 종소리가 울리고 있다.	평서문
Is the bell ringing? 종소리가 울리고 있나?	의문문
Ring the bell. 종소리를 울려라.	명령문
Look, the bell is ringing! 봐, 종소리가 울리고 있구나!	감탄문

- 문장들의 차이점을 설명한다. 먼저 그들의 기능에 초점을 맞춘다.

    - 평서문은 무언가를 주장하거나 진술한다.

    - 의문문은 무언가에 대해 묻거나 정보를 구한다.

    - 명령문은 무언가를 요구하거나 명령한다.

    - 감탄문은 무언가를 강조한다.

- 이제 문장 유형에 따른 정동사와 주어의 위치에 대해 설명한다.

예시	문장 유형	정동사	주어	규칙
The bell is ringing. 종소리가 울리고 있다.	평서문	is	The bell	주어는 정동사 앞에 위치한다.
Is the bell ringing? 종소리가 울리고 있나?	의문문	is	the bell	주어는 정동사 뒤에 위치한다.
Ring the bell. 종소리를 울려라.	명령문	Ring	(you)	주어 'you'는 이미 이해되었기 때문에 생략될 수 있다.

- 어떤 문장이나 절이 확실한 지시인지 상술인지 같이 확인하도록 한다.

Remember to take a new reliable map when camping (instruction) *so you know where you are going. This will prevent you hopefully from getting lost and should warn you of any obstacles and the difficulty of the hike* (elaboration).

캠핑 때에는 신뢰할 수 있는 새 지도를 챙기는 것을 잊지 마십시오(지시). 그래야 어디로 가고 있는지 알 수 있습니다. 이렇게 하면 길을 잃고 헤매지 않게 되고, 장애물의 위협과 하이킹의 어려움을 피할 수 있습니다(상술).

- 이제 학급 학생들에게 개별적으로나 모둠별로, 나머지 예시 텍스트에서 명령문과 평서문을 확인하도록 시킨다.

- 비절차적 지시문의 구성적 요소들을 강화하기 위해서, 지시문의 본보기 텍스트들을 보여 주고 학생들에게 지시와 상술(명령문과 평서문)을 확인하게 한다.

양태 활용하기

효과적인 지시문에는 독자들이 의무적으로 그 지시문을 따르게 하기 위한 수사적 장치가 사용된다. 예를 들어 다음을 비교해 보라.

의무를 표현하는 양태 조동사

You *must* check that everything you need has been packed before you leave.

당신은 떠나기 전에 필요한 모든 것들이 다 꾸려졌는지 확인해야 한다.

You *should* also inform the National Parks office of your plans.

당신은 또한 당신의 일정을 국립공원 관리소에 알려야 한다.

가능성을 표현하는 양태 조동사

Make sure that all essential items are packed. It *may* be necessary to use a checklist.

모든 필수적인 품목을 짐으로 꾸렸는지 확인하라. 필요할지도 모르니 체크리스트를 사용하라.

Leave your intended route with the National Parks office as it *could* be useful if any problems arise.
문제가 생길 경우 유용할 수 있으므로 당신의 예정된 경로를 국립공원 관리소에 알리고 떠나라.

- 학급에서 이러한 예시들에 대해 토의하도록 한다. 양태의 다른 유형(의무와 가능성)에 주의를 기울여야 한다. 가능성의 양태는 자세히 설명하는 평서문의 문장에서 사용되는 경향이 있는 반면에, 의무의 양태는 명령하는 문장에서 가장 자주 사용됨을 학생들에게 알려 줘야 한다.

- 다음에는 양태가 의무나 가능성의 정도를 표현할 수 있음을 보여 준다. 예를 들어, 'must'는 'should'에 비해 더 높고 강한 의무를 표현한다.

- 개인별 혹은 모둠별 연습 활동을 통해 학생들에게 비절차적인 지시문의 몇몇 예시를 주어, 그들 스스로 어떤 양태 조동사가 쓰였는지 확인하고 그것이 의무나 가능성 중 어느 것을 표현하고 있는지 설명하게 한다. 지역 도서관에서 찾을 수 있는 다양한 지침서들이 이러한 텍스트 유형의 유용한 원천이 된다.

- 양태는 또한 'perhaps, sometimes, if, cetainly, usually, only, possibly, maybe, definitely, obviously, quite, almost, hardly, really, actually, just' 등과 같은 부사의 사용을 통해서도 표현될 수 있다. 이러한 양태 부사는 일반적으로 문장이나 절의 시작 부분에서 사용되며, 이어질 진술의 진실성이나 확실성을 한정하기 위해 사용된다. 이는 진술을 더 심사숙고한 것처럼 보이게 하거나 더 개방적인 해석을 유도하여, 내용을 독자가 더 쉽게 받아들이도록 만드는 수사적 효과를 갖는다.

- 학급 활동을 통해 위에 제시된 양태 부사를 사용하여 문장을 구성하게 한다. 그 후에 각각의 문장을 그 부사 없이 다시 쓰고, 이들을 비교하여 양태 부사의 수사적 효과를 지각하도록 지도한다.

- 양태는 또한 다른 문법적 요소들을 사용하여 표현될 수 있다. 예를 들어, 양태는 형용사를 사용하여 양태의 정도를 진술하는 하나의 절로 표현될 수 있다. 다음 예를 보자.

It is *possible* that the weather could change.
날씨가 변할 가능성이 있다.

One thing is certain, you will need to take enough water.
한 가지 분명한 건, 당신이 물을 충분하게 가져가야 할 것이라는 점이다.

- 형용사를 사용하여 이런 식으로 양태를 표현하는 것은 비절차적 지시문에서 필자와 독자 간의 효과적인 거리두기를 돕는다. 이러한 전략의 수사적 효과는 독자에게 그들이 특정한 일을 하도록 명령받는 느낌이 들지 않도록 하는 것이다. 대신에 독자들은 적절한 결정을 내리기 위해 자신만의 이유를 찾을 기회를 갖게 된다. 양태를 표현하는 데에 사용될 수 있는 형용사는 다음과 같다.

probable	possible	certain	usual
rare	willing	ready	easy
definite	absolute	sure	obvious
clear	simple	entire	utter

- 학급 활동이나 개별 활동을 통해서, 학생들에게 위에 제시된 형용사들을 문장에 사용하여 양태의 정도를 표현하도록 지도한다.

문장 구조 이해하기

명령문은 대개 주절만 사용하는 단문으로 표현된다.

Always camp in a safe place.
항상 안전한 장소에서 캠프를 해라.

복문은 동등한 지위를 갖는 두 개의 주절을 갖는다. 주절은 'and', 'but', 'so', 'furthermore' 등과 같은 등위 접속사로 연결된다.

Find a good camping ground *and* pitch your tent before dark.
캠핑하기에 좋은 땅을 찾고, 어두워지기 전에 텐트를 쳐라.

기본적인 명령문은 대개 'and/or'로 연결된 간단한 중문 구조를 지니지만, 지시문에서는 상술하는 문장을 수반하는 경우가 많다. 효과적으로 설명하고 상술하는 문장들은 종종 복문 구조를 요구하기도 한다. 예를 들어, 명령 문장들은 종종 조건절로 시작한다. 다음 예를 보자.

In case you have an emergency (조건적 종속절) you should carry emergency supplies (주절).
긴급 사태가 발생했을 경우를 대비하여 비상 물품을 가져가야 한다.

이유를 제시하고 있는 지시문은 종종 인과 관계를 나타내는 종속절과 함께 명령문이 따라오기도 한다. 다음 예를 보자.

Take a torch (주절) *so you can see at night* (인과적 종속절).
밤에 볼 수 있도록 손전등을 가져가라.

복잡성이나 종속에는 정도나 수준이 있다. 예를 들어, 종속절은 이에 덧붙는 또 다른 종속절을 지닐 수 있다. 이러한 유형의 복잡성은 한 개의 절이나 하나의 정보 단위가 완벽한 의미를 나타내기 위해 또 다른 절에 의존하는 경우를 말한다. 예를 들어, 다음과 같은 문장에서 첫 번째와 두 번째 종속절은 완벽한 의미를 나타내기 위해 주절에 의존한다.

> *In order to keep warm* (조건적 비한정 종속절) *when you are camping overnight* (시간적 종속절) you should take a warm sleeping bag (주절).
> 당신이 밤새 캠프를 할 때 보온을 하기 위해서는 따뜻한 침낭을 가져가야 한다.

복잡성의 또 다른 단계는 소위 안긴 문장이라 불리는 것이다(2장에서 기술한 바와 같다). 이것은 절이 또 다른 절의 구성 안에 위치하거나, 또 다른 절 안에 끼워지는 경우이다. 형용사절은 또 다른 절과 종속적인 관계를 지니고 있지 않지만(앞선 예시에서와 같이), 대신에 다른 절의 주어나 목적어에 정보를 더하기 때문에 안긴 문장으로 불린다.

> A sleeping bag *that is down-filled* (주절의 주어 'sleeping bag'에 붙어 수식하는 형용사절로 안긴 문장) is best for warmth (주절).
> 오리털로 채워진 침낭이 보온에 가장 좋다.

- 학급 학생들과 함께 단순한 절을 분석하는 연습 활동을 해 본다. 예를 들어, 아래와 같이 비절차적인 지시문을 보여 주고 학급 학생들과 함께 각각의 절을 확인하여 그것이 주절/대등절인지, 종속절이나 안긴 절/형용사절인지 말해 보게 한다. 확인을 돕기 위해 다음의 방법을 활용할 수도 있다.
  - 다른 절에 의존하지 않으면서 완결된 의미를 구성하는 절이라면, 그것은 주절 또는 대등절이다.
  - 완결된 의미를 나타내기 위해 주절에 의존하는 절이라면, 그것은

종속절이거나 형용사절로 안긴 문장일 수 있다.

– 또 다른 절의 주어나 목적어에 부가적인 정보를 더하는 절이라면, 그것은 형용사절로 안긴 문장이다. 예를 들면 다음과 같다.

Remember to take enough food (주절) so you will not get hungry (종속절). A map is essential (주절) if you lose your way (부사적 종속절) and will indicate the best route to take (대등절).

배고프지 않도록 충분한 식량을 가져가는 것을 잊지 마라. 만일 당신이 길을 잃는다면 지도가 필수적이며, 지도는 최적의 경로를 알려줄 수 있을 것이다.

Camping can be very dangerous (주절) and can be miserable (대등절) if there is a sudden change in the weather (종속절). A good energy source of food is dried fruit (주절). It also has sugar and vitamins (주절) which replenish energy supplies (형용사절로 안긴 문장).

만일 날씨가 갑자기 변한다면 캠핑은 매우 위험하거나 고생스러워질 수 있다. 좋은 에너지원은 말린 과일이다. 말린 과일에는 에너지 공급을 돕는 설탕과 비타민이 포함되어 있다.

• 비슷한 비절차적 지시문을 학급 학생들에게 주고, 개별적 혹은 모둠별로 이와 비슷한 절 분석을 하도록 한다. 이는 매우 복합적인 활동이며 주의 깊은 비계 설정을 필요로 한다.

7장

주장하기 장르

주장하기(arguing) 장르는 학교에서 배우는 지식의 많은 부분을 다루거나 사회에 효과적으로 참여하기 위해 필수적인, 중요하고 영향력 있는 언어 과정이다. 주장하기는 추론, 평가, 설득을 포함하는 언어 과정이다.

과거에는 가장 일반적인 주장 형식인 에세이가 학교 쓰기 활동의 주가 되는 고학년에서 가서야 주장하는 글쓰기를 배울 수 있었다. 그러나 최근 국가 교육과정 문서를 보면 이러한 일반적인 생각이 도전받고 있음을 알 수 있다. 교육과정 입안자들은 주장하기 장르가 유아 시기나 초등학교 수업 시간에 교과를 가르치고 배우기 위한 기본적 언어 과정이라는 점을 잘 알고 있다. 매 수업 시간 아이들은 다음과 같은 활동을 해야 한다.

- 이야기에 대한 의견을 제시할 것

- 화제가 되는 쟁점에 관해 쓸 것

- 관점에 대한 이유를 말할 것

이러한 활동이 가능하려면 주장하기 장르가 동원되어야 한다.

초등학교 과정의 학생들은 중학교 단계의 교과 학습에서 요구되는 유형의 에세이를 쓰는 데 필요한 인지적 기능(skills)을 발달시키지 못했지만, 자신의 의견을 표현하고 특정한 관점에 대한 이유를 제시하는 방법을 알고 있다. '난 저거 좋아하지 않아, 무서워.'와 '난 그 책이 재미있어서 좋아.'와 같은 의견은 사실 주장의 초기 형태이며, 이는 해당 장르를 형식적 측면에서 발달시키기 위한 토대가 된다.

아이들은 매우 이른 시기부터 주장하기를 위한 복잡한 문법 원리를 배운다. 의견을 제시할 수 있는 능력이 생기면서, 아이들은 자신들의 관점을 정당화할 때 '왜냐하면(because)'과 같은 단어를 사용하는 등 인과 관계를 나타내는 기본적인 방식을 파악하게 된다. 아이들은 설득하는 데 사용되는 문법적 요소들을 어느 정도 갖추고 있는 것처럼 보인다. 아이들은 금세 '마실 것 좀 주시겠어요?'나 '엄마, 난 저걸 정말 가지고 싶어요.'가 '저걸 줘!'라고 간단하게 말하는 것보다 더 성공적이라는 점을 배우게 된다.

적어도 발화에서는 주장하기 장르에서 사용되는 요소들이 아이들의 일상생활에서 많은 부분을 차지하고 있다. 집이나 학교에서 어른들이나 친구들과 의사소통하면서, 아이들은 말로 효과적으로 주장하는 데 매우 능숙하게 된다. 그러므로 중요한 것은, 이미 능숙한 주장하기 말하기 능력을 활용하여 글에서도 능숙하게 주장할 수 있도록 학생들을 이끄는 것이다.

01 주장하기의 문법적 특징

- 심리 동사는 의견을 표현할 때 사용된다.
  I *like* Girlfriend.

나는 그룹 걸프렌드를 좋아한다.

We *believe* teachers shouldn't stop children from eating junk food.
우리는 선생님들이 아이들이 정크 푸드*를 먹는 걸 막아선 안 된다고 믿는다.

- 논리적인 관계를 유지하여 논지에 연결시켜 주기 위해서는 연결어가 사용된다.

  - 시간적 연결어는 개괄 단계 등에서 명제를 배열하는 데 사용된다.

    There are a number of reasons why smoking shouldn't be allowed in restaurants. *Firstly*, many people can suffer from passive smoking and *secondly* it can aggravate asthma.
    여러 가지 이유로 식당에서 흡연이 허용되어서는 안 된다. 첫째, 많은 사람들이 간접흡연으로 인해 피해를 입을 수 있고, 둘째, 이것은 천식을 악화시킬 수 있다.

  - 인과 관계를 나타내는 조건적 연결어는 주장하는 글에서 요점들을 연결하기 위해 사용된다.

    They die because the oil stops them from breathing.
    그들은 기름 때문에 숨을 쉴 수 없어서 죽는다.

  - 비교 연결어는 반대의 요점을 소개하는 데 사용된다.

    However, others think we should have junk food.
    그러나 다른 사람은 우리가 정크 푸드를 먹어야 한다고 생각한다.

    On the other hand, packaging can have many disadvantages.
    반면에, 포장에는 단점이 많다.

  - 또한 연결어는 예시하거나 결론을 보여 줄 수 있으며, 일반적으로 주장을 마치기 위한 결론 진술에서 사용되기도 한다.

    Consequently, smoking shouldn't be allowed in restaurants.
    따라서 식당에서 흡연이 허용되어서는 안 된다.

    Therefore we should change the Australian flag.

....

* 칼로리는 높으면서 영양가는 낮은, 몸에 해로운 식품.

그러므로 우리는 오스트레일리아 국기를 바꿔야 한다.

- 관여적 어조에서 비관여적 어조로의 이동

    - 관여적 어조는 1인칭 대명사 'I'나 2인칭 대명사인 'you'와 같은
    표현을 통해 주관적인 의견을 나타낼 때 사용된다.

    I think we should change our flag.
    나는 우리가 우리 국기를 바꿔야 한다고 생각한다.

    You shouldn't drop rubbish.
    당신은 쓰레기를 버려서는 안 된다.

    - 비관여적 어조는 절대적 진술이나 양태적 진술에서와 같이 객관
    적인 의견을 표현하기 위해 사용된다.

    Packaging *is* essential in preserving and transporting products.
    포장은 상품을 보존하여 운송하는 데에 필수적이다.

    It *could* be argued that ....
    …은 논의될 수 있다.

- 양태는 주장에서 필자와 독자의 위치를 정하기 위해 사용되는데, 그
방식은 여러 가지이다.

You *should* put rubbish in the bin. 당신은 쓰레기를 쓰레기통에 버려야 한다.	**양태 조동사**
I *think* children should go to school. 나는 아이들이 학교에 가야 한다고 생각한다.	**양태 동사**
It *will* make your class room look yucky. 그것은 당신의 교실을 더러워 보이게 할 것이다.	**시제 조동사**

- 명사화는 주장에서 필자가 정보를 요약하거나 추상적인 논제를 다루
는 데 사용된다. 명사화의 과정은 또한 행위주를 제거하는 효과를 지
닌다.

Junk food can make people sick. / Junk food can cause *sickness*.

정크 푸드는 사람들을 병들게 할 수 있다. / 정크 푸드는 질병을 유발할 수 있다.

This is the best way of using machines that people have today. /
This is the best *application* of modern *technology*.

이는 사람들이 오늘날 가지고 있는 기계를 활용하는 최상의 방법이다. / 이는 현대 기술의
최상의 적용태이다.

02 주장하기의 구조

주장하기 장르는 목적과 내용에 따라 다양한 텍스트 형태를 취할 수 있
나. 미숙한 학생들은 텍스트 하나를 생산하는 데 하나 이상의 장르를 사용하
는 경우가 많다. 사실 이는 미숙한 학생들의 텍스트만 한정된 사실이 아니다.
대개의 텍스트는 다중 장르적이다. 즉, 텍스트는 다양한 장르가 혼합되어 구
성될 수 있다. 아래 텍스트도 이러한 경우인데, 주장과 묘사가 혼합되어 있다.

Why I Like Girlfriend (나는 왜 걸프렌드를 좋아하는가)

I like Girlfriend because I think they sing well and they put a lot of
expression into their songs.
Girlfriend wear groovy clothes. My favourite singer from Girlfriend is
Melanie but Lorinda sings the best songs. My favourite songs are All or
Nothing and Saving It Up. Girlfriend are good to dance to. (Year 3)

나는 그룹 걸프렌드를 좋아하는데, 그들이 감정을 실어서 노래를 잘하기 때문이다.
걸프렌드는 옷을 잘 입는다. 걸프렌드에서 내가 가장 좋아하는 멤버는 멜라니지만, 노래는
로린다가 가장 잘한다. 내가 제일 좋아하는 노래는 'All or Nothing'과 'Saving It Up'이다.
걸프렌드의 노래는 춤추기에 좋다. (3학년 학생의 글)

위 글은 팝 그룹 '걸프렌드'에 대한 어린 소녀의 견해를 담고 있는데, 장

르상으로는 주장하기 장르이다. 이 글을 쓴 학생은 'I like Girlfriend(나는 그룹 걸프렌드를 좋아한다).'라는 명제로 글을 시작하면서, 이 그룹이 노래를 잘한다는 점으로 자신의 생각을 뒷받침하고 있다. 이어서 글의 나머지 대부분에서는 이 그룹의 패션, 필자가 가장 좋아하는 멤버, 가장 좋아하는 노래에 대해 묘사하고 있다.

위 글을 쓴 학생은 그룹에 대한 자신의 견해와 그렇게 생각하는 이유를 성공적으로 제시하면서, 동시에 묘사라는 장르적 자원을 활용하고 있다.

물론 이러한 장르에 더 능숙한 필자는 그룹의 옷이나 개개 멤버 또는 노래에 관한 자신의 견해가 그 그룹을 좋아한다는 것과 어떻게 인과적인 연계를 지니는지 명확히 제시함으로써, 더 효과적이고 설득력 있는 글을 썼을 것이다. 그러나 이 글은 대개의 글에서 나타나는 다중 장르적인 면모를 보여 주는 동시에, 앞으로 필자가 주장하는 글쓰기와 관련하여 더 발전될 여지가 있다는 점도 보여 주고 있다.

1) 저학년 수준에서의 주장하는 글 Early arguments

'걸프렌드' 텍스트를 주장하기 장르라고 명백히 구분할 수 있게 해 주는 것은 이 텍스트의 도입 진술이다.

> I like Girlfriend because I think they sing well and they put a lot of expression into their songs.
> 나는 그룹 걸프렌드를 좋아하는데, 그들이 감정을 실어서 노래를 잘하기 때문이다.

이 문장은 주장하는 글의 핵심을 이루는 구조적 특징들을 보여 주고 있다. 즉, 요점이나 명제가 제시되어 있고 이는 상술에 의해 뒷받침되고 있다. 미숙한 학생들에게 주장하기 장르를 가르칠 때에는 이러한 지점에서 시작하는 것이 좋다. 쟁점에 대해 서로 논의해 보고 왜 그러한 방향으로 생각했는지 묻는 것이 학생들의 주장하기 능력을 발전시키기 위한 첫 단계가 될 수 있다. 다음 문장들은 1학년 학생이 학교에서 처음으로 써 본 주장하는 글에서 가져온 것들이다.

I like the simsins[▷simpsons] 나는 〈심슨 가족〉을 좋아한다.	bekos[▷because] they make me lafe[▷laugh]. 그들은 나를 웃게 만들기 때문이다.
요점/명제	상술
We must line up for the tukshop[▷tuck-shop] 우리는 과자 가게 앞에 줄을 서야만 한다.	so we all get a turn. 그래야 자기 차례가 돌아오기 때문이다.
요점/명제	상술
Kids shud[▷should] not drop paper 아이들은 쓰레기를 버려서는 안 된다.	because it makes the playground messy. (Year 1) 운동장이 더러워지기 때문이다. (1학년 학생의 글)
요점/명제	상술

이 정도의 발달 단계상에서 주장하는 글은 곧잘 설명문과 비슷한 양상을 보이곤 한다. 이는 왜 그러한가(why)에 대한 설명과 주장이 모두 인과 관계를 다루기 때문이다. 그러나 설명문은 해석 단계를 포함하면서 어떤 하나의 과정을 개괄하는 데 그 목적이 있는 데 비해(5장을 보라), 주장하는 글은 일차적으로 의견이나 설득과 관계된다는 점에서 이들 둘은 서로 다르다.

2) 논술 Expositions

학교에서 다루어지는 주장 텍스트는 대개 논술(exposition)과 토론(discussion), 이 두 가지 유형에 치우쳐 있다. 논술은 학생들로 하여금 주장의 목

적에 초점을 맞추게 하는 텍스트 형태이므로, 주장을 가르칠 때에는 논술로
시작하는 것이 타당하다. 논술은 관점을 앞세우고 그것을 뒷받침하기 위한 논
거를 내세우는 형태이기 때문이다.

Transporting Oil (기름 나르기)

I think we should protect our environment by transporting oil more
safely.
Ships can spill oil and it can make a slick and fish and animals and birds
can die. They die because the oil stops them from breathing.
This is why we should transport oil safely. (Year 2)

나는 우리가 기름을 더욱 안전하게 날라서 환경을 보호해야 한다고 생각한다. 배는 기름을
엎지를 수 있는데, 기름은 막을 형성하여 물고기와 동물과 새를 죽일 수 있다. 그들은 기름
때문에 숨을 쉴 수 없어서 죽는다.
그러므로 우리는 기름을 안전하게 날라야 한다. (2학년 학생의 글)

위 글은 간단한 논술의 예로, 다음과 같이 구조화될 수 있다.

Transporting Oil (기름 나르기)

I think we should protect our environment by transporting oil more safely. 나는 우리가 기름을 더욱 안전하게 날라서 환경을 보호해야 한다고 생각한다.	논제	
Ships can spill oil and it can make a slick and fish and animals and birds can die. 배는 기름을 엎지를 수 있는데, 기름은 막을 형성하여 물고기와 동물과 새를 죽일 수 있다.	요점	논증
They die because the oil stops them from breathing. 그들은 기름 때문에 숨을 쉴 수 없어서 죽는다.	상술	

> This is why we should transport oil safely. (Year 2)
> 그러므로 우리는 기름을 안전하게 날라야 한다. (2학년 학생의 글)

위 글은 명백하게 진술된 논제(thesis) 또는 주(主)명제인 "나는 우리가 기름을 더욱 안전하게 날라서 환경을 보호해야 한다고 생각한다."라는 문장으로 시작하고 있다. '걸프렌드' 텍스트와 다르게, 위 텍스트에서는 논제가 분명하게 묘사되어 있다. 미숙한 필자들에게서 자주 볼 수 있듯이, 주제는 같은 문장 안에서 상술되거나 뒷받침되지 않고 있다.

논제는 논증(argument) 단계로 이어진다. 초기 단계의 필자들이 쓴 텍스트에서는 이런 논증 단계가 단지 하나의 요점(point)과 상술(elaboration)로 이루어져 있고, 대개 한 문장으로 처리된다. 학생들의 쓰기 능력이 발달할수록 이 단계도 점점 복잡해지는데, 사실 이 단계가 주장의 '핵심'이다. 요점은 상술이 구체적일수록 그 수가 점차 증가하는데, 요점 진술의 순서나 논리가 주장의 효과를 결정짓는 데 가장 중요하다. 능숙한 필자라면 이 단계에서 독자의 입장을 조율하기 위한 수사적 장치의 일환으로 서로 반대되는 관점을 대비하여 놓을 수도 있다.

논술의 마지막 단계는 논제를 반복하는 진술로 결론(conclusion)을 내리는 것인데, 미숙한 필자들은 종종 논제를 문자 그대로 반복하며 마무리를 짓곤 한다. 더 복잡한 텍스트에서는 요약의 형식으로 마무리되기도 한다.

각각의 단계는 새로운 문단으로 조직되어 명백하게 구별될 수 있다. 그러므로 논술의 이러한 장르적 단계를 명시적으로 파악하기 위해서는, 학생들에게 텍스트를 문단별로 조직하게 해서 논술의 각 단계에 대해 좀 더 명시적으로 주목할 수 있도록 하는 것이 좋다.

다음 5학년 학생의 글에서는 논술 쓰기가 한층 더 발달하고 있음을 두드러지게 확인할 수 있다.

School (학교)

I think children should go to school. It is a place where they can learn, make friends and have fun. 나는 아이들이 학교에 가야 한다고 생각한다. 학교는 아이들이 배우고 친구를 사귀며 즐길 수 있는 곳이다.	논제

If they don't go to school children may never learn to read and write. 학교에 가지 않는다면 아이들은 읽고 쓰는 것을 배울 수 없을 것이다.	요점	논증
This means that they might not get a good job or any job at all. 이는 아이들이 좋은 직업을 얻지 못하거나, 아예 직업을 갖지 못할 수도 있다는 것을 의미한다.	상술	
At school children can learn about lots of different things like maths, science, famous people and different countries. 학교에서 아이들은 수학이나 과학, 위인, 다른 나라 등 여러 가지 많은 것들에 대해 배울 수 있다.	요점	논증
At school you can also play sport and go on excursions to visit interesting places. 학교에서는 운동을 할 수 있고 재미있는 곳으로 소풍을 갈 수도 있다.	상술	

That's why children should go to school. (Year 5) 이것이 아이들이 학교에 가야 하는 이유이다. (5학년 학생의 글)	결론

위 텍스트의 논제 단계는 앞서 살펴본 2학년 학생의 주장 텍스트에 있는 논제 단계보다 훨씬 더 복잡하다. 5학년 학생의 텍스트에는 "나는 아이들이 학교에 가야 한다고 생각한다."와 같은 논제 진술뿐만 아니라, 앞으로 다뤄질 요점을 개괄하는 진술(preview)도 제시되어 있다.

2학년 학생의 논술 텍스트에서는 주제를 따라가기 위해 개괄 진술을 제시할 필요가 없었다. 그러나 학생들의 주장하는 글쓰기 능력이 신장되고 더 긴 텍스트가 생성될수록 위 글에서와 같은 개괄 진술이 매우 중요한 역할을 하게 된다. 개괄 진술은 생각을 조직하고, 다음에 무슨 내용이 이어질지 독자를 준비시키는 역할을 한다.

이 텍스트에서 논증 단계는 각각 상술이 뒤따르는 여러 개의 요점으로 구성되어 있다. 요점은 대체로 개괄에서 계획된 순서에 맞춰 제시되며, 전체 글은 논제의 반복으로 마무리된다.

학생들이 논술의 구조적인 형태에 편안함을 느낀다면, 주장하기의 또 다른 텍스트 유형인 토론을 배울 준비가 되었다고 볼 수 있다.

3) 토론 Discussions

논술은 그 목적이 하나의 견해를 제시하는 데 있지만, 토론은 다양한 관점에서 쟁점을 고려해야 하기 때문에 더 복잡한 주장의 형태라 할 수 있다. 그러나 미숙한 필자의 토론은 찬성 진술만이나 반대 진술만으로 제한되어 있다.

Getting a Dog (개 기르기) – 초고

My Dad wants to get a dog and Mum doesn't. 아버지는 개를 키우고 싶어 하시지만 어머니는 그렇지 않으시다.	쟁점 진술
Mum thinks they cost too much but Dad thinks they are fun to play with. 어머니는 개에 너무 많은 돈이 든다고 생각하시지만, 아버지는 함께 노는 것이 재미있다고 생각하신다.	찬성 및 반대 논증
I think Dad is right that we should get a dog. (Year 3) 나는 아버지가 옳고 우리는 개를 길러야 한다고 생각한다. (3학년 학생의 글)	의견

Getting a Dog (개 기르기) – 교정본

My Mum and Dad don't agree about getting a dog. 나의 어머니와 아버지는 개를 기르는 것에 대해 서로 동의하지 못하신다.	쟁점 진술
Mum thinks they cost too much money because they have to go to the vet and they eat a lot of dog food. 어머니는 개는 동물 병원에도 가야 하고 사료도 많이 먹기 때문에 개에 너무 많은 돈이 든다고 생각하신다.	반대 논증
Dad thinks they can be a good friend because you can go on walks together and play games. 아버지는 함께 산책을 하거나 게임을 할 수 있기 때문에 개가 좋은 친구가 될 수 있다고 생각하신다.	찬성 논증
I think Dad is right that we should get a dog. 나는 아버지가 옳고 우리는 개를 길러야 한다고 생각한다.	의견

위 글은 토론과 논술의 구조적인 차이를 보여 준다. 토론은 다루고 있는 논제와 관련하여 적어도 두 개 이상의 관점이 있다는 것을 독자에게 알려 주기 위해서 쟁점 진술(statement of issue)을 사용한다. 하나의 명제와 그 명제를 뒷받침하는 간단한 논제 진술로 시작하는 논술의 구조와 이를 비교해 볼 수 있다. 위 글에서는 보이지 않지만, 토론은 찬성과 반대의 관점 모두를 이 단계의 끝에 요약적으로 제시한다.

도입 문단 다음에는 찬성과 반대의 논증(argument for and against)이 이어진다. 교정본에서 양쪽 논증은 상술을 포함하고 있다. 요점의 수와 상술의 정도는 많은 부분 필자의 이해 정도나 발달 정도에 따라 결정된다. '개 기르기' 초고에서 글을 쓴 학생은 찬성과 반대의 관점 모두를 단순히 한 문장으로 제시하고 있다. 이와 달리 교정본에서는 각 요점이 별개의 문장으로 제시되어 있는데, 찬성이나 반대 양쪽 모두 요점이 인과적 연결어 'because'에 의해 상

술되고 있다.

    토론은 필자의 관점을 진술하고, 제시된 논거들을 요약하는 의견(recommendation) 단계로 결론을 맺는다. 토론은 반대되는 관점들에 대한 논평 이상의 것이다. 화제의 옳고 그름을 고려하면서 제시된 논거들에 바탕을 두고 결론을 끌어내야 한다. 필자는 독자가 적절한 결론을 끌어내도록 유도하기 위해 주장하기의 문법을 사용할 수 있다. 아래에 제시된 것은 5학년 학생이 쓴 글에 주해를 단 것인데, 토론 텍스트의 몇 가지 발전된 모습을 보여 주고 있다. 쟁점은 약간의 상술과 함께 도입 문단에서 진술되고 있고, 각 문단 안에서 요점과 상술 수가 증가하면서 찬성과 반대의 논증 단계는 좀 더 정교해졌다. 마지막 문단에서 요점들의 요약이 나타나지는 않았지만, 의견은 반복을 통해 강화되고 있는 모습이다.

Junk Food (정크 푸드)

Year 5 at our school have been discussing whether or not we should have junk food at school.	쟁점 진술	쟁점
Some of the class think that we should have junk food but the others don't think so.	개괄	
우리 학교의 5학년 학생들은 학교에서 정크 푸드를 팔아야 하는지 그렇지 않은지에 대해 논의해 왔다.		
학급의 몇몇 학생들은 정크 푸드를 팔아야 한다고 생각하고 다른 학생들은 그렇게 생각하지 않는다.		
Some kids think that we shouldn't have junk food	요점	반대 논증
because you wouldn't grow up to be healthy and strong.	상술	
몇몇 학생들은 우리가 건강하고 튼튼하게 자라지 못하기 때문에 정크 푸드를 팔아서는 안 된다고 생각한다.		
Also junk food sometimes causes sickness to children	요점	
if they eat too much of it.	상술	

또한 정크 푸드는 너무 많이 먹을 경우에 질병을 일으키기도 한다.

Junk food could rot teeth.

Also when children buy junk food they throw their rubbish on the ground.

정크 푸드는 이를 썩게 할 수도 있다. 또한 정크 푸드를 사면 아이들이 그 쓰레기를 운동장에 버린다.

| | | 요점 |

However, others think we should have junk food

because if there wasn't the children wouldn't go to the canteen and buy anything.

그러나 다른 아이들은 정크 푸드를 팔아야 한다고 생각한다.

왜냐하면 그것이 없다면, 아이들은 매점에 가서 사먹을 것이 아무것도 없기 때문이다.

Children enjoy junk food and so do many teachers.

If parents allow children to eat junk food how could a school ban it?

아이들은 정크 푸드를 즐기고 많은 교사들도 그러하다.

만약 부모가 아이들이 정크 푸드를 먹도록 허락해 준다면 학교에서 어떻게 그것을 막을 것인가?

요점 상술 · 요점 상술 — 찬성 논증

Our class thinks junk food should not be banned from school.

We believe that teachers shouldn't stop children from eating junk food.

우리 학급은 정크 푸드를 학교에서 금지해서는 안 된다고 생각한다.

우리는 교사가 아이들이 정크 푸드 먹는 것을 막아서는 안 된다고 여긴다.

요약 · 결론 — 의견

03 주장하기의 문법

묘사하기와 설명하기 장르의 언어가 기본적으로 객관적인 방식으로 세계를 보여 주는 반면에, 주장하기 장르는 세계를 해석하고 독자에게 이러한 해석의 정당성에 대해 설득한다. 이러한 이유로 주장하기 장르는 다음과 같은 목적을 지닌 문법을 발전시켜 왔다.

- 논리적이고 응집성 있는 텍스트를 생산하기 위한 문법
- 필자와 독자 양쪽 모두에게 수사적인 위치를 지정해 주는 문법

이중, 첫 번째 것은 주장의 장르 일반적 구조를 통해, 즉 텍스트의 구성 요소들을 배열함으로써 어느 정도 달성된다. 이는 응결성을 높이는 장치인 연결어, 지시, 주제를 활용한 문법으로써 강화된다.

한편 '위치를 정한다(position)'는 것은 필자가 독자에게 수사적인 위치를 지정해 주어 독자가 특정한 방향으로 텍스트를 읽도록 이끄는 것을 의미한다. 양태, 어조, 명사화와 같은 문법적인 요소들이 그 효과적인 장치이다. 이런 문법 범주를 이용하는 것은 미숙한 필자들에게는 다소 어려운 것이 될 수 있지만, 주장을 보다 객관적으로 제시하는 데에는 도움이 된다.

1학년 학생의 글은 말을 전사해 놓은 것과 매우 유사하다. 또한 주장하는 글쓰기의 초기 시도들은 'I think our canteen should sell junk food(나는 매점에서 정크 푸드를 팔아야 한다고 생각한다).'에서와 같이 거의 독자를 의식하지 않는다. 또는 반대로 'You shouldn't smoke because it is bad for you(몸에 해롭기 때문에 당신은 담배를 피워서는 안 된다).'와 같이 독자에게 직접 말을 건네는 형식을 취하기도 한다. 거리가 멀거나 손에 잡히지 않는 독자에

게 말을 거는 것, 위치 정하기와 관련된 치밀한 요소 같은 사항들은 초등학교 고학년과 중등학교 저학년 시기까지의 주장하는 글에서는 나타나지 않는다. 따라서 주장하기의 문법은 이미 연구된 문법 요소와 함께, 학생의 발달 단계를 고려하여 접근되어야 한다.

1) 일상적 주장 Commonsense arguments

다음 글에서는 학생들이 주장하기의 문법을 사용하는 능력을 얼마나 크게 향상시켰는지 잘 드러나 있다. 장르의 주요 문법적 특징을 나타내기 위해 다음과 같이 주석을 달았다.

심리 동사 – *기울임체*

양태 – **굵은 글씨**

연결어 – <u>밑줄</u>

The Simpsons (심슨 가족)

I *like* the Simpsons <u>because</u> they make me laugh. (Year 1)
나는 〈심슨 가족〉을 좋아한다. 그들은 나를 웃게 만들기 때문이다. (1학년 학생의 글)

주장의 초기 형태임에도 불구하고, 위 텍스트는 해당 장르의 주요 문법적 특징을 사용하고 있다. 이 글을 쓴 학생은 심리 동사 'like'를 사용하여 자신의 의견을 표현하고, 인과적 연결어 'because'로 요점과 상술의 관계를 형식화하고 있다. 1인칭 대명사 'I'는 필자가 자신의 간단한 기호(嗜好)를 진술하기 위해 관여적 어조를 택하였음을 의미한다.

Dropping Rubbish (쓰레기를 버리는 것)

You **shouldn't** drop rubbish at school <u>because</u> it will look very untidy.
When visitors come they **will** *think* it looks messy <u>and</u> they **will** *think* the
children at this school are grubs. It **will** make your class room look yucky.
It **will** make birds, rats and mice come <u>and</u> eat the food scraps <u>and</u>
the children **might** get a disease from the food going rotten in the
playground.
You **should** put the rubbish in the bin to keep the playground clean.
(Year 2)

학교에 쓰레기를 버리면 안 된다. 왜냐하면 학교가 매우 더러워 보이기 때문이다.
방문자들이 왔을 때 그들은 학교가 더러워 보인다고 생각할 것이고, 이 학교의 아이들이
지저분한 아이들이라고 생각할 것이다. 그것은 당신의 교실을 더러워 보이게 할 것이다.
그것은 새나 쥐들이 와서 음식 찌꺼기를 먹도록 만들 것이고, 아이들은 운동장에서 썩어 가는
쓰레기들로 인해 병에 걸릴 지도 모른다.
운동장을 깨끗하게 보존하기 위해 쓰레기를 쓰레기통에 버려야 한다. (2학년 학생의 글)

위 텍스트 또한 관여적 어조를 사용하고 있다. 그러나 위 글을 쓴 학생은
2인칭 대명사 'you'를 사용하여 독자에게 더 직접적으로 말을 걸고 있다. 이
러한 이유로 주제와 결론 진술은 지시문처럼 보이기도 한다. 학교에 방문한
사람들의 관점을 말할 때, 이 학생은 심리 동사 'think'를 사용하고 있다. 텍스
트에서 'drop', 'make', 'come', 'eat'과 같은 동작 동사의 수에 주목하는 것
도 재미있는 일이다. 이처럼 언어의 구체적인 사용은 주장하기 장르에 미숙한
필자의 특징이다. 일반적으로 이러한 특징은 초등학교 고학년에 이르러 학생
들이 이들 동사를 명사화함으로써 언어를 추상화하기 시작하면서 사라진다.

독자의 위치 정하기는 의무(shouldn't)와 가능성(will)의 양태 모두를 사
용하여 달성되었다. 이 발달 단계의 필자는 의무와 가능성의 양태 사용을 자
제함으로써 관점으로부터 적당한 거리를 두는 것이 주장에 효과적이라는 점
을 알지 못한다. 덜 노골적인 태도를 취하는 것이 주장에서 더 효과적일 수 있
다는 사실이 입증된 바 있다. 위 텍스트에서 논리적인 관계는 인과적 연결어
'because'와 부가 연결어 'and'를 통해 형성되고 있다.

2) 논술

Changing the Flag (국기 바꾸기)

There are a couple of reason why I *think* we **should** change the Australian flag. Firstly Australia is made up of people from lots of different countries. Also the flag we have doesn't show the Aborigines. The Australian flag is made up of the Southern Cross and the Union Jack. The Union Jack is from England. Australia has people from lots of different countries not just England. This **should** be shown in our flag. The Aborigines were the first people in Australia. The flag of Australia *needs* to show them too. These are the reasons why I *think* we **should** change our flag. (Year 4)

내가 우리 오스트레일리아의 국기를 바꾸어야 한다고 생각하는 데에는 몇 가지 이유가 있다. 먼저 오스트레일리아는 다른 여러 나라에서 온 사람들로 구성되었다. 또한 우리 국기는 오스트레일리아 원주민들을 보여 주지 않는다.

오스트레일리아 국기는 남십자성과 연방 국기로 구성되어 있다. 연방 국기는 영국으로부터 온 것이다. 오스트레일리아는 영국만이 아니라 여러 나라에서 온 사람들로 구성되어 있다. 이 점이 우리 국기에 나타나야 한다.

오스트레일리아 원주민은 오스트레일리아에서 살았던 첫 번째 사람들이다. 오스트레일리아 국기는 그들도 역시 나타낼 필요가 있다. 이러한 점들이 내가 우리 국기를 바꾸어야 한다고 생각하는 이유들이다. (4학년 학생의 글)

논술의 시작과 끝에서 관여적 어조인 'I think'가 사용된 반면, 텍스트의 나머지 부분은 일련의 무(無)양태 진술을 통해 좀 더 객관적으로 묘사되고 있다. 위 글을 쓴 학생은 시간적 연결어 'firstly'와 부가적 연결어 'also'를 사용하여 논제를 개괄하면서 요점들을 정돈하고 있다. 이는 상투적이지만, 학생들에게 논제를 개괄하는 방법을 처음 가르칠 때 효과적일 수 있는 일반적인 기법이다.

위 글에서는 있어야 할 인과적 연결어나 부가적 연결어가 나타나지 않는다. 대신, 요점들 사이의 논리적인 관계는 명제의 간단한 배열을 통해 이해되고 달성되고 있다.

위 글을 쓴 학생은 논제에 양태를 부여하기 위해서 심리 동사 'think'를 사용하였고, 자신의 확신을 강조하기 위해서는 더 강한 심리 동사 'need'와 양태 조동사 'should'를 사용했다.

Sewage Pollution (폐수 오염)

I *think* the pollution on Sydney's beaches lately has been gross. The brown, sludgy, oily pollution floating around on the water has made swimming dangerous. This brown sewage contains chemicals which cause all sorts of infections and **can** make people very sick.
My solution to the matter is to buy a machine which turns sewage into useful products such as car fuel and fertilizers. This is the best application of modern technology for getting rid of this waste product. Already other countries have taken the upper hand and purchased one of these machines and they say it **can** even make money for their governments.
I personally *think* that no price is too high to save our beaches and I *know* a lot of you will *agree* with me. (Year 6)

나는 시드니 해변의 오염이 최근에 심각해지고 있다고 생각한다. 물 위에 떠 있는 갈색의 기름 오염 물질이 수영하는 것을 위험하게 하고 있다. 이 갈색의 오수는 모든 종류의 전염병을 일으키고 사람들을 매우 아프게 할 수 있는 화학 물질을 포함하고 있다.
이 문제에 대한 나의 해결책은 오수를 자동차 연료나 거름과 같은 유용한 물질로 바꾸어 주는 기계를 사는 것이다. 이는 이 오염 물질을 제거하기 위해 현대 기술을 이용하는 최상의 방법이다. 이미 다른 국가들은 주도권을 잡고 이러한 기계를 하나 구입하였는데, 그들은 이것이 정부에 경제적 이득이 될 수 있다고 말한다.
나는 개인적으로 우리의 해변을 지키기 위해 어떠한 많은 돈을 들이는 것도 아깝지 않다고 생각하며, 많은 사람들이 나의 생각에 동의할 것이라 알고 있다. (6학년 학생의 글)

이 글은 잘 구조화됐을 뿐만 아니라, 흥미로운 문법적 특징들을 보여 주는 주장 텍스트이다. 시작과 끝부분에서는 'I think'를 사용하여 개인적인 의견을 제시하고 있으나, 중간 부분에서는 객관적인 수사 전략을 택하고 있어 매우 인상적이다. 학생들이 명사화 구성('application')이나 은유('other countries have taken the upper hand')와 같은 언어의 추상적인 형태를 사용하기 시작하는 것은 대략 이러한 연령(6학년) 때이다.

04 주장하기의 장르와 문법 가르치기

■ **대상 학년: 5~6학년**

1) 글의 맥락과 구체적인 경험을 연계하기

주장하기 장르는 교육과정상 모든 교과 내용의 교수·학습에 걸쳐 핵심이 되는 언어 과정이다. 그러나 화제를 가르치는 초기 단계에서는 묘사하기와 설명하기를 통해 먼저 내용을 다루는 것이 필요하다. 일단 쟁점이 떠오르고 학생들이 해당 영역에 대해 어느 정도 지식을 갖추고 있다면, 그 쟁점은 주장하기 장르를 통해 가장 잘 다루어질 수 있을 것이다.

의미 있고 효과적인 언어교육을 위해서는 맥락적인 기반을 다질 필요가 있다. 즉, 학습 활동 단위는 단지 장르나 특정 텍스트 형태를 가르치는 것이어서는 안 되고, 초점화된 내용을 통해 언어 과정을 가르치는 것이어야 한다. 학생들을 위한 언어 활동을 개발할 때, 교사인 우리는 내용과 언어의 연관 관계에 대해 주의 깊게 생각할 필요가 있다.

6학년 담당 교사들이 학생들을 위해 개발한 통합적 학습 활동 단위에서 문학은 지문으로 자주 활용된다. 요즘에는 심지어 아주 어린 학생들이 읽는 소설들도 사회적 쟁점을 강조하는 주제를 갖고 있기 때문에, 주장하기 장르는 소설 속에 담긴 쟁점을 탐구하는 방식을 통해 매우 효과적이고 재미있게 가르칠 수 있다. 다음의 자료는 로빈 클라인(Robin Klein)의 『쓰레기 성(Junk Castle)』*이다. 이밖에도 유사한 방법으로 접근할 수 있는 책들은 많이 있다.

....

* 이 책은 방치된 작은 공원 안에 쓰레기 더미를 주워서 놀이 공간을 만들어 놓은 네 명의 아이들이 이 구조물을 헐어 없애기를 원하는 성난 이웃으로부터 자신들의 놀이 공간을 지키기 위해 노력한다는 내용으로, 9세에서 12세 아동을 대상으로 하는 작품이다.

- 처음에 텍스트를 읽고 검토할 때에는, 문학 기반의 활동을 많이 수행할 수 있다. 예를 들어 다음과 같은 활동이 있다.

  - 같이 읽기

  - 줄거리 파악하기

  - 플롯 관계 도표화하기

  - 이야기 지도 만들기

  - 예측 도표 그리기

  - 등장인물 소개하기

  - 등장인물 지도 만들기

2) 주장하기 장르의 목적 파악하기

- 학생들이 텍스트를 충분히 이해한 후에, 다음과 같은 초점 질문으로 브레인스토밍하는 시간을 가질 수 있다.

  - 쟁점이 무엇인가?

  - 『쓰레기 성』에서 주된 쟁점은 무엇인가? 아이들의 권리에 대한 것인가? 아이들의 놀이집인 '쓰레기 성'은 보호구역에서 철거되어야 하는가?

- 학생들에게 다음과 같은 학교의 중요 쟁점들을 목록화하도록 함으로써 논의를 확장할 수 있다.

  - 운동장에 쓰레기 더미를 버려야 하는가?

  - 매점에서 정크 푸드를 팔아야 하는가?

  - 운동장에 놀이 기구가 더 있어야 하는가?

  - 운동은 의무적인 것인가?

이러한 쟁점들을 질문으로 구조화하면, 사람들이 이러한 쟁점에 대해 서로 다른 의견을 가지고 있다는 점을 학생들에게 보여 줄 수 있다.

- 이러한 쟁점들 중 하나에 초점을 맞추어 설문 조사를 고안한다. 설문 조사는 교사나 학생 몇몇이 주도할 수도 있고, 학습 전체 활동으로 이루어질 수도 있다. 가장 많은 사람들이 택하고 있는 관점을 살펴보기 위해 결과를 대조 확인하게 한다. 또한 설문지는 왜 사람들이 쟁점에 관해 특정한 관점을 견지하는지를 알아내기 위해 설계되고 사용될 수 있다.

- 텍스트를 참조하여 사람들이 특정 쟁점에 대해 자신의 관점을 어떻게 표현하는지 질문한다. 토론, 독자 편지, 라디오나 TV 후기 등이 예가 될 수 있다.

이러한 활동은 학생들로 하여금 주장의 목적에 초점을 맞추도록 유도한다. 또한 이러한 활동은 쟁점, 의견, 명제와 같은 매우 추상적인 개념들을 좀 더 알기 쉽게 이해시키기 위한 구체적인 입문 활동으로도 제시될 수 있다.

- 학생들에게 학교에 여러 가지 신문을 가져오도록 해서, 모둠 활동으로 독자 편지를 살펴보게 한다. 지역 신문은 다루고 있는 쟁점이 덜 어렵기 때문에 이러한 활동을 하기에 더 유용하다. 모둠별로 두세 편의 편지를 골라 각각에 표현된 쟁점과 의견을 기록하게 하는 것이 좋다. 예를 들면 다음과 같다.

  〈쟁점〉
  This letter is about after-school care.
  이 편지는 방과후 돌봄에 관한 것이다.

〈의견〉

The writer thinks there should be after-school care at her son's school.

필자는 그녀 아들의 학교에서 방과후 돌봄이 이루어져야 한다고 생각한다.

〈쟁점〉

This letter is about trees in the local area.

이 편지는 지역 부지의 나무들에 관한 것이다.

〈의견〉

This writer thinks there should be more plantings of trees by the Council.

필자는 지방 의회가 더 많은 나무를 심어야 한다고 생각한다.

학생들이 어리면 학습 전체 활동으로 수행 가능하며, 교사가 관련 정보를 읽고 기록하는 것을 도와줄 수도 있다.

- 모둠별 결과물을 발표하도록 한다. 이때 하나의 글쓰기 형태로서 주장의 본질에 대해 논의하는 것으로 시작하는 것이 좋다. 그리고 이야기, 요리법, 보고서, 묘사문과 같은 다른 텍스트 유형들과 비교하고 대조해 보도록 한다. 이때 각각의 텍스트가 서로 다른 목적을 가지고 있음을 고려하도록 주지시킨다. 또한 논술 구조의 모형을 더 두드러지게 만드는 것도 필요하다. OHP 필름을 이용하여, 『쓰레기 성』의 등장인물 중 하나가 쓴 독자 편지를 보여 주는 것도 좋다.

Mr Drake's letter to the Editor of the *Meldrum Gazette*
(멜드럼 신문의 편집자에게 보내는 드레이크 씨의 편지)

Sir,

Are you aware that a pile of rubbish and junk has been dumped recently in the Beatrice Binker Reserve? It constitutes a health hazard and a complete lack of civic pride. Something should be done about it immediately. The Beatrice Binker Reserve is a memorial park, and the Council should see that it is kept impeccably tidy at all times. I wish to see this abhorrence removed immediately.

Henry Drake, rate-payer

선생님,

최근 쓰레기와 폐물 더미가 비어트리스 빙커 보호구역에 버려지고 있다는 것을 알고 계십니까? 이는 건강을 위협하고 도시의 자부심을 완전히 손상시키고 있습니다. 무언가 즉각적인 조치가 취해져야 합니다. 비어트리스 빙커 보호구역은 추모공원이고, 시 의회는 그곳이 항상 완전하게 깔끔한 상태로 보존되어 왔다는 것을 알아야 합니다. 저는 이러한 혐오 시설이 즉시 없어지기를 바랍니다.

지방세 납부자, 헨리 드레이크 드림

[R. Klein(1983), *Junk Castle*, Melbourne: Oxford University Press, p. 32.]

- 텍스트의 목적에 주목하면서 구조의 측면을 부각시키는 다음과 같은 질문들을 학생들에게 던진다.

  - 드레이크 씨의 편지에서 쟁점은 무엇인가?

  - 드레이크 씨의 관점은 무엇인가?

  - 자신의 관점을 드러낸 부분은 어디인가?

  - 왜 그 부분에서 필자의 관점이 드러났다고 생각하는가?

  - 그는 차후 어떤 행동을 하겠는가?

  - 그의 편지에는 몇 개의 요점들이 있는가?

  - 그는 그 요점들을 설명했는가?

  - 그는 편지를 어떻게 끝마치고 있는가?

  - 어떤 점에서 이 마무리가 서두 문장과 유사한가?

  - 드레이크 씨의 편지는 어느 부분에서 문단 구분이 될 수 있겠는가?

- 다음 질문에 대한 학생들의 응답을 활용해서 논술에 대해 개관해 주도록 한다.

  - 관점

- 요점(1)과 설명

- 요점(2)와 설명

- 결론 진술/반복되는 관점

3) 주장하기 장르의 구조 파악하기

- 학생들과 논술의 각 단계에 대해 논의하고 다음과 같은 장르 일반적 용어를 도입해 본다.

  - 논제

  - 요점/상술

  - 논제의 반복

- 학생들에게 위와 같은 용어를 사용하여 드레이크 씨의 편지에 주석을 달게 하고 그 작업을 도와준다. 그리고 드레이크 씨 주장의 효과에 대해 논의한다. 특히 그의 논제에 주목할 필요가 있다. 드레이크 씨가 질문으로 논제를 구성한 이유에 대해 논의해 보는 것이 좋다. 이렇게 함으로써 얻어지는 효과는 무엇인가?

- 학생들에게 다시 편지 원본으로 돌아가, 그 편지에 논제, 요점과 상술, 논제가 반복되는 결론 진술이 있는지 모둠별로 살펴보게 한다. 활동 후에 모둠별로 결과를 발표하게 한다.

- 일단 학생들이 논술의 장르적 구조에 익숙해지면, 아래와 같이 비계를 제공하고 비어트리스 빙커 보호구역 내 있는 쓰레기 성을 지지하는 내용을 담아 멜드럼 신문의 편집자에게 보내는 편지 초고를 쓰게 한다.

친애하는 선생님께		
		논제
	요점 상술	논증
	요점 상술	논증
		결론
서명 _____ 날짜 _____		

- 학생들의 응답을 비교하고 대조해 봄으로써, 논술의 장르적 단계에 대한 설명을 강화한다. 이러한 활동 대신 동료들 간의 교정 활동이 이루어질 수도 있다.

4) 주장하기 장르의 문법 파악하기

심지어 저학년 학생들도 주장의 구조적 특징을 이해하는 데 크게 어려움을 겪지 않는다. 그러나 273~276쪽에 개괄된 것과 같은 문법적인 특징들은 초등학교 3~6학년 정도의 학생들에게 가장 잘 가르칠 수 있다. 명사나 동사와 같은 문법적인 특징은 묘사와 설명이라는 장르를 통해 좀 더 잘 이해될 수 있다. 그러나 연결어와 심리 동사는 주장하기의 문법을 시작하기에 적합한 지점이다.

연결어

- 멜드럼 신문에 보내는 학생들의 편지 초고를 살펴보는 것으로 시작한다. 표본을 몇 개 택하여 각각의 텍스트에서 주장 단계를 찾아 칠판에 옮겨 적는다. 대개 내용은 다음과 같을 것이다.

  The Junk Castle in the Beatrice Binker Reserve should not be removed because children in the area need a place to play.
  이 지역의 아이들이 놀 공간이 필요하므로 비어트리스 빙커 보호구역의 쓰레기 성을 없애서는 안 된다.

  The Junk Castle isn't hurting anyone so it should be allowed to stay in the reserve.
  쓰레기 성은 그 누구도 다치게 하지 않으므로 보호구역 내에 있는 것이 허용되어야 한다.

- 학생들에게 요점과 상술을 연결시키는 단어에 주의를 기울이게끔 하는 것이 중요하다. 이러한 단어들이 문장 내에서 담당하는 기능에 대해 논의해 본다. 학생들과 함께 인과적, 부가적 연결어들의 목록을 수집하고, 학생들에게 자신들의 편지 초고에서 이러한 단어들을 찾아보도록 한다. 또한 학생들이 다음의 질문들을 하면서 자신들의 초고를 수정할 수 있도록 해야 한다.

  - 'because'만 썼는가?
  - 같은 기능을 하는 다른 연결어들은 없는가?

동사

- 초고에서 동사들을 찾고, 동작 동사, 심리 동사, 관계 동사로 구별한다.

- 심리 동사를 언제 사용했는지 살펴본다.

  - 논제나 논제의 반복에서 심리 동사를 사용한 학생들은 얼마나 되는가?

- 심리 동사는 왜 텍스트의 이러한 단계에서 사용되는가?

- 텍스트의 다른 단계에서 심리 동사를 사용하지는 않았는가?

- 관여적 어조라는 개념을 소개하려면 칠판에 다음과 같은 내용들을 적는다.

I think that Mr Drake is wrong in calling the playhouse in the local reserve an abhorrence.

나는 드레이크 씨가 지역 보호구역 안에 있는 놀이집을 혐오 시설이라 부르는 것이 잘못되었다고 생각한다.

I believe the local kids should be congratulated for building the castle in the Beatrice Binker Reserve.

나는 지역 아이들이 비어트리스 빙커 보호구역에 성을 지은 것이 환영받아야 한다고 믿는다.

- 학생들에게 심리 동사가 쓰이지 않은 다른 도입 문장을 찾도록 하고 이러한 예를 두 번째 목록에 적도록 한다. 다음과 같은 예들이 있을 수 있다.

You shouldn't remove the Junk Castle from the Beatrice Binker Reserve because kids need somewhere to play.

아이들이 놀 공간이 필요하므로 쓰레기 성을 비어트리스 빙커 보호구역에서 없애서는 안 된다.

You shouldn't listen to angry old men who want to spoil chidren's fun, even if he is a ratepayer.

지방세 납부자라고 할지라도 아이들의 놀이를 망쳐놓기를 원하는 화난 노인의 말에 귀 기울여서는 안 된다.

관여적 어조

- 2인칭 대명사 'you'를 사용하지 않은 예는 세 번째 목록에 기록되어야 한다. 이러한 예는 다음과 같다.

The local children's playhouse should not be removed from the local reserve.

지역 아이들의 놀이집을 지역 보호구역에서 없애서는 안 된다.

Mr Drake's letter which says there is a pile of rubbish in the Beatrice Binker Reserve is wrong.

비어트리스 빙커 보호구역에 쓰레기 더미가 있다고 말하는 드레이크 씨의 편지는 잘못되었다.

- 학생들에게 각각의 문장 그룹에서 인칭 대명사를 확인하게 한다.

  그룹 1   'I' (일인칭 단수)

  그룹 2   'You' (2인칭)

  그룹 3   인칭 대명사가 사용되지 않음.

- 다음의 질문을 던지면서 서로 다른 각각의 도입 문장에서 어조의 사용에 대해 논의한다.

  – 왜 1인칭 대명사 'I'가 그룹 1에서 사용되었는가? ⇨ 글 쓴 학생이 자신의 개인적인 관점을 드러내고 있음을 설명한다. 이는 '필자의 어조' 또는 '관여적 어조'로 불린다.

  – 어떤 면에서 그룹 1과 그룹 2의 문장이 다른가?

- 2인칭 대명사 'You'의 사용에 대해 논의하는 데 초점을 맞춘다.

  – 이 문장들에서 'You'는 누구인가? ⇨ 'You'가 독자라는 사실을 학생들에게 설명한다.

  – 왜 필자는 이러한 방식으로 문장을 시작했을까? ⇨ 필자가 독자에게 직접 말을 건네고 있다는 점을 일러 준다. 이는 관여적 어조의 다른 예이다.

  – 이러한 문장들은 어떤 유형의 글과 닮았는가? ⇨ 이러한 문장들이 지시문과 매우 비슷하다는 점을 설명하고, 다른 예들에 대해서도 논의한다.

- 그룹 3에서 필자의 어조는 분명한가? ⇨ 필자의 어조가 분명하지 않음을 설명하고, 이것이 '비관여적 어조'라고 불린다는 점을 일 러 준다.
- 청중은 이 문장에서 어떻게 호명되는가?
- 관여적 어조와 비관여적 어조는 어떤 점에서 서로 다른가?
- 주장하는 글을 쓸 때 청중에게 말을 건네는 방식을 고려하는 것이 왜 중요한가?

• 관여적 어조에서 비관여적 어조로 전환하는 연습을 해 본다. 앞서 논 의했던 학교 내 쟁점들을 참조해도 좋다.

관여적 어조	비관여적 어조
I think that school needs more playground equipment. 나는 학교에 더 많은 운동장 시설이 필요하다고 생각한다.	The school needs more playground equipment. 학교는 더 많은 운동장 시설을 필요로 한다.
You shouldn't throw things in class. 당신은 교실에 무언가를 버려서는 안 된다.	Things shouldn't be thrown in class. 무언가가 교실에 버려져서는 안 된다.

객관적/주관적 주장

• 학생들은 다음 질문에 답해 봄으로써, 관여적 어조에서 비관여적 어 조로 전환하는 과정에서 문법적 변화가 일어난다는 점을 주목할 수 있다.
- 어떤 것이 더 의견에 가깝고, 어떤 것이 더 사실에 가까워 보이 는가?

- 어떤 것이 더 권위적이거나 중요해 보이는가?

- 청중이 달라지면 형태도 달라질 수 있는가?

- 각각의 형태는 어떤 환경에 보다 적합한가?

양태

어조와 양태의 문법적 요소들은 서로 긴밀하게 관련된다. 이들은 둘 다 주장을 위한 주요한 수사적 장치로서 기능하며, 가장 낮은 학년의 학생들에게 서도 나타날 수 있다. 양태에 대해 탐구하기 위해, 'I think' 진술로 시작하고 있는 학생들의 글을 참고해 보자.

'I think'가 필자의 관여적 어조를 나타낼 뿐만 아니라, 진술에서 어떤 효과를 내는지에 대해 학생들에게 질문해 보는 것이 좋다. 'I think'는 어떤 특질이나 양태를 부여한다. 필자는 어떤 사태에 대한 생각이 다른 사람들의 것이 아닌 오로지 필자 자신의 관점임을 보이기 위해 'I think'라고 말하는 것이다. 특정 환경에서는 이러한 표현이 의견을 표명하는 좀 더 효과적인 방법일 수 있다. 사실 비관여적 어조는 너무 독단적이고 단정적일 수 있다. 주장은 단지 논증을 전개하는 것이 아니라, 가치에 대한 필자의 확신을 보여 주는 것이기도 하다는 점을 학생들에게 일깨워 주어야 한다.

- 학생들과 함께 진술에 양태를 부여하는 방법들에 대해 조사해 보자. 이를테면 다음과 같은 명제를 칠판에 적어 준다.

  Running in the hall is dangerous.
  복도에서 달리는 것은 위험하다.

- 학생들에게 이 진술에 양태를 부여하는 방법에 대해 묻고, 그 대답을 기록한다. 예를 들면 다음과 같다.

Running in the hall could be dangerous.

복도에서 달리는 것은 위험할 수 있다.

Running in the hall might be dangerous.

복도에서 달리는 것은 위험할지도 모른다.

It is possible that running in the hall is dangerous.

복도에서 달리는 것은 어쩌면 위험할지도 모른다.

It is probable that running in the hall is dangerous.

복도에서 달리는 것은 아마도 위험할 것이다.

Running in the hall is certainly dangerous.

복도에서 달리는 것은 틀림없이 위험하다.

- 학생들에게 이들 각각의 진술과 관련하여 청중을 고려하게 한다. 'might'보다 'is'를 사용하기에 더 적합한 사람은 누구인가?

양태의 정도 또한 고려될 수 있다. 학생들에게 낮은 정도의 양태, 중간 정도의 양태, 높은 정도의 양태를 표현하는 단어가 무엇인지 논의하게 하고, 그 결과를 다음과 같이 표로 정리한다.

낮은 정도	중간 정도	높은 정도
may	will	must
possibly	probably	certainly

학생들의 수준이나 주어진 시간 여하에 따라, 양태를 표현하는 다양한 문법 형태를 확인하는 활동을 시킬 수도 있다.

명사	조동사	형용사	부사
possibility	can	possible	possibly
	might		

- 드레이크 씨의 편지로 다시 돌아가, 그가 주장에서 양태를 어떻게 사용했는지 학생들과 논의해 보는 것도 좋다.

Sir,
Are you aware that a pile of rubbish and junk has been dumped recently in the Beatrice Binker Reserve? It constitutes a health hazard and a **complete** lack of civic pride. Something **should** be done about it **immediately**. The Beatrice Binker Reserve is a memorial park, and the Council **should** see that it is kept **impeccably** tidy at all times. I **wish** to see this **abhorrence** removed **immediately**.
Henry Drake, rate-payer

선생님,
최근 쓰레기와 폐물 더미가 비어트리스 빙커 보호구역에 버려지고 있다는 것을 알고 계십니까? 이는 건강을 위협하고 도시의 자부심을 완전히 손상시키고 있습니다. 무언가 즉각적인 조치가 취해져야 합니다. 비어트리스 빙커 보호구역은 추모공원이고, 시 의회는 그곳이 항상 완전하게 깔끔한 상태로 보존되어 왔다는 것을 알아야 합니다. 저는 이러한 혐오 시설이 즉시 없어지기를 바랍니다.
지방세 납부자, 헨리 드레이크 드림

- 학생들에게 자신들의 초고에서 양태의 예를 찾게 해 본다.

명사화

명사화는 좀 더 능숙한 필자의 주장에서 나타나는 문법적 특징인데, 추상적인 지식을 다루기 위해서는 필수적인 방법이다. 명사화는 초등학교 3~6학년 정도의 이른 시기 학생들의 글에서도 분명하게 나타나기 시작한다.

또한 명사화의 과정은 학생들에게 글 다듬기 전략으로서 가르칠 수도 있다. 명사화가 무엇인지, 글에서 그것이 어떤 효과를 지니는지 알게 되면, 학생들은 동사(행위)가 주를 이루는 단순한 구어 중심의 쓰기 형태에서 벗어나 명사가 주를 이루는 글 구조로 한 단계 더 나아갈 수 있게 된다.

- 명사화를 이해하기 위한 출발점으로서, 학생들에게 자신들의 논술 초고에서 이미 확인한 동작 동사들을 살펴보게 할 수 있다. 칠판에 이 동사들의 목록을 적고, 학급 활동으로서 이러한 과정(동사)을 대상(명사)으로 바꿔 본다. 예를 들면 다음과 같다.

remove → removal
need to play → recreation
should be congratulated → congratulations
building → construction

- 몇몇 동사를 골라 학생들에게 해당 동사가 들어간 문장을 찾게 해 본다. 찾은 문장들을 칠판에 적고 학생들과 함께 해당 동사의 명사 형태로 바꾸어 문장을 다시 써 본다. 예를 들면 다음과 같다.

You shouldn't remove the Junk Castle from the Beatrice Binker Reserve because kids need somewhere to play.
아이들이 놀 공간이 필요하므로 쓰레기 성을 비어트리스 빙커 보호구역에서 없애서는 안 된다.

The removal of the Junk Castle from the Beatrice Binker Reserve would seriously impede local children's recreation.
비어트리스 빙커 보호구역으로부터 쓰레기 성의 철거는 지역 아이들의 놀이를 심각하게 방해할 것이다.

I believe the local kids should be congratulated for building the castle in the Beatrice Binker Reserve.
나는 지역 아이들이 비어트리스 빙커 보호구역에 성을 지은 것이 환영받아야 한다고 믿는다.

> Congraturations are due to the local kids for the construction of the castle in the Beatrice Binker Reserve.
>
> 비어트리스 빙커 보호구역 내에서의 성 구축에 대해 환영하는 이유는 지역 아이들 때문이다.

- 학생들과 함께 명사화의 효과에 대해 논의해 본다. 학생들에게 명사화가 텍스트에서 사용되는 관계 동사의 수를 어떻게 증가시키는지 생각해 보게 해야 한다.

- 동일한 과정을 통해, 학생들에게 자신들의 논술 초고를 교정하게 한다. 모든 동사를 명사 형태로 바꿀 필요는 없으며, 초고가 개선될 수 있는 경우에만 사용해야 한다는 점을 밝혀 두이야 한다.

학생들의 능력 수준과 주어진 시간 여하에 따라, 문법적 교정 전략을 활용해서 논술 초고를 고쳐 한 편의 글을 완결 짓도록 할 수도 있다. 최종본이 완성되었을 때, 멜드럼 신문의 편집자에게 보내는 학생들의 편지를 모아 학급 신문으로 출판하는 것도 좋다.

05 주장하기 장르를 활용한 텍스트 평가하기 : 논술의 경우

1) 과제의 개요

다음 쓰기 과제는 6학년 학생들에게 부여된 것으로서, 공공장소에 더 많은 나무를 심을 것을 호소하기 위해 지역 신문에 보낼 기사를 쓰는 것이다. 학생들에게 나무를 심음으로써 얻을 수 있는 세 가지 이점을 제시하고, 주장하는 글의 구조적 특징에 대해 말해 주었다.

과제

당신이 사는 지역에 나무가 별로 없다고 상상해 보자. 당신은 사람들에게 나무를 많이 심는 것이 좋다고 설득하는 글을 지역 신문에 투고해야 한다. 사람들에게 나무를 많이 심는 것이 좋은 생각이라는 점을 설득하기 위해 주장하는 글을 써 보자.

글을 쓸 때 다음과 같은 사항을 활용하라.
- 나무는 환경에 좋다.
- 나무는 그늘을 제공한다.
- 나무는 멋져 보인다.

조언
- '왜 사람들이 나무를 더 많이 심어야 하는가'라는 화제에 관한 글임을 명심해야 한다.
- 문장으로 써야 한다.
- 철자법과 문장 부호에 주의해야 한다.
- 글은 주장을 요약하는 결론으로 끝마쳐야 한다.
- 주된 요점을 조직하기 위해 계획하는 시간을 할당해야 한다.
- 글을 읽고 고칠 시간을 할당해야 한다. 당신이 사는 지역에는 나무가 많지 않다고 가정해야 한다.

다음은 이 장의 앞부분에서 설명한 장르 일반적, 구조적, 문법적 자질의

적절성에 근거한 과제 평가 기준들이다.

| 1 | **장르적 차원 기준** | 텍스트의 장르 일반적 특질에 대해 다룬다. 이 수준은 다음과 같은 기준들을 포함한다. |

- 텍스트가 주장이나 설득을 하고 있는가? 혹은 둘 다 하고 있는가?
- 쓰기의 주제가 과제에 부합하는가?
- 쓰기가 잘 조직되었고 논리적인가? 그리고 논제, 논증, 결론의 진술이 포함되어 있는가?
- 양태, 수사학적 질문, 반박과 같은 적절한 수사학적 설득 장치를 사용하고 있는가?
- 효과적인 언어를 다양하게 사용하고 있는가?
- 주장은 1인칭과 2인칭, 3인칭 중 어느 것으로 쓰였는가?

| 2 | **텍스트적 차원 기준** | 텍스트가 엮인 방식, 문장들이 구조화된 방식 그리고 문장들이 서로 어떻게 작용하는지에 대한 것을 다룬다. 이 수준은 다음과 같은 기준들을 포함한다. |

- 텍스트가 단문, 중문, 복문 구조들을 다양하게 사용하고 있는가?
- 적절한 시제가 선택되어, 글 전체에 걸쳐 일관되게 유지되고 있는가?
- 대명사를 적절히 사용하여 텍스트가 응결성 있게 되었는가?
- 다양한 연결어를 적절하게 사용하였는가?

| 3 | **통사적 차원 기준** | 사용된 문장의 내부적 구조를 다룬다. 이 수준에서는 다음 다섯 가지 기준들을 포함한다. |

- 문장에 본동사와 같은 필수 성분이 갖추어져 있고, 주어와 본동사가 바른 순서로 배열되어 있는가?
- 주어와 본동사가 인칭과 수에 일치하는가?
- 전치사가 적절하게 사용되었는가?
- 관사가 항상 정확하게 사용되었는가?
- 쉬운 문장 부호와 복잡한 문장 부호가 올바로 사용되었는가?

| 4 | **철자법 차원 기준** | 텍스트에 사용된 개별 단어들을 다룬다. 이 수준에는 다음과 같은 기준들이 있다. |

- 고빈도 단어들이 대부분 정확하게 쓰였는가?
- 저빈도 단어들과 일반적이지만 쉬운 유형은 아닌 단어들이 대부분 정확하게 쓰였는가?
- 흔치 않은 유형의 단어들이나 어려운 단어들이 대부분 정확하게 쓰였는가?
- 과제에 적합하면서 어려운 단어들이 대부분 정확하게 쓰였는가?
- 과제에 적합하면서 어려운 단어들이 모두 정확하게 쓰였는가?

Plant More Trees (나무를 더 많이 심어라)

1   Currently in the community a debate is raging on
    based on Should we plant more trees. In the next three
    paragraphs I will state why we should plant more trees.
    Firstly planting trees is good for the environment

5   because trees provide oxegen which we breath in. We
    breath out carbon dioxide and trees breath in carbon dioxide.
    Secondly trees also provide shade for us. Say for
    example you were playing soccer at the park on a hot day,
    you forgot to a water botle and you were exhausted. You

10 could sit under the tree and cool down.
    Thirdly trees are good looking. Many tourists
    Come to Australia every year to see The Royal
    Botanic gardens so if we plant more trees we could
    probably make the second Royal Botanic gardens

15 in Strathfield!
    I think trees should be planted because if their
    are no trees we won't be able to live so thats why
    I think we should plant more trees. (Year 6)

최근 공동체에서는 우리가 더 많은 나무들을 심어야만 하는가에 대해 뜨거운 논쟁이 일고
있다. 다음 세 문단에서 나는 왜 우리가 더 많은 나무를 심어야만 하는지 말할 것이다.
첫째, 나무를 심는 것은 환경에 좋다. 왜냐하면 나무들은 우리가 숨 쉬는 데 필요한
산소를 제공해 주기 때문이다. 우리는 이산화탄소를 내뱉고 나무들은 이산화탄소를
마신다. 둘째, 나무들은 우리에게 그늘을 제공해 준다. 매우 더운 날 축구를 하는데,
물병을 가져오는 것을 잊었고 매우 지쳤다고 생각해 보자. 당신은 나무 아래 앉아서
땀을 식힐 수 있을 것이다. 셋째, 나무는 보기에 좋다. 많은 여행객들이 오스트레일리아
왕립식물원에 매년 방문한다. 만약 우리가 더 많은 나무를 심으면 우리는 아마
스트래스필드에 두 번째 왕립식물원을 만들 수 있을지도 모른다.
나는 나무를 심어야 한다고 생각한다. 왜냐하면 만약 나무가 없다면 우리는 살아갈
수 없기 때문이다. 이것이 내가 나무를 더 심어야 한다고 생각한 이유이다. (6학년
학생의 글)

2) 장르 일반적 차원

장르와 주제

이 글은 주로 주장을 하고 있다. 그러나 설득력이 있다고 하기엔 너무 깊이가 없다. 주제는 일관성이 있고 과제에 부합한다.

텍스트 구조

글은 논제로 시작한다. 그리고 그 논증은 몇 가지 뒷받침 논거를 가지고 있다. 결론은 글쓴이의 입장을 더욱 강화한다.

수사학적 장치

제한된 범위의 양태 동사가 사용되었다(2행의 should, 10행의 could, 13행의 if, 14행의 probably).

언어

효과적인 몇몇 어휘들이 사용되었다(1행의 currently, raging, 9행의 exhausted).

어조

1인칭(3행의 I, 16행의 I)과 2인칭(8행, 9행의 you)은 사용되었으나, 3인칭은 사용되지 않았다.

3) 텍스트적 차원

문장 구조

대부분의 단문과 중문은 정확하고, 형용사절을 안은 문장이 하나 있다

(1행). 한 개의 복문도 성공적으로 구성되었다(4행의 Firstly planting trees is good…). 그러나 대부분의 복문은 잘 구조화되지 못했다(7~9행, 11~15행, 16~18행).

시제

시제는 13행의 "so if we plant[ed] more trees"와 같이 부적절하게 사용된 곳이 있긴 하지만, 대체로 일관되게 쓰이고 있다.

대명사

대명사는 글 전체에서 모두 정확하게 사용되었다.

연결어

제한된 범위에서 사용되었다(Firstly, because, Secondly, Thirdly).

4) 통사적 차원

절 패턴

문장은 항상 주절을 가지고 있고 모든 한정절은 목적어와 정동사를 가지고 있다.

일치

모든 동사의 형태는 주어와 일치한다.

관사

모든 관사와 복수형은 정확하다.

문장 부호

모든 문장의 문장 부호는 정확하다. 그러나 대문자의 사용(6행의 Carbon, 13~14행의 g[G]ardens)과 축약(17째 줄의 that[']s)은 일관되지 못하다.

5) 철자법 차원

대부분의 저빈도 단어들과, 일반적이지만 쉬운 유형은 아닌 단어들은 정확하게 쓰였으나, 흔치 않은 철자의 단어들이 잘못 쓰인 것처럼(5행의 oxegen, 6행의 breath) botle[bottle](9행)도 부정확하게 쓰였다.

동음이형이의어의 철자에 대한 혼란도 보인다(16행의 their[there]).

6) 요약

이 글은 주어진 과제와 모형을 따름으로써 장르에 대해 기본적으로 이해하고 있음을 보여 주고 있다. 또한 장르 '구조'에 대한 초보적인 이해도 보여주고 있다. 글은 주장을 하고 있으나 설득적이지는 않다. 그리고 수사적인 장치나 설득적 언어는 제한적으로 사용되었다. 모든 복문이 성공적으로 사용되지 않았다 할지라도, 문장 구조와 통사에서는 적절한 수준을 보여 준다. 어려운 단어 중 부정확한 것이 있긴 했지만, 흔하지 않은 단어들도 대부분 정확하게 사용되었다. 대문자의 사용이나 아포스트로피에서 기초적인 실수가 있었지만, 대부분의 문장과 문장 부호는 정확했다.

06   진단 평가에 근거한 교수 전략

지금까지 학생들이 주장하는 글을 좀 더 숙련되게 쓸 수 있도록 돕는 여러 가지 전략들을 개략적으로 다루었다. 여기서는 설득적 언어, 어조, 복문 구조, 연결어를 요구하는 학습 활동과, 위 학생의 텍스트에서 핵심 문제가 되고 있는 사안들에 대해 초점을 맞추고자 한다.

1) 설득적 언어

수사적인 언어를 효과적으로 사용하는 것은 주장을 효과적이고 설득적으로 만드는 데에 중요한 역할을 한다. 다음 전략들은 학생들이 주장하는 글을 쓸 때 설득적인 언어를 보다 잘 사용할 수 있도록 돕기 위해 계획된 것이다.

- 설득적 언어의 본질과 효과를 탐구하는 유용한 방법은 광고 언어를 조사하는 것이다. 학생들에게 잡지나 신문에서 글로 작성된 다양한 광고들을 수집해 오게 한 후, OHP 필름을 통해 보여 주면서 논의해 보는 것이 좋다.

SUDSO

Smart people buy Sudso — The only dishwashing liquid that brings
a guaranteed sparkle and shine to your dishes.
Sudso also contains a clinically tested antibacterial agent
to ensure your dishes are hygienically clean.
BUY SUDSO!
DON'T TAKE THE RISK WITH OTHER BRANDS!

- 학생들에게 사람들로 하여금 이 제품을 사도록 부추기는 단어와 구절이 무엇인지 생각해 보게 한다. 예를 들어 다음과 같은 것이 있다.

smart	형용사
only	부사
a guaranteed sparkle and shine	명사구
a clinically tested antibacterial agent	명사구
(to) ensure	동사
hygienically	부사
risk	명사

- 각각의 문법 범주를 밝히고 '과학적인 면을 강조한다.', '독창적인 특질을 부각시킨다.' 등과 같이 각 표현이 가져오는 특정 효과에 대해 논의해 본다. 교사는 명사구에서의 형용사의 사용, 동사에 의미를 부가하는 부사의 사용 등, 감정적 언어가 다양한 문법적 범주에 걸쳐 어떻게 실현되고 있는지 설명한다.

- 이 활동에 이어 모둠별로 학생들에게 각자 가져 온 광고를 가지고, 위와 같은 활동을 하게 한 후 보고서를 제출하고 결과를 논의하게 한다.

- 활동을 마치면서 학생들로 하여금 호소력 있는 감정적 언어를 사용하여 물건을 팔기 위한 광고문을 작성하게 한다.

2) 인칭

평가에서 나타나듯 이 학생은 1인칭과 2인칭 사이에서 전환을 보인다. 만약 학생들이 3인칭을 일관되게 유지하는 데 비슷한 어려움을 겪고 있다면, 이 장 앞부분에서 관여적 어조와 관련하여 개략적으로 다루었던 교수 전략을 사용하는 것이 유용할 것이다. 이러한 전략에 덧붙여 다음과 같은 활동이 학급에 유용할 것이다.

학생들이 1, 2, 3인칭을 가리키는 데 사용되는 전문어와 대명사에 익숙해진 다음에는, 왜 3인칭이 주장하는 글쓰기에서 효과적인지에 대해 간단하게 논의해 본다.

교사는 아래 제시된 평가 예시나 비슷한 예시를 칠판이나 OHP 필름에 보여 준다. 학급 활동을 통해, 인칭 대명사를 모두 찾고 그것이 1인칭인지 2인칭인지 3인칭인지 가려내는 활동을 해 본다.

Plant More Trees (나무를 더 많이 심어라)

Currently in the community a debate is raging on based on Should **we** plant more trees. In the next three paragraphs **I** will state why **we** should plant more trees.
Firstly planting trees is good for the environment because trees provide oxegen which **we** breath in. **We** breath out carbon dioxide and trees breath in carbon dioxide.
Secondly trees also provide shade for **us**. Say for example **you** were playing soccer at the park on a hot day, **you** forgot to a water botle[▷bottle] and **you** were exhausted. **You** could sit under the tree and cool down.
Thirdly trees are good looking. Many tourists Come to Australia every year to see The Royal Botanic gardens so if **we** plant more trees **we** could probably make the second Royal Botanic gardens in Strathfield!
I think trees should be planted because if their are no trees **we** won't be able to live so thats why **I** think **we** should plant more trees.

- 1인칭: we, I, we, we, we, us, we, we, I, we, I, we
- 2인칭: you, you, you, you
- 3인칭:

학급 활동을 통해, 1인칭과 2인칭 대명사를 가능한 한 다른 것으로 대치하여 글을 다시 쓰게 한다.

Currently in the community a debate is raging on based on *whether to plant* more trees. The next three paragraphs will argue why *planting more trees is the best thing to do.*
Firstly planting trees is good for the environment because trees provide oxegen *for humans to breathe* as humans breathe out carbon dioxide and trees breathe it in.
Secondly trees also provide shade. For example, when playing soccer at the park on a hot day, trees could provide shade and protection and when people become exhausted.
Thirdly trees are good for looking. Many tourists Come to Australia every year to see The Royal Botanic gardens so if more trees are planted there could be a need to make the second Royal Botanic gardens in Strathfield!
Trees should be planted because if their are no trees people wouldn't be able to live so thats why more trees should be planted.

최근 공동체에서는 더 많은 나무들을 심어야만 하는가에 대해 뜨거운 논쟁이 일고 있다. 다음 세 문단에서는 왜 더 많은 나무를 심는 것이 최선인지 살펴볼 것이다.

첫째 나무를 심는 것은 환경에 좋다. 왜냐하면 나무들은 인간이 숨 쉬는 데 필요한 산소를 제공해 주기 때문이다. 인간은 이산화탄소를 내뱉고 나무는 이산화탄소를 마신다.

둘째로 나무들은 그늘을 제공해 준다. 매우 더운 날 공원에서 축구를 할 때 나무는 그늘을 제공하여 지친 사람들을 쉬게 한다.

셋째로 나무는 보기에 좋다. 많은 여행객들이 오스트레일리아 왕립식물원에 매년 방문한다. 만약 더 많은 나무가 심어지면 아마도 스트래스필드에 두 번째 왕립식물원을 만들자는 요구가 생길지도 모른다.

나무를 심어야 한다. 왜냐하면 만약 나무가 없다면 사람들은 더 이상 살 수 없을 것이기 때문이다. 바로 이것이 나무를 더 많이 심어야 하는 이유이다.

마지막으로는 다시 쓴 것이 주장하는 글로 더 효과적인 이유에 대해 논의해 본다.

- 말하는 것처럼 들리지 않게 되었다.

- 신문 기사와 더 비슷해졌다.

- 한 개인의 의견처럼 보이지 않기 때문에 더 객관적으로 보이게 되었다.

- 한 개인의 의견처럼 보이지 않기 때문에 반박하기도 더 어렵게 되었다.

3) 문장 구조

복문을 쓰는 것에 대해서는 이미 '지시하기 장르를 활용한 텍스트 평가하기' 부분에서 다루었다. 여기서는 주장하는 글에서 전형적으로 사용되는 복문 유형의 구문들을 살펴보는 데 좀 더 초점을 두려고 한다.

- 복문은 두 개 이상의 절을 포함하는 문장으로서, 그것 중 하나는 중심이 되거나 독립적인 절이고 다른 절은 주절에 의미적으로 의존하고 있는 부가적인 절이다. 학생들은 문장이 되어야 할 것에 주절을 포함시키는 데 실패하기 때문에, 복문을 쓰는 데 종종 어려움을 느낀다. 복문을 성공적으로 구성하기 위해서는 주절과 종속절의 차이를 구별할 수 있어야 한다. 학생들의 이해를 돕기 위해 몇 가지 복문을 아래와 같이 칠판에 써 본다.

  1 **[Although sweets taste good]** they can be bad for you.
     감미료는 맛은 좋지만, 몸에 해로울 수 있다.

2 **[Because of the high fat content of some types of junk food]**, it is best not to eat it too often.
몇몇 정크 푸드는 지방 함유량이 높기 때문에, 자주 먹지 않는 것이 좋다.

3 **[While sugar is important in a balanced diet]**, it is important to be aware of the sugar content of food and drink.
설탕은 균형 잡힌 식사에 중요하지만, 식품이나 음료에 든 설탕 함유량에 대해 주의하는 것은 중요하다.

- 문장을 큰 소리로 읽고 학생들에게 각각이 문장인지 물어본다. 먼저 종속절을 가리고 주절만을 큰 소리로 읽게 한 후 그것이 완결된 의미를 가진 문장이 될 수 있는지 물어본다. 만약 동의하지 않는 학생이 있다면, 그 정보가 홀로 자립할 수 있는지 물어보아야 한다. 즉, 하나의 완결된 정보 단위인지 물어보아야 한다. 다음으로 주절을 가리고 종속절만 읽어 주면서 그것이 하나의 문장이 될 수 있는지 학생들에게 물어본다. 만약 동의하지 않는 학생이 있다면, 각각의 절이 홀로 완결된 의미를 가질 수 있는지에 대해 물어보아야 한다.

- 학급 전체가 합의에 도달한 후에, 교사는 이들 문장이 복문임을 학생들에게 설명해 준다. 복문은 두 개의 절을 가지고 있지만 단지 하나의 절만이 주절로서 독립적인 문장으로 기능한다. 종속절을 보면서 학생들에게 종속절이라는 것을 알 수 있게 하는 표지를 찾으라고 한다. 즉, 'although', 'while', 'because'와 같은 것들을 '종속 접속사'라 한다.

- 활동을 마치면서 학생들에게 종속 접속사를 사용하여 복문을 만들어 칠판에 써 보도록 한다. 그리고 나서 학생들끼리 서로의 결과를 검토하여 종속 접속사에 동그라미를 치고 주절에 밑줄을 그어 보게 한다. 학생들이 각자의 결과를 공유하면서 각각의 문법 용어의 정의에 대해 복습하도록 한다.

4) 연결어

주장하는 글에서 자주 사용되는 연결어의 유형에 대해서는 72~73쪽을 참조할 수 있다.

- 시간적 연결어는 주장의 도입 단계 혹은 좀 더 복잡한 주장의 다른 단계에서 명제의 순서를 잡는 데 사용된다.

first	when	now
meanwhile	finally	next
lastly	afterwards	then
soon	previously	at once

- 인과-조건적 연결어는 주장에서 논점을 연결시키는 데 사용된다.

so	consequently	accordingly
despite this	moreover	hence
however	nevertheless	because
as a result of	therefore	stemmed from

- 비교 연결어는 대비점이나 반증을 끌어들이는 데 사용된다.

however	whereas	on the other hand
on the contrary	rather	in spite of this
alternatively	differs from	instead

비교 연결어는 논술보다 토론에서 더 자주 사용된다.

- 부가적 연결어는 내용을 덧붙이거나 주장을 더 심도 있게 발전시키는 데 사용된다.

also	but	and
in addition	besides	moreover
as well	while	whereas

- 학생들이 연결어의 여러 유형에 주의를 기울이고 그것을 주장하는 글에서 사용하도록 하기 위해, 교사는 칠판을 두 부분으로 나눈다. 단어들을 연결하는 연결어의 정의를 제시하고 몇몇 예를 드는 것으로 시작한다. 교사는 학생들에게 연결어를 떠올리게 하고, 그 결과를 칠판 한 쪽에 목록으로 기록한다. 특정한 범주의 연결어가 부족하면 목록을 더할 수도 있다. 그다음 이러한 연결어들이 서로 다른 기능을 가지고 있음을 알려 준다. 그 후에 칠판의 나머지 한 부분을 시간 연결어, 인과 연결어, 비교 연결어, 부가 연결어의 네 부분으로 나눈다.

- 학생들에게 무작위로 떠올린 연결어들을 범주화하게 하고, 그 결과를 네 부분에 기록하게 한다. 몇몇 단어는 한 개 이상의 범주에 속할 수도 있다. 다시 말해, 연결어의 범주는 개별 문장 내에서 연결어들이 하는 역할에 의존한다.

- 이러한 활동 후에 주장의 다른 단계에서 사용되는 연결어들의 유형에 대해 논의해 본다.

- 연결어의 다양한 기능을 학습하기 위해, 주장하는 글에 빈칸을 만들어 연결어들을 채워 넣는 연습 문제를 학생들에게 풀게 한다. 또한 최근 주장하는 글을 쓰면서 사용했던 다양한 접속사들을 평가하게 한다.

8장

서사하기 장르

서사하기(narrating) 장르는 모든 장르를 이해한 후에 가장 마지막으로 이해하게 되는 장르임에도 불구하고, 가장 흔히 읽히는 장르 중의 하나이다. 서사는 오랫동안 대중적인 장르로 여겨져 왔기 때문에, 학생들이 '쉽게 익혀서' '자연스럽게' 쓸 수 있을 거라는 믿음이 있다. 따라서 이야기 쓰기는 학생들을 언어의 복잡성과 특수성으로 자연스럽게 안내하는 대표적인 수단으로 인식되어 왔다.

그러므로 여기서 가장 먼저 짚어야 할 점은 세계적으로 대중적인 이 장르가 결코 자연스러운 것이 아니라는 점이며, 수많은 학생들이 '쉽게 익힐' 수 있는 성질의 것은 더더욱 아니라는 점이다. 그렇다면 왜 어떤 학생들은 이 장르를 절대 '쉽게 익힐' 수 없는 반면에, 또 어떤 학생들은 '자연스럽게' 이야기 작가가 되는 것일까?

예를 들어, 서사는 다른 장르처럼 단 하나의 장르적 목적을 가지고 있지 않다. 우리는 서사가 단순히 독자들을 즐겁게 하기 위한 것이라 말할 수 없다. 일반적으로 항상 그래 왔다 할지라도 말이다. 서사는 즐기기 위한 수단을 넘어서서 어떤 강력한 사회적 역할을 지니고 있다. 또한 서사는 사회적 여론이나 태도를 바꾸는 강력한 수단이기도 하다. 연속극이나 텔레비전 드라마가 화제가 되는 사회적 쟁점을 불러일으키거나, 갈등이나 다양한 관점을 드러내기 위해, 뉴스나 사건 프로그램에서는 불가능한 방식으로 서사를 사용하는 방식을 생각해 보아도 그러하다.

서사는 또한 하나 또는 그 이상의 다른 장르와 쉽게 조화를 이룬다는 점에서 '크고' 거대한 장르이고 여전히 지배적인 장르이다. 수많은 책들이 서사에 대해 다루었는데, 그러한 책에서 다루고 있는 내용은 초등학교 연령의 학생들이 쓸 수 있으리라 기대하는 서사 유형 범위를 훨씬 넘어서는 것이다. 따라서 우리의 목적은 서사적 글쓰기의 기본이 되는 언어적 기초를 충분히 제공해 주어, 학생들이 초등 수준을 넘어서서 발전해 나갈 수 있도록, 심지어 여기서 확립된 몇몇 장르적인 경계를 깨뜨리고 넘어설 수 있도록 이끄는 것이다.

01 서사하기의 문법적 특징

- 등장인물과 사건이 시간과 공간 속에서 차례대로 나열될 때, 서사는 전형적으로 다음과 같은 것들을 사용한다.

  - 동작 동사

  One day the man and his son *went collecting* fire-wood. They *saw* a golden tree. They *went* slowly over to the tree. When they *got* closer to the tree they *heard* a voice *coming* from the tree.

  어느 날 한 남자와 그의 아들이 장작을 모으러 갔습니다. 그들은 금으로 된 나무를 보았습니다. 그들은 천천히 나무로 다가갔습니다. 그들이 나무에 가까이 갔을 때 나무로부터 어떤 목소리가 들려왔습니다.

- 시간적 연결어

We *then* looked at some games and equipment. *After* lunch we walked up to the *Sydney Morning Herald* and saw how they make papers. *After* that we caught the train back to Marrickville.

그런 다음 우리는 몇몇 설비와 기기를 보았습니다. 점심을 먹은 후 우리는 시드니 모닝 헤럴드 신문사까지 걸어갔고 그들이 신문을 어떻게 만드는지를 보았습니다. 그런 후에 기차를 타고 다시 매릭빌로 돌아왔습니다.

- 사건 나열하기(recounting)와 이야기(story)에서는 직접 인용문이 아닌 이상 전형적으로 과거 시제를 사용한다.

They *were* poor because their pig *ate* them out of house and home and he *didn't share* with the other animals. His name *was* Bob. 'You *should go* on a diet' *said* Clarabelle.

돼지가 온 집안의 먹을 것들을 먹어 치우고, 다른 동물들에게는 먹을 것을 나누어 주지 않았기 때문에 그들은 가난했습니다. 그 돼지의 이름은 밥이었습니다. '너는 다이어트를 해야만 해.' 클라라벨이 말했습니다.

- 생각하거나 평가할 때에는 심리 동사(*기울임체*)가 많이 쓰이는 반면에, 동작을 나타내는 장면에서는 주로 동작 동사(**굵은 글씨**)가 사용된다.

Bells **were ringing**, sirens **screeching** and people **were running** everywhere. Maria *didn't know* what to **do** next. She *thought* about her mother and *wondered* what was in her head.

벨이 울리고 있었다. 사이렌이 날카롭게 울리고 사람들은 사방으로 달려가고 있었다. 마리아는 다음에 무엇을 해야 할지 몰랐다. 그녀는 어머니를 떠올리면서 어머니라면 어떻게 했을까 생각했다.

- 서사는 효과적인 이미지를 창출하기 위해 종종 동작 동사를 은유적으로 사용한다.

It was a terrible argument. Words were *flying* everywhere.

그것은 끔직한 논쟁이었다. 단어들이 사방으로 날아가고 있었다.

- 서사는 특별한 효과를 만들어 내기 위해 종종 리듬과 반복을 사용한다.

Riding. Riding. The boy went *riding* across the wintery moor, far

away from the strife of his unhappy home.
달렸다. 달렸다. 그 소년은 불행한 집안의 다툼으로부터 벗어나 쓸쓸한 황무지를 가로질러 달려갔다.

- 문장 구조를 가지고 노는 것도 서사의 또 다른 특징이다. 신랄한 풍자 효과를 내기 위해 하나의 단어 또는 짧은 구로 구성된 문장이 자주 사용된다.

Anger, Silence. As the vengeful brother prowls the streets.
화, 침묵. 복수심에 불타는 사람이 거리를 헤매는 것처럼.

Rose slowly opened the old wooden door. *Dark*. There was nothing but black.
로즈는 천천히 오래된 나무문을 열었다. 어둠. 그곳엔 검은 어둠밖에 없었다.

메모: 앞에서 언급한 바와 같이, 서사는 거대 장르이다. 서사는 다른 장르들, 특히 묘사 장르와 잘 통합된다. 서사 장르에 자주 사용되는 묘사적 장치에 대해서는 141~145쪽에서 언급한 묘사하기의 문법적 특징들을 참고하라.

02 서사하기의 구조

형식적인 측면에서 보았을 때, 서사는 등장인물을 시간과 공간 속에 연속적으로 등장시킨다. 서사의 가장 기본적인 형태인 '사건 나열하기(recounting)'와 '다시 말하기(retelling)'와 같은 텍스트 유형에서, 장르는 장면의 단순한 나열(sequence) 이상의 것이 되지 못한다. 그러나 서사 장르의 모든 텍스트 유형에서 핵심이 되는 특징은 서사가 독자나 청자에게 이야기 속 등장인물, 시간, 공간을 소개하고 안내한다는 것이다. 서사의 구조는 일반적으로 '도입과 전개'라는 두 가지 전형을 지니는 '사건 나열하기'보다는 더 복잡하다. 예를 들어, 이야기는 다소 복잡한 차원의 것들을 끌어들인다. 이야기는 단순한 사건의 연속을 넘어서서 하나 이상의 갈등이나 문제들을 구성한다. 이러한 '문제 구성'이 독자로 하여금 등장인물에 공감하여 서사로 이끌려 들어오게 하는 것이다. 이러한 문제들은 어떠한 방식으로 해결되기 마련이다. 그렇지 않다면 우리는 매우 좌절하거나 분노한 독자로 남게 될 것이다. 훌륭한 문제 해결 기능(skills)은 성공적인 서사를 쓰기 위한 필수적인 부분이면서, 대부분의 어린 학생들이 가장 큰 어려움을 호소하는 단계이기도 하다. '… 그런 다음 난 잠에서 깼다. 그리고 그것은 단지 꿈이었다.'라든지 '… 그런 다음 종소리가 났고 우리는 학교에 갔다.' 등의 문장을 얼마나 많이 읽어 왔는지 생각해 보면 알 수 있을 것이다.

장르-텍스트-문법 접근에 입각하여, 우리는 서사문 쓰기 교육을 위한 이상적인 출발점으로 서사의 구조를 살펴볼 것이다. 그러나 단지 출발점일 뿐이다. 구조에 대해서 아는 것이 흥미로운 서사문 쓰기 능력을 담보하지는 않는다.

1) 사건 나열하기 Recounts

도입

사건 나열하기는 이 장르에서 가장 단순한 유형이다. 형식적인 측면에서, 사건 나열하기는 일련의 사건 연쇄 이상의 것을 말해 주지 않는 연속적 텍스트를 말한다. 모든 이야기는 아무리 단순하더라도 도입(orientation)이 필요하다. 많은 포스트모던 서사들이 이러한 관례를 희롱한다 하더라도, 특정한 시간과 공간 안에 설정된 등장인물들이 없다면 이야기를 하는 것은 불가능하다. 서사문의 도입 단계 쓰기를 가르치는 방법들은 다양하다.

- 등장인물, 시간, 공간

- 누가, 무엇을, 어디서, 언제 등

간단한 사건 나열하기에서 도입 단계는 다음과 같이 단지 한 문장으로 구성된다.

On Wednesday we went camping here at school. We had chicken and chips at camp. We sung songs around the camp fire and I stayed the night. (Year 1)

수요일에 우리는 학교에서 캠핑을 했다. 우리는 캠프에서 치킨과 감자칩을 먹었다. 우리는 모닥불 둘레에서 노래를 불렀고 나는 밤을 새웠다. (1학년 학생의 글)

사건의 전개

위에 제시된 사건 나열하기에는 도입뿐만 아니라, 'eating dinner(저녁을 먹는 것)', 'singing songs(노래를 부르는 것)', 'staying the night(밤을 새우는 것)'이라는 세 개의 사건이 전개되고 있다. 학급 소풍에 대한 다음 글은 대부분의 교사들에게 친숙할 것이다. 도입 문단은 사건 나열하기 유형의 전형적인 모습을 보여 주고 있지만, 사건의 전개(sequence of events) 단계에서의 나열은 이전의 사건 나열하기보다 좀 더 복잡하다. 학생들은 소풍에서 일어난 중요한 일들을 모두 기록하고 있다.

Yesterday Year 5/6 went on an excursion to the Power House Museum. 어제 5/6학년은 파워 하우스 박물관으로 소풍을 갔습니다.	도입
When everyone arrived at school we walked to Marrickville station. Our class caught the 9.30 train to Central station. When we got off at Central we walked through the Devonshire St tunnel to Harris St. We walked in the museum and we saw some slides and a movie. The	사건 전개

movie was about communication and it was called Get The Message. We then looked at some games and equipment. After lunch we walked up to the Sydney Morning Herald and saw how they make papers. After that we caught the train back to Marrickville. (Year 5)

모든 사람이 학교에 도착했을 때 우리는 매릭빌 역으로 갔습니다. 우리 반은 센트럴 역으로 향하는 9시 30분 기차를 탔습니다.
센트럴에서 내려 우리는 데번셔 거리의 터널을 통해 해리스 거리를 걸었습니다. 우리는 박물관에 갔고 슬라이드와 영화를 봤습니다. 'Get the Message'라는 제목의 의사소통에 관한 영화였습니다. 그런 다음 우리는 몇몇 설비와 기기를 보았습니다. 점심을 먹은 후 우리는 시드니 모닝 헤럴드 신문사까지 걸어갔고 그들이 신문을 어떻게 만드는지를 보았습니다. 그런 후에 기차를 타고 다시 매릭빌로 돌아왔습니다.
(5학년 학생의 글)

2) 단순 서사 Simple narratives

단순 서사나 이야기는 사건 나열하기의 구조에 중요한 차원을 하나 더 부가한다. 즉, 단순 서사는 사건 나열하기의 기본적인 특징들을 많이 지니고 있지만, 해결되어야만 하는 어떤 종류의 복잡한 것들을 텍스트 차원에서 구성하고 있다는 점에서 사건 나열하기와 다르다. 학생들은 처음 서사문 쓰기를 시도할 때에도 곧장 도입 단계와 갈등 단계를 찾아낸다. 학생들이 사건 나열하기의 구조와 문법에 익숙해졌기 때문이다. 그러나 대단원(resolution) 단계는 또 다른 차원의 문제이다. 다음에 제시된 사건 나열하기는 문제를 해결하기 위해 옛이야기의 전형적인 마무리 방식인 '그들은 그 뒤로 오래오래 행복하게 살았습니다.'를 택해 글을 끝맺고 있다.

Once there was an old man. His wife had died and he had married again. The man had one son and his stepmother had a daughter.	도입

옛날에 한 늙은 남자가 있었습니다. 그의 아내는 죽었고 그는 다시 결혼을 하였습니다. 그 남자는 아들이 하나 있었고 계모는 딸 하나가 있었습니다.

One day the man and his son went collecting fire-wood. They saw a golden tree. They went slowly over to the tree. When they got closer to the tree they heard a voice coming from the tree. This is what the tree said. Go north for one and a half miles. Ther[▷There] you will find a fairy wearing a gold ring. You must take the ring and make a wish.

사건 전개

어느 날 한 남자와 그의 아들이 장작을 모으러 갔습니다. 그들은 금으로 된 나무를 보았습니다. 그들은 천천히 나무로 다가갔습니다. 그들이 나무에 가까이 갔을 때 나무로부터 어떤 목소리가 들려왔습니다. 이건 나무가 한 말입니다. 북쪽으로 1.5마일 가라. 거기에서 너는 금반지를 끼고 있는 요정을 만날 것이다. 너는 그 반지를 갖고 소원을 빌어야 한다.

They dun[▷did] just as the fairy had said and they lived happy every after. (Year 3)

대단원

그들은 요정이 말한 대로 했고 그들은 그 뒤로 오래오래 행복하게 살았습니다. (3학년 학생의 글)

단순 서사의 갈등 단계가 하나의 문제만을 필요로 하는 건 아니다. 이 단계는 그 문제에 대한 의견과 가능한 해결책을 포함하기도 한다. 다음 텍스트는 4학년 학생이 쓴 간단한 이야기의 개요로, 문제(problem), 해결(solution), 대단원(resolution)으로 구성되었다.

A long time ago there was a barn with owners named Mr and Mrs Smith. They were poor and they only had a horse for riding, 2 sheep for wool, 1 pig and a bull and a cow for milk.

도입

옛날 옛날에 스미스 부부는 헛간을 소유하고 있었습니다. 그들은 가난해서, 타고 다닐 말 한 마리와 옷감을 위한 양 두 마리, 돼지 한 마리와 황소 한 마리, 우유를 주는 암소 한 마리가 있을 뿐이었습니다.

They were poor because their pig ate them out of house and home and he didn't share with the other animals. His name was Bob. 'You should go on a diet' said Clarabelle the horse. 'Oh be quiet, I'm not fat I've got big bones'. A few minutes later Bob was rolling around on the ground. 'I'm sick, I'm sick', he shouted. 'Help me, help me'. Mr and Mis Smith ran down and called the vet. The vet came quickly and said quietly, 'if he eats like he has been eating he'll surely die', 'Oh', groaned the pig.

문제

돼지가 온 집안의 먹을 것들을 먹어 치우고, 다른 동물들에게는 먹을 것을 나누어 주지 않았기 때문에 그들은 가난했습니다. 그 돼지의 이름은 밥이었습니다. '너는 다이어트를 해야만 해.' 말 클라라벨이 말했습니다. '조용히 해. 나는 뚱뚱하지 않아. 다만 골격이 클 뿐이야.' 밥은 소리쳤습니다. 얼마 후, 밥은 땅바닥을 뒹굴며, '아파요, 아파요. 도와주세요.' 소리치기 시작했습니다. 스미스 부부는 달려가서 수의사를 불렀습니다. 수의사는 재빨리 달려와서 조용히 말했습니다. '이제까지 하던 것처럼 너무 많이 먹으면, 그는 틀림없이 죽을 것입니다.' '오,' 돼지는 신음소리를 냈습니다.

Clarabelle overheard and said to the other animals, 'Our friend is dying, we've got to help him'. 'Yeh' said the other animals 'lets go'. They went up to Bob and said, 'We are going to get you in shape'. First they told him to eat only half of the food in the trof[▷trough]. Then they made him run up and down the hill and made him swim in the duck pond.

해결

클라라벨은 이 말을 듣고, 다른 동물들에게 말했습니다. '우리 친구가 죽어가고 있어. 우리가 도와주어야 해.' '그래, 어서 가자.' 다른 동물들이 말했습니다. 그들은 밥에게 달려가 말했습니다. '우리가 너를 다시 건강하게 만들어 줄게.' 먼저 그들은 밥에게 식사량을 반으로 줄이게 했습니다. 그러고 나서 밥에게 언덕을 뛰어 올라갔다가 내려오게 하고, 연못에서 수영을 하게 했습니다.

대단원

이 장의 뒷부분에서는 이 학생이 장르적 구조의 도움을 받아 자신의 생각을 어떻게 이야기로 발전시켜 나갔는지 살펴볼 것이다. 이 글의 주제는 욕심은 부정적인 가치라는 것, 협동하는 것과 나누는 것이 더 가치 있는 일이라는 것이다. 인간적 속성을 지닌 농장 동물들을 주요 등장인물로 삼았다는 점에서 이 이야기의 주제 영역 역시 장르적 특성에 기인한다.

3) 우화Fables

우화는 어린 필자들이 주제와 서사 구조에 대해 이해력을 높이는 데 유용한 서사 양식 중 하나이다. 아래의 텍스트에서 '선행은 선행으로 돌아온다.'라는 교훈은 도입, 갈등, 대단원의 구조를 위한 결속적 장치로서 기능한다. 또한 교훈은 텍스트의 갈등을 해결하는 어려운 과정에서 학생들을 도와준다. 여기 이 우화에서 학생은 자신의 대단원이 선행으로 귀결되어야 한다는 점을 알고 있다. 그래서 초점은 텍스트를 완성해 가는 과정에서 등장인물과 대략적인 줄거리를 결정하는 데 놓여 있다.

The Good Germs and the Bad Germs (좋은 세균과 나쁜 세균)

Once upon a time in a sick man's body there lived an army of good germs and an army of bad germs. One day the bad germs caught the good germs and the good germs begged the bad germs to let them go. The bad germs decided to give the good germs a second chance and let them go. Then one day the sick man drank some purple medicine called Dimetapp. The bad germs got flooded and just at that moment the good germs thought of a spectacular idea. The good germs made a tastebud wall so the bad germs could climb out of the medicine. Moral—One good turn deserves another. (Declan, Year 1)

옛날 어느 날 병든 남자의 몸에 좋은 세균 군대와 나쁜 세균 군대가 살았다. 하루는 그 나쁜 세균들이 좋은 세균들을 잡아 가뒀고 좋은 세균들은 나쁜 세균들에게 풀어 달라고 애걸했다. 나쁜 세균들은 좋은 세균들에게 두 번째 기회를 주기로 결정하고 그들을 놓아 주었다. 그러고 나서 어느 날 그 병든 남자는 디메탑이라 불리는 자줏빛 물약을 마셨다. 나쁜 세균들은 물에 잠겼고 좋은 세균들은 번뜩이는 아이디어를 생각했다. 좋은 세균들은 미뢰 벽을 만들었고 나쁜 세균들은 그 물에서 빠져나와 벽 위로 올라갔다. — 교훈: 선행은 선행으로 돌아온다. (1학년 학생 데클런의 글)

4) 주제 구조 Thematic structure

4~5학년에서 8~9학년 사이의 학생들은 문어 사용에 있어 중요한 변화를 겪는다. 이야기하기는 분명히 구어와 관련이 깊고, 일단 이야기하기에 노출되면 글로 쓴 이야기에서도 말하기의 텍스트적 특징이 현저하게 드러난다. 앞에서 나온 글에서 이러한 증거들을 찾을 수 있다. 그러나 학생들의 언어 능력이 발달함에 따라, 이야기하기에서와 같은 구어적 특징에서 벗어나 좀 더 문어적인 서사 형태로 옮겨 가서, 더 문학적이고 시적인 언어 형태와 복잡하고 효과적인 심상을 만들어 내는 언어 형태를 사용하게 된다.

9학년 학생이 쓴 다음의 이야기에서 도입, 갈등, 대단원의 장르적 구조는 더 이상 표면적으로 드러나지 않는다. 여기서 학생은 심상을 강화하기 위해 은유를 사용하고, 주제와 이미지를 바탕으로 자신의 이야기를 계획한다. 공간은 정글이라는 은유적 표현을 동원한 도시 빈민굴이다. '어리석은 정의와 복수', '약육강식의 법칙이 창궐해 추락한 삶'이라는 주제는 죽음과 폭력과 복수의 무의미성이라는 전반적인 메시지를 전하고 있다.

The Civilised World (문명 세계)

Anger. Silence. As the vengeful brother prowls the streets. The rhythmic beat of skipping ropes. The hum and hiss of distant traffic. Determined footsteps, beating, beating. Inhuman thoughts in a numb body — trapped, waiting, ready to fire. He knows no law but the law of the jungle ... do unto others, etc.

Innocence is the first victim of suburban war.

Searching, seeking, honing in on the victim. Slowly, silently moving in for the kill, he raises his gun. My sister — your brother. White eyes staring, afraid and searching.

Numbness.

BANG

The echoing silence of fighters and death. The calm after the storm and then the thunder of screams. Shock. Brave but timid they emerge from the concrete.

Who, where, why and how?

Numb and naive, not knowing he stands there — waiting, watching and then he runs to the predators. Waiting, wanting, needing approval.

In his mind justice has been served. (Melinda, Year 9)

분노. 침묵. 그 남자는 복수심을 품고 거리를 어슬렁거리고 있다. 아이들 줄넘기 줄의 일정한 찰싹 소리. 먼 차량 행렬의 소음. 결의에 찬 발걸음. 쿵. 쿵. 감정이 상실된 육체의 비인간적인 사고 — 덫을 놓고, 기다리고, 사격할 준비를 한다. 그는 약육강식의 법칙만이 모든 것에 선행하는 유일한 법칙이라는 것을 알고 있다.

순수함이 교외 지역 전쟁의 첫 번째 희생자였다.

희생자를 찾아 구석구석을 뒤지며 총을 다잡는다. 죽이기 위해 조용히 그리고 천천히 다가가면서 총을 든다. 나의 누이와 당신의 형제를. 두려워하면서, 갈구하면서, 응시하고 있는 하얀 눈동자.

정신이 멍해진다.

탕

살인자와 죽음의 침묵이 들려온다. 폭풍우 뒤의 고요함. 그리고 비명 소리. 충격이다.

용감하지만, 겁에 질린 채 그들은 콘크리트 속에서 나타난다. 누가? 어디에서? 왜? 어떻게?

그는 아무것도 모른 채 무감각하고 천진난만하게 거기에 서 있다. 기다리면서, 바라보면서.

성공하기를 기다리면서, 원하면서, 간절히 필요로 하면서.

그의 마음속에는 정의가 존재하고 있었다. (9학년 학생 멜린다의 글)

위 글에서는 더 효과적인 글을 쓰기 위해 관습에 얽매이지 않는 형식의 글쓰기를 시도하고 있다는 점에 주목할 필요가 있다. 글쓴이는 독자들이 이미지를 구성하는 것을 도와주기 위해 리듬, 반복, 두운, 특정한 문장 부호와 같은 기법들을 시험해 보고 있다. 위의 이야기에서 이미지와 주제는 플롯보다 더 우세를 점하고 있다.

03 서사하기의 문법

전형적인 서사의 문법적 특징들을 세분화하는 것은 대개 어려운 일이다. 결국 언어를 가지고 무엇이든 할 수 있는 것이 서사물이다. 그러나 우리는 몇 가지 전형적인 문법적 특징을 찾아볼 수 있다. 특히 미숙한 필자들이 주로 택하는 사건 나열하기의 구어적 구조가 점차 능숙한 필자의 서사문에서 보이는 더 추상적이고 은유적인 언어로 발전한다는 점을 주목할 필요가 있다.

1) 사건 나열하기

모든 문어 텍스트 유형 중에서 사건 나열하기가 말의 문법에 가장 가깝다. 우리가 이미 본 것처럼 사건 나열하기는 기본적으로 사건을 시간 순서대로 나열한다. 따라서 이러한 글에서는 동작 동사(**굵은 글씨**)와 시간적 연결어(*기울임체*)가 많이 나타날 것이라 예상할 수 있다.

Colonial Day (식민지 날)

On Monday our school **held** a Colonial Day. Peolple **dressed** as maids, farmers, soldiers, settlers, gold miners, school children and bush rangers. *First* we **did** the heal and toe pocker. *Then* 5R and 6B **performed** another dance. *Then* 2W **performed** another dance. *Then* we all **went** inside until recess. During recess we **ate** bread with golden syrup on it. *After* morning tea we all **enjoyed** Greg Dimmock's performance. He **showed** us some musical instruments, toys and chains of convicts. He also **sang** old songs for us. *After* lunch we all **went** to the gold rush. Everyone in my class **found** gold. It was fun and everyone **enjoyed** it. (Year 3)

월요일에 우리 학교는 식민지 날을 거행했다. 사람들은 하녀, 농부, 군인, 이주민, 광부, 학교 아이들, 산적처럼 차려입었다. 우선 우리는 춤을 췄다. 그런 후 5R과 6B는 또 다른 춤을 추었다. 그런 후 2W는 또 다른 춤을 추었다. 그리고 나서 우리는 휴식 시간까지 모두 안으로 들어갔다. 휴식하는 동안 우리는 황금색 시럽이 뿌려진 빵을 먹었다. 아침 차를 마시고 나서 그렉 디모크의 공연을 즐겼다. 그는 우리에게 몇몇 악기와 장난감 그리고 죄인의 사슬을 보여 주었다. 그는 또한 우리에게 옛날 노래들을 불러 줬다. 식사 후 우리는 모두 금광으로 갔다. 우리 반 모든 아이들이 황금을 찾았다. 재미있었고 모든 사람들이 즐거워했다. (3학년 학생의 글)

2) 단순 서사

과거 경험을 나열하는 것에서부터 이야기를 쓰는 것에 이르기까지 학생들의 글쓰기 능력이 발전하도록 도와주는 방법 중 하나는, 학생들로 하여금 수업 시간에 읽은 이야기를 다시 말하게 하는 것이다. 아래 글에서 우리는 미숙한 필자가 여전히 사건 나열하기의 문법적 특징들을 사용하고 있는 것을 살펴볼 수 있으나, 한편으로는 이야기를 좀 더 복잡하게 이끌기 위해 대화체 (밑줄)를 도입한 것을 볼 수 있다.

Enora and the Black Crane (에노라와 검은 학)

A long time ago when the world was new **lived** a man called Enora. He and his family **lived** in a rainforest with fish fruit and lovely food. Enora and his family **would swim** in the river. *One day* Enora **saw** some colours in the sky. *One day* he **went** to a clearing and **saw** lyrebirds, parrotts[▷parrots] and emus. Enora **went** back to the clearing again and **took** a long stick and **killed** a black crane with it. *All of a sudden* he **looked** at his hand and it **was covered** with feathers. He **tried to pull** them out but he **couldn't**. He **went** back to the rainforest and **told** his family all about it but they did not believe him. I must go to the clearing one more time he said to himself. *That night* he had a dream about the colours. *The next day* his hands and body **were covered** with feathers. *Then* he **went** back to the clearing. The birds **were waiting** for him. All the birds were different colours but Enora was just black. (Year 3)

아주 오래 전 태초에 '에노라'라고 불리는 남자가 살았다. 그와 그의 가족은 물고기, 과일, 맛있는 양식이 있는 숲에 살았다. 에노라와 그의 가족은 강물에서 수영도 할 수 있었다. 어느 날 에노라는 하늘에서 어떤 색깔을 보았다. 어느 날 그는 어느 황무지에 갔고 금조와 앵무새와 에뮤*를 보았다. 그는 그 황무지에 다시 갔고 긴 막대기를 집어 들어 검은 학을 죽였다. 갑자기 그는 자신의 손을 보았는데 그 손은 깃털로 덮여 있었다. 그는 깃털을 모두 뽑아버리려 했지만 그럴 수 없었다. 그는 숲으로 돌아와 가족들에게 자신이 겪은 모든 일에 대해 말했지만 가족들은 그를 믿지 않았다. 황무지로 한 번 더 가야겠어. 그는 중얼거렸다. 그날 밤 그는 색깔에 관한 꿈을 꾸었다. 다음 날 그의 손과 몸은 깃털로 덮여 있었다. 그리고 그는 황무지로 되돌아갔다. 새들이 모두 그를 기다리고 있었다. 새들은 각기 다른 색깔이었지만 에노라만 검은 색이었다. (3학년 학생의 글)

3) 창의적 이야기|Creative stories

이야기를 쓰는 것은 학생들에게 언어를 '가지고 놀 수 있는' 기회와 언어적 잠재력을 실험할 수 있는 기회를 제공한다. 5학년 학생이 쓴 아래의 이야기는 아이들에게 이를 닦도록 권장하기 위해 창의적인 방법으로 '슈퍼 영웅' 이야기의 일반적 요소들을 사용하고 있다. 이와 같은 행위 중심의 이야기에는 동작 동사가 많고 문장이 짧고 리드미컬하다는 것을 확인할 수 있다.

Supertoothbrush and his assistant Toothpaste (칫솔맨과 그의 친구 치약맨)

One day Supertoothbrush **sat** waiting for a call. Suddenly in **ran** Miss Bandaid
with the phone. 'A call for you Brushy', she **panted** and **rushed** out, **closing** the door behind her As STB **answered** the phone his assistant

....

* 오스트레일리아산 큰 새로 타조와 비슷하며 키는 1.8미터 정도이다.

Toothpaste **pulled** open the door a bit and then **slammed** it shut because Miss Bandaid was listening.

The caller was Betty Lou. Her kids teeth were drastically **turning** yellow and green from Plaque and vicious gang.

STB and Powerful Toothpaste **flew** straight to Betty Lou's house and **rushed** to the toothbrush drawer and inside they **went**.

When it was bedtime, Tom (Betty's son) **came** in and **began to brush** his teeth with STB and Powerful Toothpaste and that was when the fight **began**.

First STB **pushed** away six of the vicious gang with his bristles. Then PTP **whipped** away six more. Together they **made** the vicious plaque gang **disappear** completely.

So **brush** your teeth every day and every night because you never know, they might be out there. (Laura, Year 5)

어느 날 칫솔맨이 전화를 기다리며 앉아 있었다. 그때, 반창고 우먼이 수화기를 들고 달려 왔다. '전화 왔어요, 칫솔맨.' 그녀는 숨을 헐떡이며 달려와서 건네 준 후, 문을 닫고 나갔다. 칫솔맨이 통화를 하기 시작하자, 그의 친구 치약맨은 문을 살짝 열었다가 쾅 하고 닫아 버렸다. 반창고 우먼이 문 뒤에서 엿듣고 있었기 때문이다.

전화를 건 사람은 베티 루였다. 아이의 치아가 치석(齒石)과 세균들 때문에 다 썩어 버렸다는 전화였다.

칫솔맨과 힘센 치약맨은 곧장 그녀의 집으로 날아가 칫솔 서랍으로 들어갔다.

잘 시간이 되자, 베티의 아들인 톰이 들어와 칫솔맨과 치약맨을 사용해 이를 닦았다. 그때부터 싸움이 시작되었다.

먼저, 칫솔맨이 강모(剛毛)로 6마리의 세균을 밀어냈다. 그 뒤, 치약맨이 6마리를 더 쫓아 버렸다. 칫솔맨과 치약맨은 힘을 합쳐 나쁜 세균들을 전멸시켰다.

그러므로 밤낮으로 양치질을 해야 한다. 당신이 모르는 사이에, 세균들이 입안에 있을지도 모르는 일이기 때문이다. (5학년 학생 로라의 글)

The Civilised World (문명 세계)

Anger. Silence. As the vengeful brother prowls the streets. The rhythmic beat of skipping ropes. The hum and hiss of distant traffic. Determined footsteps, *beating, beating*. Inhuman thoughts in a numb body — trapped, waiting, ready to fire. He Knows no law but the law of the jungle ... do unto others, etc.

Innocence is the first victim of suburban war.

Searching, seeking, honing in on the victim. *Slowly, silently* moving in for the kill, he raises his gun. My sister — your brother. White eyes staring, afraid and searching.

Numbness.

BANG

The echoing silence of fighters and death. The calm after the storm and then the thunder of screams. Shock. Brave but timid they emerge from the concrete.

Who, where, why and how?

Numb and naive, not knowing he stands there — waiting, watching and then he runs to the predators. Waiting, wanting, needing approval.

In his mind justice has been served. (Melinda, Year 9)

분노. 침묵. 그 남자는 복수심을 품고 거리를 어슬렁거리고 있다. 아이들 줄넘기 줄의 일정한 찰싹 소리, 먼 차량 행렬의 소음. 결의에 찬 발걸음. 쿵. 쿵. 감정이 상실된 육체의 비인간적인 사고 — 덫을 놓고, 기다리고, 사격할 준비를 한다. 그는 약육강식의 법칙만이 모든 것에 선행하는 유일한 법칙이라는 것을 알고 있다.

순수함이 교외 지역 전쟁의 첫 번째 희생자였다.

희생자를 찾아 구석구석을 뒤지며 총을 다잡는다. 죽이기 위해 조용히 그리고 천천히 다가가면서 총을 든다. 나의 누이와 당신의 형제를. 두려워하면서, 갈구하면서, 응시하고 있는 하얀 눈동자.

정신이 멍해진다.

탕

살인자와 죽음의 침묵이 들려온다. 폭풍우 뒤의 고요함. 그리고 비명 소리. 충격이다. 용감하지만, 겁에 질린 채 그들은 콘크리트 속에서 나타난다. 누가? 어디에서? 왜? 어떻게? 그는 아무것도 모른 채 무감각하고 천진난만하게 거기에 서 있다. 기다리면서, 바라보면서. 성공하기를 기다리면서, 원하면서, 간절히 필요로 하면서.

그의 마음속에는 정의가 존재하고 있었다. (9학년 학생 멜런다의 글)

글의 앞부분에서 이 학습자는 복잡한 서사를 구사했다. 그러나 전통적인 구조적 특징은 명백하게 드러나지 않는다. 이 글에서 흥미로운 것은 일정한 효과를 전달하기 위해 특정한 문법 요소들을 사용했다는 점이다. 또한, 학습자가 다음과 같은 문장 구조를 구사했다는 점도 특징적이다.

- 일어문(一語文): Anger. Silence. Shock

- 미완결 문장: As the vengeful brother prowls. The echoing silence of fighters and death.

분명 이러한 점들은 학생들이 전통적인 통사와 문장 구조를 숙달한 이후에야 고려될 수 있는 서사 문법의 측면들이다. 그러나 서사적 효과를 위한 장치로서 충분히 모형화하여 가르칠 수 있는 기법들(techniques)이다.

필자가 사용할 수 있는 또 다른 중요한 문학적 기법에는 리듬이 있다. 강한 리듬감을 형성하기 위해 두운(頭韻)이나 단어의 반복이 텍스트 전체에 걸쳐 사용되었다. 예를 들어, 다음과 같은 부분에서 이를 확인할 수 있다.

Searching, seeking, honing in on the victim.
Slowly, silently moving in for the kill, he raises his gun.
Determined footsteps, *beating, beating*.

이러한 장치는 텍스트 전체를 통해 나타나며 서사를 실현하고 있다. 위 텍스트에서 이러한 장치는 텍스트 주제와 연계되는 혼란스러운 감정을 텍스트에 주입하고자 하는 응결성 장치 중 한 유형으로서 작동하고 있다.

이 텍스트를 소개한 것은 교사들이 서사의 본질을 체험하여, 도입, 갈등, 대단원과 같은 구조적 특질 측면에 지나치게 경도되는 일이 없기를 바라기 때문이다. 그러한 구조적 측면들이 서사의 중요한 측면이기는 하지만, 이들의 합이 결코 전체 이야기는 아님을 명심해야 한다.

04 서사하기의 장르와 문법 가르치기

■ 대상 학년: 4학년

1) 사건 나열하기

이 단계의 학생들은 사건 나열하기와 같은 연속적 텍스트를 쓰는 것에 숙달되어 있을 것이다. 그러므로 첫 번째 단계는 학생들이 몇몇 기초적인 형식적·기능적 문법 분석을 수행할 수 있도록, 사건 전개에 필요한 형식적인 특질들에 대한 그들의 내재적 지식을 활용하게끔 하는 것이다.

소풍, 주말에 있었던 일 등과 같은 최근의 경험과 관련하여 다음 활동을 수행해 볼 수 있다.

- 자신이 주말 동안에 한 일에 대해 말해 본다.

- 각각의 활동이나 사건을 다시 말하게 하고 이것을 칠판에 적는다.

What Ryan did on the weekend (라이언이 주말에 한 일)

went trampolining
did some stretches
put socks on
warmed up
practised routine
bell rang
started routine
passed a level
Mum bought him a badge
트램펄린 경기를 하러 갔다.
스트레칭을 했다.
양말을 신었다.

워밍업을 했다.
연습을 했다.
벨이 울렸다.
경기가 시작되었다.
자격 심사에 통과했다.
엄마가 그에게 합격 배지를 사 주셨다.

- 교사는 개개의 활동이 어떻게 하나의 사건으로 표현되는지, 그 사건을 묘사하는 단어가 어떻게 동작 동사로 불리는지 학생들에게 설명한다.

- 학생들에게 라이언이 주말에 한 일 중에서 첫 번째 사건에서 사용된 동작 동사를 찾아 밑줄을 그어 보게 한다. 이어서 각각의 모든 동작 동사를 확인하고 다음과 같이 밑줄을 그어 보게 한다.

<u>went</u> trampolining
<u>did</u> some stretches
<u>put</u> socks on
<u>warmed</u> up
<u>practised</u> routine
bell <u>rang</u>
<u>started</u> routine
<u>passed</u> a level
Mum <u>bought</u> him a badge

이때 선택 활동으로서 동사의 시제에 대해 논의할 수도 있다. 과거, 현재, 미래 시제에 대해 말하고, 그런 시제를 우리가 왜, 어떻게 사용하는지를 논의해 본다.

- 학생들에게 동사의 시제를 확인하게 하고, 모든 시제가 과거 시제인 이유에 대해 생각해 보도록 한다.

라이언이 주말에 한 각각의 다양한 일들을 연결하기 위해 어떤 유형의 단어들이 필요한지 논의해 본다.

- 서로 다른 단어들을 연결할 때
  - 시간적 연결어: then, when, after 등
  - 원인-결과 연결어: because, but, therefore 등
  - 부가적 연결어: and, also, besides 등
- 이러한 유형의 연결어들이 절이나 문장에서 정보의 조각들을 이어주는 데에 중요한 이유에 대해 논의해 보는 것이 좋다.

이제 다시 라이언이 주말에 한 일의 목록으로 돌아가, 학급 학생들에게 목록화된 각각의 사건들을 연결시킬 수 있는 연결어들에 대해 생각해 보도록 한다. 연결어가 만들어지면 해당 연결어의 유형에 대해 확인하도록 한다.

연결어 목록을 칠판에 제시하고, 학생들에게 라이언이 주말에 한 일들로 사건 나열하기 텍스트를 쓰게 한다.

- 교사는 한두 개 정도의 텍스트를 선정하여 칠판에 제시한다.
- 학급 학생들에게 텍스트에서 사용된 동작 동사(**굵은 글씨**)와 연결어(*기울임체*)를 확인하게 한다.

On Saturday Ryan **went** trampolining at Ryde. *When* he **got** there he **did** some stretches *and* **put** his socks on. Shortly *after* that he **warmed up** *and* **practised** his routine. Time **passed**, the bell **rang** and he **started**. *After* his routine Ryan **passed** level four *and* his mum **bought** him a badge. Ryan was glad he **passed**. (Adriana)

토요일에 라이언은 라이드로 트램펄린 경기를 하러 갔다. 도착해서, 그는 스트레칭을 하고 양말을 신었다. 짧게 워밍업을 한 후에, 경기 연습을 했다. 시간이 지나 종이 울렸고, 경기가 시작되었다. 경기가 끝난 후, 라이언은 4단계를 통과했고, 엄마는 합격 배지를 사주셨다. 라이언은 심사에 통과해서 기뻤다. (아드리아나의 글)

- 학생들 개개인에게 아래와 같은 표를 그리게 하여 자기가 쓴 텍스트에서 사용된 동작 동사와 연결어를 확인하게 한다.

동작 동사	연결어
went	When
got	and
did	after
put	and
warmed up	and
practised	After
passed	and
started	
bought	

- 이러한 유형의 텍스트가 가지는 구조적 특징에 대해 논의해 본다. 사건 나열하기는 일반적으로 도입에 이어 사건 전개가 나타나고, 선택적으로 평가 단계가 포함되기도 한다.
  - '도입' 단계에서는 등장인물, 시간, 공간을 독자에게 알려 준다.
  - '사건 전개' 단계에서는 일반적으로 일어난 사건들을 시간과 상황에 따라 정렬한다.
  - '평가' 단계는 선택적이다. 그러나 대개 이 단계에서는 발생한 사건에 대한 필자의 해석이 담긴다.
- 학급 학생들에게 다음과 같은 예문을 칠판에 제시해 주고, 텍스트에서 각 단계를 확인하도록 한다.

On Saturday Ryan went trampolining at Ryde. 토요일에 라이언은 라이드로 트램펄린 경기를 하러 갔다.	도입
When he got there he did some stretches and put his socks on. Shortly after that he warmed up and practised his routine. Time passed, the bell rang and he started. After his routine Ryan passed level four and his mum bought him a badge. 도착해서, 그는 스트레칭을 하고 양말을 신었다. 짧게 워밍업을 한 후에, 경기 연습을 했다. 시간이 지나 종이 울렸고, 경기가 시작되었다. 경기가 끝난 후, 라이언은 4단계를 통과했고, 엄마는 합격 배지를 사 주셨다.	사건 전개
Ryan was glad he passed. 라이언은 심사에 통과해서 기뻤다.	평가

2) 이야기의 구조 파악하기

이야기(story)는 간단한 사건 나열보다 복잡하다. 이야기는 사건 나열하기의 문법적 특징들을 많은 부분 공유하지만, 도입이나 사건 전개를 간단히 제시하는 것을 훨씬 넘어선다. 이야기는 오히려 문제를 만들기 위해 사건을 연속하여 이어 나간다. 문제에는 의견이나 해석 또는 평가가 포함될 수 있다. 문제는 해결되어야 하기에, 이야기는 일반적으로 문제 해결로 끝맺는다.

- 학급 학생들에게 간단한 이야기 예시를 견본으로 보여 주고 이야기의 구조적 특징에 대해 논의해 보도록 이끈다.

The Dragon (용)

Once there was a dragon that lived near a castle. In the castle there lived a princess with her mother and father the King and Queen. 옛날에 성 주변에 용이 살고 있었다. 성에는 왕과 왕비와 함께 공주가 살고 있었다.	도입
The dragon felt lonesome so one day when the princess went on her balcony the dragon came and kidnapped her. 용은 외로웠다. 그래서 어느 날 공주가 발코니로 나왔을 때, 그녀에게 접근해 납치했다.	갈등
The dragon saw that she was sad so when she was sleeping he gently picked her up and returned her to the castle. (Year 1) 용은 그녀가 슬퍼하는 것을 보았다. 그래서 공주가 자고 있을 때, 조심스럽게 그녀를 들어 다시 성으로 데려다 주었다. (1학년 학생의 글)	대단원

- 학급 학생들에게 이야기의 각 단계를 확인하게 하고, 각 단계에서 특징적인 요소들을 확인하도록 한다. 예를 들자면 다음과 같다.

  - 도입 단계에는 다음과 같은 요소들이 있어야 한다.

    시간: 옛날

    공간: 성

    등장인물: 용, 공주, 왕, 왕비

서사 구조의 요소를 분석하기 위해 교실 읽기 활동을 활용할 수 있다.

- 학급 학생들에게 이야기를 읽어 주고(이 활동에는 분량이 많은 책이나 전집류의 책이 유용하다), 도입 단계에서 갈등 단계로 넘어가는 부분을

찾게 한다. 예를 들어, 'Baleen the Whale(고래 벌린)' 이야기는 다음과 같은 요소를 가진다.

도입 단계의 요소	시간: 옛날 공간: 바다 등장인물: 욕심 많은 고래인 벌린
갈등 단계의 요소	벌린은 목에 뼈가 있다. 벌린은 블런트를 공격했다. 블런트를 공격하는 일은 옳지 않은 일이다.
대단원 단계의 요소	블런트가 벌린을 구해 주었다. 벌린은 착하게 변했다.

3) 이야기의 주제 찾기

학급 학생들과 주제에 대한 생각을 논의해 봐야 한다. 교사는 학생들에게 이야기의 주제가 어떻게 글의 중심 생각을 의미하는지 설명해야 한다. 예를 들어, 신화인 이 벌린 이야기에서는 중심 생각이 두 층위에서 제시될 수 있다. 먼저, 이 이야기는 수염고래가 위턱에 치아 구조가 아닌 뼈 구조를 가지고 있는 것에 대한 여러 가지 이유를 제시하고 있다. 또 다른 층위에서는 탐욕, 폭력, 이기심, 규칙 위배 등의 반사회적 행동들은 반드시 해를 입는다는 권선징악의 도덕적 교훈을 주기도 한다.

- 학급 학생들에게 '고래 벌린' 이야기의 주제나 중심 생각을 찾도록 한다.
- 학급 학생들에게 자신이 읽었던 다른 이야기들을 생각하게 하고 각각의 주제를 찾도록 한다.

4) 장르적 구조와 주제를 활용해 이야기에 비계 설정하기

다음과 같은 비계를 OHP 필름이나 유인물로 제시하여, 학급 학생들이 이야기의 틀에 대해 브레인스토밍할 수 있도록 한다.

- 먼저, 주제에서 시작한다. 이야기가 지닐 중심 생각에 대해 토의해 본다. 예를 들어, 학생들은 최근에 읽었던 고래 벌린 이야기를 토대로 자신들의 이야기를 대략이나마 구성할 수 있을 것이다.

- 교사는 학생들에게 각 단계가 어떻게 인과적으로 연결되는지를 지적한다. 예를 들어, 위 '주제' 표에서 '등장인물'은 예를 들어야 하며 쟁점을 대비시켜야 한다. 등장인물은 주제에 대한 주동인물과 반동인물로 예시되고 대비되어야 한다. 또한 갈등 단계는 대단원을 이끌기 위해 계획되어야 한다.

주제	
도입 등장인물: • • • • 공간: 시간:	묘사:
갈등 사건: • • • • •	

감상:
-
-

대단원

5) 개별적으로 서사문 쓰기

이제까지의 활동을 바탕으로 학급 학생들로 하여금 자신만의 이야기 계획을 세울 수 있도록 해야 한다. 이때, 읽기 활동에서 분석했던 이야기와 비슷한 주제로 쓰게 하는 것이 용이하다. 학생들에게 이야기를 계획하는 모형을 제시하는 것이 이 단계의 목적임을 명심해야 한다.

- 두세 개의 이야기 계획들을 비교·대조하고 각 단계에서 사용된 요소들이 어떻게 다른지 논의해 본다.

주제	필요 이상으로 욕심을 부리지 마라.
도입	
등장인물: • 돼지 • 말 • 스미스 부부	묘사: – 탐욕스러움 – 관대함 – 가난한 농부
공간: 헛간 앞마당 시간: 옛날	
갈등	
사건: • 돼지가 너무 많이 먹었다. • 돼지는 다른 동물들과 나눠 먹으려 하지 않았다. • 돼지가 배탈이 났다.	

학급 학생들은 이제 자신만의 이야기를 쓸 수 있는 준비를 해야 한다. 자신들이 만들어 낸 문제를 해결하기 위해서 갈등 단계의 사건들에서 필요한 것이 무엇인지 이해할 수 있도록 충분한 시간을 보장해 주어야 한다. 이와 함께 학생 개인에 대한 개별적인 지도가 필요할 수도 있다.

- 학생들이 자신의 이야기를 완성하고 난 후, 이를 다른 예시들과 비교·대조하여, 이 과정에서 학급 학생들이 각각의 서사문의 구조와 문법적 요소들을 찾을 수 있도록 한다.

  A long time ago there was a barn with owners named Mr and Mrs Smith. They were poor and they only had a horse for riding, 2 sheep for wool, 1 pig and a bull and a cow for milk.
  They were poor because their pig ate them out of house and home and he didn't share with the other animals. His name was Bob. 'You should go on a diet' said Clarabelle the horse. 'Oh be quiet, I'm not fat I've got big bones'. A few minutes later Bob was rolling around on the ground. 'I'm sick, I'm sick', he shouted. 'Help me, help me'. Mr and Mis Smith ran down and called the vet. The vet came quickly and said quietly, 'if he eats like he has been eating he'll surely die', 'Oh', groaned the pig.
  Clarabelle overheard and said to the other animals, 'Our friend is dying, we've got to help him'. 'Yeh' said the other animals 'lets go'. They went up to Bob and said, 'We are going to get you in shape'.

First they told him to eat only half of the food in the trof. Then they made him run up and down the hill and made him swim in the duck pond.

He did this every day for three long weeks and he got better and he thanked Clarabelle and Bob was never greedy again. (Erin, Year 4)

옛날 옛날에 스미스 부부는 헛간을 소유하고 있었습니다. 그들은 가난해서, 타고 다닐 말 한 마리와 옷감을 위한 양 두 마리, 돼지 한 마리와 황소 한 마리, 우유를 주는 암소 한 마리가 있을 뿐이었습니다.

그들은 돼지가 온 집안의 먹을 것들을 먹어 치우고, 다른 동물들에게는 먹을 것을 나누어 주지 않기 때문에 가난했습니다. 그 돼지의 이름은 밥이었습니다. '너는 다이어트를 해야만 해.' 말 클라라벨이 말했습니다. '조용히 해. 나는 뚱뚱하지 않아. 다만 골격이 클 뿐이야.' 밥은 소리쳤습니다. 얼마 후, 밥은 땅바닥을 뒹굴며, '아파요, 아파요. 도와주세요.' 소리치기 시작했습니다. 스미스 부부는 달려가서 수의사를 불렀습니다. 수의사는 재빨리 달려와서 조용히 말했습니다. '이제까지 하던 것처럼 너무 많이 먹으면, 그는 틀림없이 죽을 것입니다.' '오,' 돼지는 신음소리를 냈습니다.

클라라벨은 이 말을 듣고, 다른 동물들에게 말했습니다. '우리 친구가 죽어가고 있어. 우리가 도와주어야 해.' '그래, 어서 가자.' 다른 동물들이 말했습니다. 그들은 밥에게 달려가 말했습니다. '우리가 너를 다시 건강하게 만들어 줄게.' 먼저 그들은 밥에게 식사량을 반으로 줄이게 했습니다. 그리고 나서 밥에게 언덕을 뛰어 올라갔다가 내려오게 하고, 연못에서 수영을 하게 했습니다.

밥은 이렇게 3주 동안 매일 다이어트를 했습니다. 그 뒤 그는 다시 건강해졌고, 클라라벨에게 고마움을 표했습니다. 밥은 더 이상 욕심을 부리지 않았습니다. (4학년 학생 에린의 글)

05 서사하기 장르를 활용한 텍스트 평가하기
: 사건 나열하기의 경우

1) 과제의 개요

다음의 쓰기 과제는 6학년 학생들이 수행한 것으로 최근의 뉴스거리가 될 만한 사건을 시각적으로 보여 주는 언어 자료를 바탕으로 하여 묘사적인 사건 나열하기 텍스트를 쓰는 것이다. 학생들은 극적 요소와 상황의 긴박함을 강조할 수 있어야 한다. 이를 위해 장르의 핵심 자질과 적절한 모형이 주어졌다.

지방 신문에서는 극한 상황에서 살아남은 사람의 이야기를 자주 다룬다. 기사에서는 정보를 제공하고 당사자들이 직면했던 위험을 재현해 내기 위해, 사실들을 극적 방식으로 제시한다. 생존자들의 감정과 반응도 기술된다.
리처드 반 팜에 대한 기사를 써 보도록 하자. 그에게 일어난 일은 아래와 같다.

인물: 리처드 반 팜
장소: 태평양, 미국의 서쪽 해안
바다에서 보낸 기간: 4개월
사건: • 캘리포니아 롱비치를 떠나, 카탈리나섬까지 35km를 항해함.
 • 요트의 돛대는 폭풍으로 파손
 • 모터와 라디오 역시 작동 불능
 • 코스타리카까지 4,000km를 표류
 • 물고기와 바닷새를 먹고, 빗물을 마심.
 • 바다에서 4개월 동안 홀로 표류하다 미 해군정에 의해 발견됨.

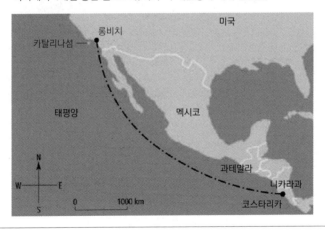

다음은 이 장의 앞부분에서 언급되었던 장르 일반적, 구조적 특징과 문법적 특징에 바탕을 두어 과제를 평가하기 위해 사용되는 평가 기준들이다.

1	장르적 차원 기준	텍스트의 장르 일반적 특질에 대해 다룬다. 이 수준은 다음과 같은 기준들을 포함한다.

- 텍스트는 사건 나열하기 위주로 구성되어 있는가, 아니면 사건 나열하기를 넘어서려고 배경 설정과 등장인물의 성격화를 시도하였는가?
- 쓰기의 주제가 과제에 부합하는가?
- 글은 잘 조직되었으며, 도입, 사건 전개, 결론을 포함하고 있는가?
- 직·간접 발화, 수동태, 명사화, 전문어와 같은 적절한 장르적 전략을 사용하고 있는가?
- 독자들에게 감정적으로 호소하기 위해 감상적인 논평과 같은 정서적인 표현을 구사하였는가?
- 형용사 같은 묘사적인 장치들이 사용되었는가?

2	텍스트적 차원 기준	텍스트가 엮인 방식, 문장들이 구조화된 방식 그리고 문장들이 서로 어떻게 작용하는지에 대한 것을 다룬다. 이 수준은 다음과 같은 기준들을 포함한다.

- 사건 나열하기는 논리적·의미적으로 결속된 문단으로 조직되어 있는가?
- 텍스트가 단문, 중문, 복문 구조들을 다양하게 사용하고 있는가?
- 적절한 시제가 선택되어, 글 전체에 걸쳐 일관되게 유지되고 있는가?
- 대명사의 사용을 통해 적절한 지시 관계가 형성되었는가?
- 다양한 연결어를 적절하게 사용하였는가?

3	통사적 차원 기준	사용된 문장의 내부적 구조를 다룬다. 이 수준에서는 다음 다섯 가지 기준들을 포함한다.

- 문장에 본동사와 같은 필수 성분이 갖추어져 있고, 주어와 본동사가 바른 순서로 배열되어 있는가?
- 주어와 본동사가 인칭과 수에 일치하는가?
- 전치사가 적절하게 사용되었는가?
- 관사가 항상 정확하게 사용되었는가?
- 쉬운 문장 부호와 복잡한 문장 부호가 올바로 사용되었는가?

4	철자법 차원 기준	텍스트에 사용된 개별 단어들을 다룬다. 이 수준에는 다음과 같은 기준들이 있다.

- 고빈도 단어들이 대부분 정확하게 쓰였는가?
- 저빈도 단어들과 일반적이지만 쉬운 유형은 아닌 단어들이 대부분 정확하게 쓰였는가?
- 흔치 않은 유형의 단어들이나 어려운 단어들이 대부분 정확하게 쓰였는가?
- 과제에 적합하면서 어려운 단어들이 대부분 정확하게 쓰였는가?
- 과제에 적합하면서 어려운 단어들이 모두 정확하게 쓰였는가?

2) 장르 일반적 차원

The Rescue of Richard Van Pham [리처드 반 팜의 구조(救助)]

1   On the seventeenth of September Richard Van Pham
    was rescued by the U. S Navy.
    It was a nice sunny day when Van Pham took his boat
    out and go to Catalina Island off the west coast of
5   the United States when suddenly a strong wind hit
    when Van Pham had just left the bay. The wind was
    too strong so he could'nt turn back. So he kept going
    on until a storm hit and his mast broke off and fell into the
    water. Then Van Pham's motor and radio both failed.

10   Richard survived on fish, seabirds and rainwater while drifting
    4000km to Costa Rica. After four months alone at
    sea, a U,S navy ship found Van Pham.
    Richard's family told the media they where glad
    that he was home. (Year 6)

9월 17일, 리처드 반 팜이 미 해군에 의해 구조되었다.
반 팜이 보트를 타고 미 서부 해안의 카타리나 섬으로 향한 날은 아주 맑은 날이었다.
반 팜이 막 만을 떠났을 때 갑자기 거센 바람이 몰려 왔고, 바람이 너무 강해서 그는
다시 돌아올 수 없었다. 폭풍이 몰아쳐 돛대가 부러져 물에 빠져 버린 중에도 그는 계속
전진했다. 이후 반 팜의 모터와 라디오도 고장 났다.
리처드는 물고기, 바닷새, 빗물을 먹으며 코스타리카까지 홀로 4,000km를 표류했다. 넉
달이 지난 뒤에야 미 해군정이 반 팜을 발견했다.
리처드의 가족은 언론을 통해 그가 다시 돌아와 기쁘다고 말했다. (6학년 학생의 글)

장르와 주제

    위의 글은 주로 사건 나열하기를 중심으로 하고 있지만, 텍스트의 극적
요소를 고려했을 때에는 너무 깊이가 없다. 주제는 과제에 부합하게 잘 구성
되어 있다.

텍스트 구조

위의 글은 기본적인 소개로 시작하고 있으며, 사건들이 전개되고 있으며, 가족들의 논평이 결론으로 사용되었다.

장르적 전략

위의 글은 13~14행에서 간접 발화를, 1~2행에서 수동태를 사용하고 있다. 단지 두 개의 시간 연결어가 사용되었다(1행의 On the seventeenth of September …, 11행의 After four months …).

정서적/감정적 언어

감정적 논평과 같은 정서적/감정적 언어는 제한적으로 사용되었다(3행의 It was a nice sunny day …).

묘사적 언어

기본적인 묘사만이 사용되었다(5행의 suddenly a strong wind hit).

3) 텍스트적 차원

문단

항상 논리적인 것은 아니지만, 몇몇 문단은 잘 구성되었다.

문장 구조

거의 대부분의 문장들은 적절하게 구성되었고, 4개 문장은 종속절을 포함하고 있다(6행의 The wind was too strong …, 10행의 Richard survived on fish …, 11행의 After four months alone at sea …, 13행의 Richard's family told …). 그러나 두 번째 문장은 너무 길고 복잡하며, 응결성이 떨어진다.

시제

4행에서 틀린 시제가 사용되었지만(Van Pham took his boat out and go[went] to sea) 전반적으로 일관되게 사용되었다.

대명사

대명사들은 10행과 13행에서 리처드와 반 팜을 혼용한 점을 제외하면, 텍스트 전체에서 적절하게 사용되었다.

연결어

대부분의 연결어들은 적절하게 사용되었지만, 5행에서 when이 반복해서 잘못 사용되었다.

4) 통사적 차원

절 패턴

문장들은 모두 주절을 가지며, 모든 한정절은 주어와 정동사를 갖추고 있다.

일치

모든 동사들이 주어와 일치한다.

관사

모든 관사와 복수형이 바르게 사용되었다.

문장 부호

모든 문장 부호가 바르게 사용되었으나, 12행의 U,S와 7행의 could'nt

에서 단순한 실수가 있었다.

5) 철자법 차원

저빈도 단어들과 일반적이지만 그리 쉽지만은 않은 단어들이 대부분 정확하게 사용되었으나, 발음이 유사한 'where'과 'were'의 철자에서 혼동이 있었다(14행).

6) 요약

이 텍스트는 장르와 장르 구조에 대해 기본적으로 잘 이해하고 있음을 보여 주고 있다. 글은 서사이지만 인물이나 배경에 대한 극적인 부분은 없다. 복문 중 하나가 잘못 구성되었지만, 대부분의 문장 구조와 통사는 적절한 수준을 보여 주고 있다. 대부분의 저빈도 단어들은 정확하게 쓰였으나, 동음이의어에 대한 혼동이 있었다. 문장 부호는 대부분 정확하다.

06 진단 평가에 근거한 교수 전략

1) 감정적 언어의 사용 신장

위의 글의 필자처럼 감정적 언어를 제한적으로 사용하는 것은 일반적이다. 대개 학생들은 감정 명사나 형용사보다 감정 동사나 부사를 사용하는 것에 더 큰 어려움을 겪는다.

- 먼저 글에서 묘사적인 언어가 담당하는 다양한 역할에 대해 논의해 본다. 예를 들어, '작은 차, 노란 버스, 화난 펭귄' 등은 명사에 부가 정보를 제시하기 위해 단어가 사용된 경우이다. 교사는 학생들에게 이러한 단어들이 형용사임을 지적한다. 이들 형용사는 수식하는 명사에 일상적 정보를 부가해 주기 때문에 일반적 형용사 또는 중립적 형용사라 불린다.

- 이제 형용사가 또 다른 목적으로 사용될 수 있음에 대해 논의한다. 예를 들어, 사실적인 글에서는 '화성암(igneous rock), 육각기둥(hexagonal column), 표면 부식(superficial corrosion)' 등의 단어에서 보는 것처럼 형용사가 명사에 대해 전문적인 정보를 제공하기도 한다.

- 끝으로 형용사는 몇몇 방식으로 독자에게 영향을 주기 위해 사용되기도 함을 주지시킨다. '끔찍한 문제(monstrous problem), 정교한 보석(exquisite jewel), 미치게 하는 사람(maddening person)' 등이 그 예이다. 이러한 단어들을 감정 형용사라고 부를 수 있으며, 독자에게 정서적 영향을 미칠 목적의 글이나 서사문에서 흔히 사용된다.

- 학급 활동으로 위와 같은 유형의 명사구들을 제시하고 사용된 형용사를 확인하도록 한다.

large house 큰 집	**일반 형용사**
subterranean structure 지하 구조물	**전문 형용사**
spectacular vision 눈부신 광경	**감정 형용사**

- 개인 활동이나 모둠 활동으로 학생들에게 아래와 같은 텍스트에서 일반/중립 형용사를 찾고, 어느 지점에서 이들을 적절한 감정 형용사로 바꿀 수 있는지 확인하도록 한다.

  It was a *big* day out. My brother was *happy* that we were invited. There was a *big* picnic lunch which had lots of junk food. Our mother thought it was a *nice* lunch but was worried we would eat too much. After lunch we had a *lovely* swim to cool down because it was such a *hot* day. Finally we went home in our *old* car and we all fell asleep.

  그 날은 정말 대단한 외출이었다. 형은 초대를 받아 행복해했다. 정크 푸드로 가득한 거한 점심이었다. 어머니는, 훌륭한 식사이기는 하지만 우리가 너무 많이 먹지 않을까 염려하셨다. 점심을 먹은 후, 날이 너무 더워서 우리는 시원하게 수영을 했다. 이윽고, 우리는 낡은 차를 타고 집으로 돌아와 곯아떨어졌다.

- 이제 비슷한 방식으로 글에서 동사가 지니는 정서적인 기능에 대해 논의해 본다. 학급 학생들과 함께 다음의 문장들을 비교·대조해 본다.

  We slowly *walked down* to the cave.
  우리는 천천히 동굴로 걸어 내려갔다.

  We slowly *descended* to the cave.
  우리는 천천히 동굴로 내려 들어갔다.

- 글의 묘사 대상에 대한 감정을 독자에게 부여하기 위하여 감정 동사가 어떻게 사용될 수 있는지 지적한다.

- 동사와 형용사에 대한 부가 정보를 제공하는 부사의 역할에 대해 논의해 본다. 신중하게만 사용되면, 부사는 좀 더 효과적인 역할을 담당할 수 있다.

an exquisitely beautiful jewel 정교하게 아름다운 보석	**형용사 수식**
the dog whined pathetically 애처로이 낑낑거리는 개	**동사 수식**

- 학급 활동이나 개인 활동으로 학생들에게 아래 텍스트에서 감정 동사와 부사를 확인하고, 각각의 효과에 대해 논의해 보도록 한다.

She hated the wind, the way it *hurled* itself at her in *raw* gusts of heat. She hated the grasshoppers humming *hoarsely* out of the grass. She hated the cicadas, the *pressure-waves of drilling* that felt as if a blood vessel in your head was about to burst. She hated the dog, trotting now in front, now behind, panting noisily. She could not bear to look at its tongue, red and *desperate*, hanging out, drying. She despised the look of the *depressingly* dirty terminal. The way that the vendors *insolently* hurled themselves at you *thrusting* their cheap imitation watches and jewellery into your face. What was worse, she knew that the minute they stepped outside they would *swelter* in the *oppressively insistent* heat.

그녀는 바람을 싫어했다. 음산한 열기의 돌풍이 그녀에게 달려드는 것을 싫어했다. 그녀는 초원 밖에서 귀에 거슬리게 윙윙거리는 메뚜기를 싫어했다. 그녀는 머릿속 혈관이 터질 듯한 느낌을 주는 매미의 웅웅거림을 싫어했다. 그녀는 여기저기를 뛰어 다니며 시끄럽게 헐떡거리는 개를 싫어했다. 그녀는 개의 혀가 붉고 마른 채로 절망스럽게 내밀어져 있는 광경을 참을 수가 없었다. 그녀는 끔찍하게도 더러운 터미널의 광경을 경멸했다. 행상인이 사람들의 얼굴에 싸구려 모조 시계나 보석을 들이밀면서 무례하게 들이대는 길목이란. 설상가상으로 밖으로 나가면, 불쾌하도록 폭압적인 열기에 땀투성이가 될 것이 뻔했다.

[K. Grenville(1999), *The Idea of Perfection*, South Melbourne: Picador, p. 341.]

2) 서사 장르에서의 시제 전환

다음의 활동은 학생들이 서사 텍스트의 적절한 부분에서 효과적으로 시제 전환을 할 수 있도록 하기 위해 학생들에게 지식과 전략을 제공하는 데에 초점이 있다. 시제의 형태와 기능에 대한 기본적인 정보를 학생들에게 제공하는 활동을 위해서는 99~100쪽을 참조할 수 있다.

- 사건을 나열하거나 과거 사건을 회상하는 서사적 글은 과거 시제로 표현된다는 점을 지적해 준다.

The silence *was* excruciating. Not a thing *moved*, not a floorboard *creaked*. The noiselessness *covered* them like a thick, cotton quilt.

정적은 몹시 괴로운 것이었다. 아무것도 움직이지 않았고, 마룻바닥도 삐걱거리지 않았다. 정적이 그들을 두꺼운 솜이불처럼 감싸 안고 있었다.

The heat *was* unbearable. Beads of perspiration *dripped* down Nick's cheeks like a waterfall.

그 열기는 견디기 어려웠다. 땀방울이 닉의 볼에 폭포처럼 흘러 내렸다.

- 학급 활동으로, 서사문을 제시하고 거기에 쓰인 동사와 그 시제를 함께 확인하게 한다.

Old and musty time *was* in every object. Christopher *had discovered* the wonders in his dimly lit attic. He *was* only seven but he <u>had</u> an amazing imagination. He *could fly* planes and *battle* gangsters without *leaving* (부정사) his bedroom. Now he *had hit* upon a goldmine of props for his adventures.

모든 대상에는 낡고 진부한 시간이 존재한다. 크리스토퍼는 희미한 불빛의 다락방에서 놀라운 사실을 발견했다. 그는 겨우 일곱 살이었지만, 놀라운 상상을 했다. 그는 침실을 떠나지 않고도 비행기로 날고, 악당들과 싸울 수 있었다. 이제 그는 그 모험의 버팀목이 될 금광을 떠올렸다.

- 학급 학생들에게 위 글이 과거 시제로 쓰인 이유에 대해 물어보고, 그 뒤 서사 장르에서는 서술자가 이야기에서 무엇을 다루느냐에 따라 시제가 종종 전환될 수 있음을 학생들에게 설명한다. 예를 들어, 서술자가 일어나고 있는 행동에 대해 논평하고자 할 경우에는 시제가 현재 시제로 전환되며, 다시 사건으로 돌아올 때는 과거 시제로 되돌아간다.

There *is* something suspicious about the way that he *goes* about his business. Yesterday he **arrived** home later than usual. He **climbed** the stairs and **went** straight to his room and **didn't emerge** until late in the night. Now this *seems* to me to be like he *is trying* to conceal something.

그가 사업을 이끌어 가는 방법에서 의심할 만한 점이 있다. 어제 그는 평소보다 늦게 집에 도착했다. 계단을 올라 곧장 자기 방으로 갔고, 밤늦도록 나오지 않았다. 이 점이

나에게는 그가 뭔가를 숨기는 것처럼 보인다.

- 서술자가 독자들에게 직접 말을 건네는 첫 번째와 네 번째 문장에서는 현재 시제가 사용되었고, 다시 사건의 나열로 돌아올 때인 둘째와 셋째 문장에서는 과거 시제가 사용되는 것과 같은 시제 전환이 일어났음을 설명해야 한다.

- 개인 활동으로 학생들에게 사건에 논평을 집어넣은 서사를 쓰게 한다. 그다음 학생들이 사용한 동사의 시제를 확인하게 한다.

3) 어려운 철자의 어휘

대부분의 학생들이 철자법에 있어 별 무리 없이 단어를 구사하였지만, 이는 난이도가 그다지 높지 않은 단어들이다. 다음 전략은 학생들이 글을 쓸 때 좀 더 어려운 철자법의 어휘를 시도하도록 도와주기 위해 계획된 것이다.

많은 학생들은 'kn, wh, ey, ou, au, ould, ous, dge, ie, ough, ought'와 같이 단순하지 않은 패턴을 가진 단어들을 제대로 쓰는 데, 그리고 'e', 'c', 'l'로 끝나는 단어에 접미사를 붙이는 데 어려움을 호소한다. 예를 들어, 다음과 같은 단어들이 전형적으로 문제를 일으킨다.

health, through, friend, struggling, rescuers, energy, plastic, where/wear, easier, strength, cause, really, sustain, defend, branches, dangerous, pathway, sure, group, should

- 'n' 앞에서의 'k'가 묵음임에 대해 논의해 보는 것이 좋다. 교사는 학생들에게 자음 'n'으로 시작하는 대부분의 단어가 묵음 'k'를 가지지 않지만, 그런 단어들도 많이 있음을 지적하며 설명해 주어야 한다. 학생들로 하여금 묵음 'k'가 들어가는 단어들을 떠올려 보게끔 한다.

knee	knew	know	knowledge
knot	knelt	knit	knock
knight	knuckle	knack	kneel
knapsack	knob	knead	knickers
knoll	knave	knife	known

- 개인 활동으로 학생들에게 떠올린 목록에서 단어를 골라 문장을 구성하도록 한다.

- 자음 'wh'로 시작하는 단어와 'wh'가 중간에 들어가는 단어들에 대해서도 비슷한 활동을 구성해 볼 수 있다.

when	what	which	whether
where	white	while	why
wheat	whale	whip	whisper
whistle	wharf	whiff	awhile
overwhelm	somewhat	everywhere	meanwhile
buckwheat	cartwheel	somewhere	anywhere

- 학생들에게 이 단어 목록을 바탕으로 다시 한 번 문장을 구성하도록 한다.

- 철자에서 흔히 혼동하는 이중음자(two letter blends: 'sh', 'ph' 등과 같이 두 글자가 하나의 음을 나타내는 것)와 포노그램(phonogram: 일군

의 철자가 모여 일정하게 발음되면서 단어의 일부를 이루는 경우)을 사용하여 또 다른 활동을 구성할 수 있다.

EA 모음의 발음: 장음 E

eat	each	east	easy
eagle	eager	easel	ease
neat	read	least	beat
clean	deal	leaf	meat
deal	feast	peach	flea

EA 모음의 발음: 단음 E

head	health	ready	thread
steady	dead	breath	deaf
breakfast	feather	measure	instead
measure	leather	meadow	spread
sweat	treasure	weapon	weather

OU 모음의 발음

out	our	ounce	ouch
outside	ourselves	hour	sound
about			
around	scout	amount	aloud

found	council	ground	loud
cloud	doubt	count	

AU 모음의 발음

August	author	autumn	auditorium
autograph	audience	auction	auburn
auxiliary	automatic	audible	authentic
because	caught	laundry	haul
daughter	fault	cause	dinosaur
sauce	caution	exhaust	fraud
launch	overhaul		

OULD 포노그램

could	would	should	

OUGH 포노그램

rough	tough	enough	

OUGHT 포노그램

bought	fought	ought	sought
brought	thought		

마지막으로 이러한 활동들이 끝나고 난 후, 학생들에게 비슷한 과제를 시도하고 이를 철자법을 배우지 않고 작성했던 첫 번째 텍스트와 비교해 보도록 한다.

참고문헌

Austin, J. L. (1962) *How to Do Things with Words*, Oxford: Oxford University Press.

Bakhtin, M. M. (1952) *Speech Genres and Other Late Essays*, ed. by C. Emerson and M. Holquist, trans. by V. M. McGee, Austin TX: University of Texas Press.

Barnes, D., Britton, J. and Rosen, M. (1971) *Language, the Learner and the School*, London: Penguin.

Bourdieu, P. (1990) *The Logic of Practice*, trans. Richard Nice, Stanford CA: Stanford University Press.

Bourdieu, P. (2000) *Pascalian Meditations*, trans. R. Nice. Cambridge: Polity Press.

Callaghan, M., Knapp, P. and Noble, G. (1993) 'Genre In Practice', in B. Cope and M. Kalantzis (eds), *The Power of Literacy: A Genre Approach to Teaching Writings*, The Palmer Press: London.

Callaghan, M. and Rothery J. (1988) *Teaching Factual Writing: A Genre-based Approach*, Erskineville: Metropolitan East Disadvantaged Schools Program, New South Wales Department of Education.

Cambourne, B. (1998) *The Whole Story: Natural Learning and the Acquisition of Literacy in the Classroom*, Auckland: Ashton Scholarship.

Chomsky, N. (1965) *Aspects of the Theory of Syntax*, Cambridge, Mass: MIT Press.

Cope, B., Kalantzis, M., Kress, G., Martin, J. and Murphy, L. (1993) 'Bibliographical Essay: Developing the Theory and Practice of Genre-based Literacy', in B. Cope and M. Kalantzis (eds), *The Powers of literacy — A Genre Approach to Teaching Literacy*, London: The Falmer Press.

Derewianka, B. (1990) *Exploring How Texts Work*, Sydney: PETA.

Dixon, J. (1967) *Growth through English*, Yorkshire: National Association for the Teaching of English.

Fowler, R. and Kress, G. (1979) 'Rules and Regulations', in R. Fowler, B. Hodge, G. Kress and T. Trew (eds), *Language and Control*, London: Routledge and Kegan Paul.

Freadman, A. (1987) 'Anyone for Tennis?', in Ian Reid (ed.) *The Place of Genre in Learning: Current Debates*, Geelong: Deakin University, Centre for Studies in Literacy Education.

Freadman, A. (1994) *Models of Genre for language Teaching*, Sonia Marks Memorial Lecture, Sydney University, 13 October 1994.

Freadman, A. and MacDonald, A. (1992) *What is this Thing Called 'Genre'?*, Brisbane: Boombana Publications.

Freedman, A. (1994) 'Do as I say': The Relationship between Teaching and Learning New Genres, in A. Freedman and P. Medway (eds) *Genre and the New Rhetoric*, London: Taylor and Francis.

Goodman, K. (1986) *What's Whole in Whole Language?*, Portsmouth NH: Heinemann.

Graves, D. H. (1975) 'An Examination of the Writing Processes of Seven-year-old Children', *Research in the Teaching of English*, 9: 227-41.

Graves, D. H. (1978) *Balance the Basics: Let Them Write*, New York: Ford Foundation.

Graves, D. H. (1983) *Writing: Teachers and Children at Work*, Exeter, NH: Heinemann Educational Books.

Halliday, M. A. K. (1975) *Learning to Mean — Explorations in the Development of Language*, London: Edward Arnold.

Halliday, M. A. K. (1978) *Language as Social Semiotic: The Social Interpretation of Language and Meaning*, London: Edward Arnold.

Halliday, M. A. K. (1985) *An Introduction to Functional Grammar*, London: Edward Arnold.

Hammond, J. (1991) 'Is Learning to Read and Write the Same as Learning to Speak?', in F. Christie (ed.) *Literacy for a Changing World*, Hawthorn, Victoria: ACER Press.

Hammond, J. (2001) 'Scaffolding and Language', in J. Hammond (ed), *Teaching and Learning in Language and Literacy Education*, Newtown, NSW: PETA.

Hjelmslev, L. (1961) *Prolegomena to a Theory of language*, trans. by Francis J. Whitfield, revised English edition, Madison and London: University of Wisconsin Press.

Hodge, R. and. Kress, G. (1993) *Language as Ideology*, London: Routledge and Kegan Paul.

Johns, A. (2002) Introduction in A. Johns, *Genre in the Classroom — Multiple Perspectives*, Mahwah, NJ: Lawrence Erlbaum.

Klein, R. (1983) *Junk Castle*, Melbourne: Oxford University Press.

Knapp, P. (1989) 'The Politics of Process', *Education*, 70: 4.

Knapp, P. (1992) *Resource Book for Genre and Grammar*, Metropolitan West Literacy and Learning Program, Parramatta: NSW Dept of School Education.

Knapp, P. and Watkins, M. (1994) *Context-Text-Grammar: Teaching the Genres and Grammar of School Writing in Infants and Primary Classrooms*, Broadway: Text Productions.

Krashen, S. D. (1981) *Second Language Acquisition and Second Language Learning*, Oxford: Pergamon Press.

Krashen, S. D. (1984) *Writing: Research, Theory and Applications*, Oxford: Pergamon Prsss.

Kress, G. R. (1979) 'The Social Values of Speech and Writing' in Roger Fowler, Bob Hodge, Gunther Kress and Tony Trew (eds), *Language and Control*, London: Routledge and Kegan Paul.

Kress, G. R. (1982) *Learning to Write*, London: Routledge and Kegan Paul.

Kress, G. R. (1985) *Linguistic Processes in Sociocultural Practice*, Geelong: Deakin University Press.

Kress, G. (1989) 'Texture and Meaning', in R. Andrews (ed.) *Narrative and Argument*, Milton Keynes: Open University Press.

Kress, G. and Knapp, P. (1992) 'Genre in a Social Theory of Language', *English in Education (UK)*, 20, 2.

Kress, G. (1993) 'Genre as Social Process', in B. Cope and M. Kalantzis (eds), *The Powers of Literacy — A Genre Approach to Teaching Literacy*, London: The Falmer Press.

Lee, A. (1993) 'Whose Geography? A Feminist-poststructuralist Critique of Systemic Genre-base Accounts of Literacy and Curriculum', *Social Semiotics*, 3, 1: 131-56.

Luke, A (1994) 'Genres of Power? Literacy Education and the Production of Capital', in Hasan, R. and Williams, G. (eds) *Literacy and Society*, London: Longman.

Malinowski, B. (1967) *A Diary in the Strict Sense of the Term*, London: Routledge.

Martin, J. R. (1986) 'Systemic Functional linguistics and an Understanding of Written Text', in *Writing Project — Report 1986, Working Papers in Linguistics 4*, Department of Linguistics: University of Sydney.

Martin, J. R. (1987) *Writing Project Report No. 5*, Department of Linguistics, University of Sydney.

Martin, J. R. (1992) *English Text — System and Structure*, Philadelphia: John Benjamin.

Martin, J. R. and Rothery, J. (1993) Grammar — Making Meaning in Writing in B. Cope and M. Kalantzis (eds), *The Powers of Literacy — A Genre Approach to Teaching Literacy*, London: The Falmer Press.

New South Wales Department of Education (1974) *Curriculum for Primary Schools: Language*, Sydney: Government Printer.

New South Wales Department of Education and Training (2003) *Quality Teaching in NSW Public Schools — Discussion Paper*, Sydney: New South Wales Department of Education and Training.

Painter, C. (1991) *Learning the Mother Tongue*, Geelong: Deakin University Press.

Poynton, C. (1993) 'Grammar, Language and the Social: Postructuralism and Systemic Functional Linguistics', *Social Semiotics*, 3, 1: 41-6.

Reid, I. (ed.) (1987) *The Place of Genre in Learning: Current Debates*, Geelong: Deakin University Press.

Richardson, P. (1991) 'Language as Personal Response and as Social Construct — Competing Literacy Pedagogies in Australia', *Educational Review*, 43, 2.

Rothery, J. (1986) 'Teaching Genre in the Primary School: A Genre-based Approach to the Development of Writing Abilities', *Writing Project Report. Working Papers in Linguistics 4*, Department of Linguistics. University of Sydney, pp. 3-62.

Saussure, F. de (1974) *Course in General Linguistics*, trans. R. Harris, Bungay, Suffolk: Fontana.

Smith, F. (1975) Comprehension and Learning: A Conceptual Framework for Teachers, New York: Holt, Rinehart and Winston.

Smith, F. (1983) 'Reading like a Writer', *Language Arts*, 60, 5, pp. 558-67.

Threadgold, T. (1992) 'Legislators and Interpreters: Linguists, Feminists and Critical

Fictions', *Meridian*, *11*, 1:76-91.

Threadgold, T. (1993) 'Violence, The Making of Protected Subjects, and the Discourse of Critical Literacy and Radical Pedagogy', *Changing English*, *1*, 1: 2-31.

Threadgold, T. (1994) 'Grammar, Genre and the Ownership of Literacy', *Idiom*, *2*: 20-8.

Van der Veer, R. and Vaisiner, J. (1991) *Understanding Vygotsky: A Quest for Synthesis*, Oxford: Blackwell.

Vygotsky, L. (1996) *Thought and Language*, Cambridge, Massachusetts: The MIT Press.

Walshe, R. D. (1981a) *Don Graves in Australia — Children Want to Write*, Rozelle: Primary English Teaching Association.

Walshe, R. D. (1981b) *Every Child Can Write*, Rozelle: Primary English Teaching Association.

Watkins, M. (1990) 'A Cry for Help Unanswered', *Education Australia*, *7*.

Watkins, M. (1997) 'Textual Recipes: Languages Pedagogy and Classroom Discourse', *Southern Review*, *30*, 3, pp. 287-301.

Watkins, M. (1999) 'Policing the Text: Structuralism's Stranglehold on Australian Language and literacy Pedagogy', *Language and Education*, *13*, 2, pp. 118-132.

Watkins, M. and Knapp, P. (1998) *Far Out — Connecting Text and Grammar*, Alexandria: Blake Education.

Williams, G. (1993) 'Using Systemic Grammar in Teaching Young Learners: An Introduction', in L. Unsworth (ed.) *Literacy, Learning and Teaching Language as Social Practic in Primary School*, South Melbourne: MacMillan.

Wittgenstein, L. (1953) *Philosophical Investigations*, trans. by G. E. M. Anscombe, Oxford: Basil Blackwell.

옮긴이 후기

텍스트는 국어교육 연구와 실천에서 본질이 되는 대상이다. 그러므로 국어교육학계에서는 텍스트를 가르치는 방법론이나 텍스트들에 체계적으로 접근할 수 있는 모형을 자신 있게 제안할 수 있어야 한다. 그러나 '언어 중심주의 극복'이라는 테제 아래, 국어교육 연구에서 텍스트는 상대적으로 소홀히 다루어지고 있다. 이러한 상황을 초래하게 된 배경에는 국어 교사는 학습자에게 텍스트를 가르치는 것이 아니고 기능 향상을 위한 방법을 가르치거나 이를 위한 교수·학습 환경을 최적으로 조성하는 것을 최우선 목표로 해야 한다는 이론적 접근이 큰 비중으로 자리하고 있다. 그러나 지난 시간 동안 거의 신념처럼 굳어진 이러한 이론적 요구가 현실의 국어 교사들에게 어떤 도움을 주는지 냉정하게 돌아볼 필요가 있다. 의도와는 달리 국어 교사들이 맞닥뜨리는 현실을 더욱 힘들게 하는 경우가 잦기 때문이다.

기능 향상을 위해 국어교육 이론에서 제공되는 방법과 전략은 인지적이고 심리적인데, 막상 교사가 교실 상황에서 대면하는 구체적인 형태는 '언어 구성체인 개별 텍스트'이다. 인지적이고 심리적이기만 한 접근법은 교사가 교실에서 무기력함과 당혹스러움을 느끼게 할 우려가 있다. 국어 수업에서 모든 활동은 텍스트를 통해 이루어지며, 모든 활동의 결과물 역시 텍스트이다. 따라서 국어 교사에게 텍스트를 적절히 다룰 수 있는 명시적인 전략과 내용으로서의 문법을 제공하고, 학습자에게는 텍스트 이해와 생산의 전략과 방법으로서의 문법을 이해시킬 수 있어야 한다. 이것이 우리가 국어교육적 맥락에서 문법을 의미화하고자 하는 주장의 핵심이다. 이 책에서도 교사가 아무것도 하지 않도록 만드는 자연주의 교수 모델을 지양해야 한다고 역설하면서, 이를 위해 문법을 학습자의 인지적 과정에 위치시키고 텍스트 생산 공동체와 소통하기 위한 방법이라는 위상을 부여한다.

국어교육학계에서는 한동안 문법과 문식성의 관계를 부정적으로 바라보는 관점이 만연해 있었다. 그렇지만 문법교육계에서는 이미 제효 이용주 선생님의 '선택의 문법관'과 호석 김광해 선생님의 '표현 문법론'을 이론의 씨앗 삼아 새로운 문법교육을 위해 모색해 왔다. 그러면서 체계 기능 언어학과 문식성 이론 등을 참조하였고, 그런 과정 중에 이 책과의 조우 역시 이루어지게 되었다.

이 책은 국어 문법교육학이 궁극적으로 지향해야 할 이론적 모형을 보여 주었다는 점에서 그 가치가 지대하다. '선택의 문법관'이 자율주의 언어관을 극복하여 의미와 문법의 관계, 문장과 텍스트의 관계, 언어와 맥락의 관계를 가깝게 만들어 학습자의 표현 모델을 구현할 수 있음을 보여 주었기 때문이다. 뿐만 아니라 그 구체적 모습을 발달 단계별로, 장르별로 대응하는 전형적 사례와 함께 제시하였다. 실세계에 무수히 존재하는 개별 문법 형태소, 개별 텍스트, 개별 학습자, 개별 텍스트 종류들 사이에서 헤매든가 아니면 최상위 철학적 수준에서 선언적 담론을 재생산할 수밖에 없었던 문법교육계에, 한국어 공동체만의 이론적 모형 정립을 위해 어떤 노력이 필요한지를 보여 주었다.

그 결과 학계는 잠재태와 실현태, 관점으로서의 텍스트/부문으로서의 텍스트, 개별 텍스트와 텍스트 종류-텍스트 유형, 장르의 전형성, 실재 텍스트의 다중 장르성, 개별 텍스트의 장르성 분석 방법, 의미 기능과 장르성, 텍스트 유형학과의 관계 정립, 텍스트 유형학의 단점, 한국어 텍스트 분포에 대한 장르 문법 모형과 국어과 교육과정 조직자의 관계, 쓰기 및 장르 발달과 언어 형식의 관계, 독서 및 작문 교수에서 문법의 교수·학습 방법적 가치 등을 밝혀 나아가고 있다. '언어 주체가 특정 상황에서 어떤 방식으로 언어를 인식하고 있으며, 그 인식을 어떻게 활용하도록 하여 궁극적으로 텍스트 이해와 생산에 기여하도록 할 것인가?'라는 문제의식 아래, 텍스트들에 접근하고자 하는 문법 학습자의 모형을 정립해 나아가고 있는 것이다. 이제, 문법과 문식성의 관계에서 중요한 것은 '언어관'이며, 문법 영역과 기능 영역의 통합 문제가 아니라는 점을 명확히 하게 되었다.

문법교육학에서는 여기서 한 걸음 더 나아가고 있다. 즉, 언어 주체가 선택항 체계 내에서 하나의 선택항을 '선택'하게 되는 기제를 밝히는 문법관을 넘어서게 되었다. '구조나 기능'을 넘어 '장르, 이데올로기 층위'까지 분석하고 해석하는 경험을 밝히기 위해서 사회기호학적인 문법관을 바탕으로 한다. 개별 텍스트에 대한 이해를 넘어서서, 개별 텍스트의 이해와 생산은 '산출물'에 해당하고, 국어 문법교육학자들의 관심은 이를 위한 '함수' 구성에 있음을 명확히 하게 된 것이다. 이로써 교육과정, 교과서, 평가 전반에서 이론과 실천을 매개하는 중간 층위 이론 모형을 구성하여야 한다는 것도 역설하게 되었다.

이 책을 처음 번역하여 세상에 내놓은 지 12년이 지났다. 이 책이 처음 번역된 2007년부터 지금까지, 많은 분들이 이 책에 관심을 보여 주셨다. 가르쳐야 할 문법 목록이 장르별로 제시되고 있어서, 문법 목록을 한국어로 바꾸기만 하면 쓰기 교실에 금방 적용될 수 있는 모형이 완성될 것처럼 보일 수 있다. 그러나 문법이나 텍스트에 대한 관점을 전환하지 않은 채 장르 개념과 억지로 연결시킨다면, 자칫하면 장르 모델 내에서의 문법이 환원주의적으로 치환되는 오류를 범하기가 쉽다. 문법관의 변화가 없다면 기존의 담화 텍스트 연구와 다를 바가 없어지며, 문식성 연구에 순환되는 연구가 나올 수가 없다.

문법은 규칙의 목록이 아니다. 문법은 물리적 크기는 작으나 많은 것을 응축하고 있으며, 폭발하고 창발하는 의미를 끊임없이 정제하는(distilling) 유기체이다. 동시에, 응축되고 정제된 의미 기능 중에서도 특정한 의미 기능이 왜 돌출되는지를, 돌출되는 순간들과 함께 해석되어야 하는 심리적 실체이다. 이 책은 이러한 신념을 더 지지해 주면서 문법교육학이 거대한 전망을 갖도록 해 주었다. 문법이 언어라는 구조물 내에 머물지 않고 언어 주체들과 함께, 이데올로기까지 고려하는 맥락에서, 텍스트들의 유기체를 구성해 나아가며 지식 세계와 인간 사회를 재창조하고 있음을 보여 주려는 다양한 시도들이 나오고 있다.

그러한 시도들에 가슴이 벅차, 호기롭게 번역본을 다시 내어 본다. 절판되지 않도록 책을 내고 싶었으나, 저자들이 개정판을 구상하고 있다는 소식을 보내 왔기에 이를 기다리다가 더 늦어졌다. 그러나 기다림의 시간은 헛되지만은 않았으니, 우리는 이 책을 찬찬히 음미하며 완독하는 과정을 통해 첫 번역때와는 또 다른 차원의 시작점에 서게 되었다. 새롭게 보이는 지점과 더 깊이 있는 이해가 가능해진 지점들을 세 사람이 함께 논의하며 깁고, 더하고, 휘갑치며, 둥글리면서 더 나은 번역본을 내어 놓고자 하였다. 그 과정에서 한 문하에서 함께 공부하는 지극한 기쁨을 새삼 느끼게 된 것을 여기에 기록해 두고자 한다.

한편, 책을 재번역하면서 이 책의 문법 학습관·언어관이 김광해 선생님께서 생전에 강조하셨던 것과 크게 다르지 않음을 거듭 확인하였다. 주지하다시피 선생님께서는 '탐구학습'으로 큰 업적을 이루셨는데, 사실 그에 못지않게 '표현 문법'을 구축하고자 노력하셨다. 그간 축적된 국어학 연구물은 언어를 이해하기 위한 문법에 해당한다고 하시면서, 표현을 위한 문법은 완전히 다른 논리로 구성될 것이라고 강조하셨다. 선생님의 뜻을 이어받아 이러한 논저들을 접하고 그 관점이 한 시대를 풍미하고 있는 모습을 보면서, 선생님의 선견지명에 놀라지 않을 수 없다.

늘 격려를 아끼지 않으시는 민현식 선생님은 역자들에게 학자로서의 귀감이 되어 주시는 분이다. 이 책을 권해 주신 민병곤 선생님 덕분에, 문법교육학이 더욱 많은 꿈을 꿀 수 있게 되었다. 초벌 번역 당시 서울대학교 문법교육 연구회의 참여가 없었다면 이 책은 출간되지 못했을 것이다. 오현아, 이기연, 정지은, 이지은, 이현진, 제민경, 신현단, 이관희, 이지수, 김현선 선생에게 각별히 고마움을 표하고자 한다. 둘러앉아 같이 토론하고 공부한 그 시간들을 잊지 못할 것이다. 마지막으로, 여간 까다롭지 않은 이 책의 내용을 꼼꼼히 짚어 가면서 세심하게 손을 봐 준 사회평론아카데미의 정세민 님께도, 이 책을 새로 맡아 정성껏 만들어 주신 사회평론아카데미에도 깊이 감사 드린다.

2019년 7월
옮긴이 일동

찾아보기

옮긴이 소개

주세형
서울대학교 국어교육과
서울대학교 국어교육과 교육학 석사
서울대학교 국어교육과 교육학 박사
現 서강대학교 교육대학원 교수
주요 논저: 『문법교육론과 국어학적 지식의 지평 확장』(2006), 『국어과 교과서론』(2014,
　　공저), 『국어교육의 이해』(2016, 공저), 『선생님을 위한 문법교육론』(2017, 공저) 등
　　다수.

김은성
이화여자대학교 국어국문학과
서울대학교 국어교육과 교육학 석사
서울대학교 국어교육과 교육학 박사
現 이화여자대학교 국어교육과 교수
주요 논저: 「국어지식교육의 현상」(2005), 「비판적 언어인식에 대한 연구」(2005), 「국어
　　문법 교육의 태도 교육 내용 연구」(2006), 「이야기를 활용한 문법교육의 가능성 탐
　　색」(2007) 등

남가영
서울대학교 국어교육과
서울대학교 국어교육과 교육학 석사
서울대학교 국어교육과 교육학 박사
現 아주대학교 교육대학원 교수
주요 논저: 2015년 개정 고등학교 『국어』 교과서, 「문법교육용 텍스트의 개념 및 범주」
　　(2011), 「국어 규범교육과 문법교육의 관계 설정 양상」(2014), 「국어 문법교육에서
　　'이해 중심 교육과정'의 한계와 의미」(2017) 등 다수.

장르, 텍스트, 문법

2019년 7월 24일 초판 1쇄 찍음
2019년 7월 31일 초판 1쇄 펴냄

지은이 피터 냅 · 메건 왓킨스
옮긴이 주세형 · 김은성 · 남가영
펴낸이 윤철호
펴낸곳 (주)사회평론아카데미

책임편집 정세민
편집 고하영 · 최세정 · 고인욱 · 장원정 · 임현규 · 김다솜 · 김혜림
디자인 김진운
본문조판 토비트
마케팅 최민규

등록번호 2013-000247(2013년 8월 23일)
전화 02-2191-1187(영업) 02-2191-1130(편집)
팩스 02-326-1626
주소 03978 서울특별시 마포구 월드컵북로12길 17

ISBN 979-11-89946-11-1 93700